职业教育新能源汽车专业“十四五”新形态立体化教材

新能源汽车电学基础与高压安全

（活页式）

主　编◎欧卫新

副主编◎劳俊元　李桂强

参　编◎刘建军　李　兵

西南交通大学出版社

·成　都·

图书在版编目（CIP）数据

新能源汽车电学基础与高压安全：活页式 / 欧卫新主编. —成都：西南交通大学出版社，2023.6

ISBN 978-7-5643-9365-6

Ⅰ. ①新… Ⅱ. ①欧… Ⅲ. ①新能源－汽车－电气设备－高等职业教育－教材 Ⅳ. ①U469.703

中国国家版本馆 CIP 数据核字（2023）第 114710 号

Xinnengyuan Qiche Dianxue Jichu yu Gaoya Anquan（Huoye Shi）

新能源汽车电学基础与高压安全（活页式）

主编　欧卫新

责任编辑　何明飞
封面设计　GT 工作室

出版发行　西南交通大学出版社
（四川省成都市金牛区二环路北一段 111 号
西南交通大学创新大厦 21 楼）
邮政编码　610031
发行部电话　028-87600564　028-87600533
网址　http://www.xnjdcbs.com
印刷　四川玖艺呈现印刷有限公司

成品尺寸　185 mm × 260 mm
印张　18.25
字数　419 千
版次　2023 年 6 月第 1 版
印次　2023 年 6 月第 1 次
定价　58.00 元
书号　ISBN 978-7-5643-9365-6

课件咨询　028-81435775
图书如有印装质量问题　本社负责退换

PREFACE 前言

随着我国新能源汽车市场的迅速发展，如何快速培养新能源汽车前后市场的技术技能人才与汽车技术的发展相适应，已成为刻不容缓的紧迫任务。因此，全国许多的职业院校都开设了新能源汽车专业或新能源汽车相关课程，以满足行业对人才的需求。

相对传统能源汽车而言，新能源汽车最核心的技术是“三电”，即电驱动、电池、电控。三电的诊断维修需要了解电工及电子线路的设计分析方法，并通过各种专业的诊断仪器来实现。此外，由于新能源汽车具有高电压，涉及人身安全，在进行新能源汽车操作时需要做好相应的个人防护措施。因此，新能源汽车电子、电器、电控元件及高压安全与防护是新能源汽车课程中最重要，也是学生首先需要掌握的内容。

为满足职业教育及汽车维修行业的迫切需求，编写团队结合多年教学经验编写了这部活页式《新能源汽车电学基础和高压安全》。本书全面、系统地介绍新能源汽车的电路基础元件、高压电路、基础及常用电路的搭建以及高压安全防护工具设备的使用。通过本书的学习，使读者在学习其他新能源汽车课程之前，先掌握电工技术及电子技术的基本概念、基本原理、基本分析方法；学会正确地使用常规测量仪器；熟悉安全防护以及基本的安全规范操作。

本书基于工作任务的方法进行设计，按照工作任务的教学模式，将整本书分为 4 个教学项目情境，分别介绍了电气安全认识、电气元器件认知及测量、典型电路认知及检测，以及新能源汽车高压安全技术专业认识。

本书注重理实一体、案例解析导入，实用性强，贴合企业实际工作。本书通俗易懂，图文并茂，配套了丰富的图片资源，形式生动、活泼，有利于激发学生的学习兴趣，既可作为职业院校新能源汽车专业的教材，也可作为汽车企业的培训资料，还可作为对新能源汽车感兴趣的大众读者了解新能源汽车技术发展的参考读物。

本书由北海职业学院欧卫新担任主编，由北海职业学院劳俊元、李桂强担任副主编，参编的有北海职业学院刘建军、广西顾好科技有限公司李兵。

由于编者水平有限，书中难免存在疏漏和不足之处，恳请各位读者指正并提出宝贵意见，以便在修订时改正和完善。

编　者

2023 年 2 月

CONTENTS 目录

项目一 电气安全认知

任务一 电气安全基础知识

任务目标

知识目标

1. 能够了解高压防护的重要性。
2. 能够掌握电气安全用具的使用方法。
3. 能够掌握汽车维修作业安全的事项。

技能目标

1. 能正确使用安全用具，掌握防护用具的基本用法。
2. 能正确识别安全标识、警示牌，提高安全素养。
3. 能够运用安全知识，在汽车维修作业过程中做好防护。
4. 能够正确检查防护用品。

素养目标

1. 遵守职业道德，树立正确的价值观。
2. 引导崇尚劳动精神，逐步提升服务社会的意识。
3. 弘扬工匠精神，塑造精益求精的品质。
4. 培养协同合作的团队精神，自觉遵守组织纪律。

任务导入

电在人类的日常生活中越来越重要，新能源汽车上也采用了带电设备。同时，电的应用过程中也伴随着危险。例如，新能源汽车不但有 12 V 低压电气设备，还有高压电气系统，有些工作中的电压甚至能达到 600 V，稍有不慎就会发生触电，甚至会有生命危险。那具体到实际操作中，我们在用电过程中应该如何进行安全操作呢?

任务分组

学生任务分配如表 1-1-1 所示。

表 1-1-1　学生任务分配

<table>
<tr><td>班级</td><td></td><td>组号</td><td></td><td>指导老师</td><td></td></tr>
<tr><td>组长</td><td></td><td>学号</td><td colspan="3"></td></tr>
<tr><td rowspan="4">组员</td><td colspan="2">姓名：______　学号：______</td><td colspan="3">姓名：______　学号：______</td></tr>
<tr><td colspan="2">姓名：______　学号：______</td><td colspan="3">姓名：______　学号：______</td></tr>
<tr><td colspan="2">姓名：______　学号：______</td><td colspan="3">姓名：______　学号：______</td></tr>
<tr><td colspan="2">姓名：______　学号：______</td><td colspan="3">姓名：______　学号：______</td></tr>
<tr><td colspan="6">任务分工</td></tr>
<tr><td colspan="6"></td></tr>
</table>

获取信息

随着科技的进步，电动汽车越来越普及，因此它的安全性也越来越受到人们的关注。电动汽车在充电及运行过程中，可能出现意外事故，造成动力系统的窜动、挤压、短路、开裂、漏电、热冲击、爆炸、燃烧等，由此对乘员产生机械伤害、电伤害、化学伤害、电池爆炸伤害以及燃烧伤害等，并可能引发更大的连发性事故以及二次伤害。电动汽车的安全性及其防范技术正在引起世界各国相关专家的高度重视。

一、高压安全基础知识

（一）高电压

每个带电物体周围都有电场，如图 1-1-1 所示。绝缘体带静电时就会产生电场。电场产生的原因是带电物体与其周围的物体之间存在电位差，此电位差称为“电压”。

带电压的导体周围也会产生电场。新能源汽车使用的电压范围为几伏至几百伏。但是电压产生的电场没有直接危险，带静电物体的电场可能比其大得多，如手接近带高电压的导线时不会产生火花。

电压不仅能在物体周围产生电场，还能在电路中产生电流。电压（U）越大，在电阻不变的情况下电流（I）越大。在新能源汽车的高电压车载网络中，所使用的电压比常用的 12 V 车载网络高数倍。

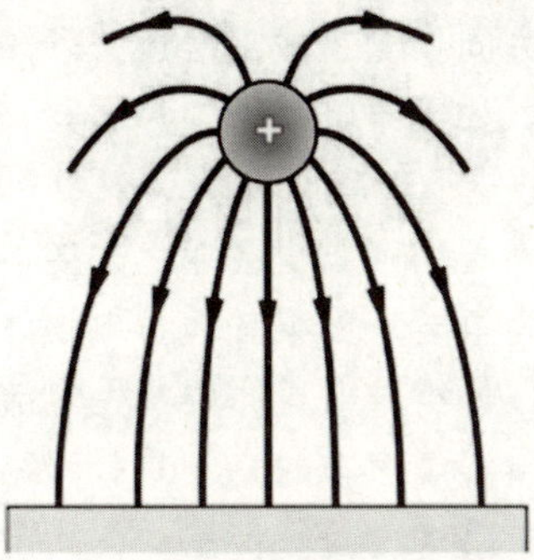

(a) 带正电球体的电场

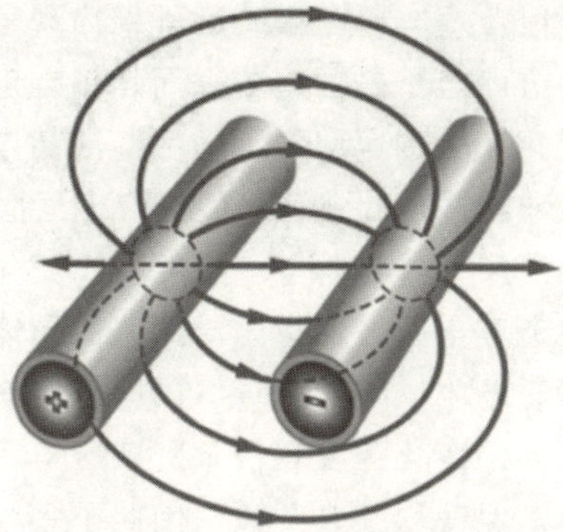

(b) 导体之间的电场

图 1-1-1　带电物体的电场

设计时，针对高电压考虑了高电压车载网络中的技术元件，以适合所要求的电流强度。人体的电阻与所施加的电压无关，因此人体与高电压车载网络的导电部件接触（与 12 V 车载网络相比）时，流过人体的电流明显较高。

（二）高电流

有电流流过时，导体周围产生磁场。导体内的电流强度越大，磁场强度越大。如果有电流流过的导体位于磁场中，那么导体内部移动的电荷载体上会产生电感。如果在磁场内移动带电导体，则导体内会产生感应电压。

两个有电流流过的导体的磁场彼此重叠，如图 1-1-2 所示。在高电压车载网络中，到高电压蓄电池的导线（正极和负极导线）平行布置。在这些导线中，电流向相反方向流动。两个导线的磁场彼此重叠，因此导线之间的磁力线密度较高，磁场也较强。

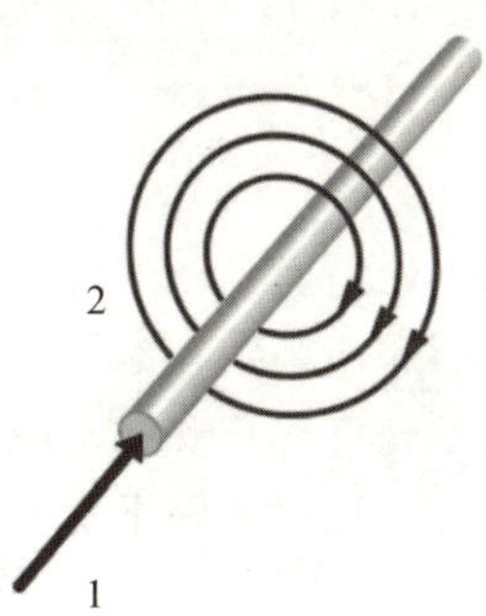

(a) 有电流流过的单个导体

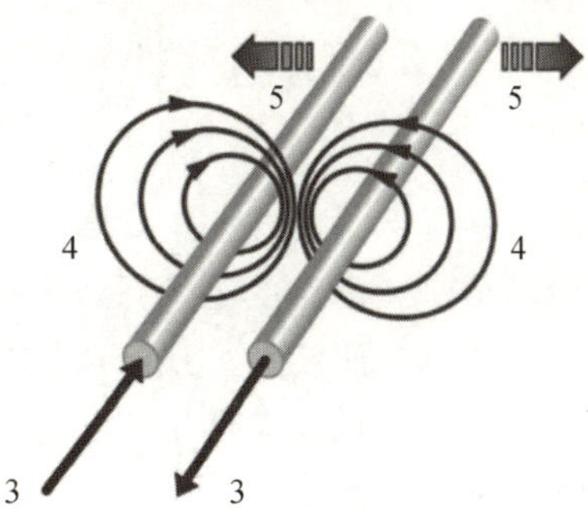

(b) 两个平行布置的有电流流过的导体

1—电流向一个方向流动；2—电流流过引起的磁场；3—方向相反的两路电流；

4—两路电流流过引起的磁场；5—磁场作用在两个导体上的力。

图 1-1-2　围绕有电流流过导体的磁场

根据能量守恒定律，叠加作用必然反作用于电流。因此两束导线上作用力的方向抵消了加强的磁场，即导线被彼此推开。磁场作用在导体上的力相对较小。

新能源汽车行驶模式下不仅出现直流电，还有（重叠的）交流电。因此导线上的作用力方向也不是恒定的，而是根据电流方向改变方向。固定或连接还必须防止因作用力变化产生的振动，否则会造成高电压导线松动。如果维修时不注意这些，则可能出现振动噪声。此外还可能造成电气插头松动和接触电阻过高。

如果某一导体内电流强度发生变化，那么导体周围的磁场也会随之改变。导体本身产生感应电压，该电压对缠绕的导体（线圈）尤为重要。如果其他导电物体位于该导体的磁场内，则这些导体内同样会产生感应电压，最终导致导体内产生电流。电流变化越大，变化速度越快，则感应电压越高。虽然新能源汽车的高压车载网络内电流强度高，但使用高频开关，因此不会给售后服务人员带来危险。但是，在高电压导线附近安装信号导线时，必须考虑确保电磁兼容（EMV）的边界条件。

（三）高频率

在高电压车载网络内使用变频器和直流-直流（DC/DC）转换器。这些功率电子电路以高开关频率工作。因此高电压导线的电压和电流曲线不是恒定的，而是具有最高几百赫兹的频率。由此产生的电磁场导致相邻导线内可能出现干扰电压和干扰电流。

为确保信号导线上的干扰尽可能小，需采取相应措施，如使用屏蔽导线、双绞导线或导线之间的距离尽可能大。新能源汽车的高电压导线周围可能产生这类干扰电压和干扰电流。为保证电磁兼容性，高电压导线都带有屏蔽层，如图 1-1-3 所示。

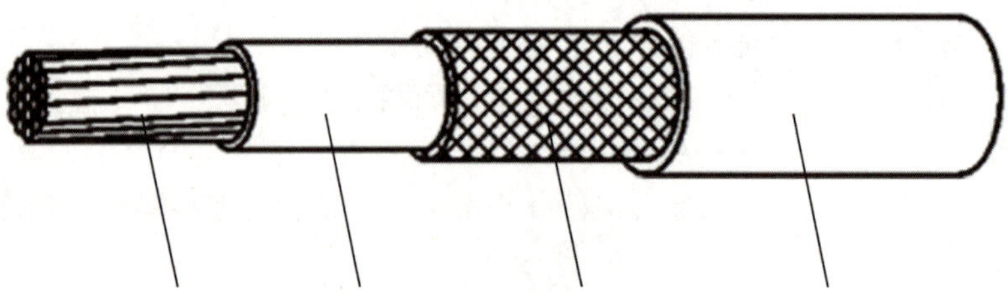

图 1-1-3　带屏蔽层的高电压导线

不得因未按规定维修或非正规解决方案而影响车内采取的所有电磁兼容性措施，否则肯定会造成车内复杂的电子系统出现功能故障。在新能源汽车中，这不仅涉及安装高电压导线等高电压组件，还涉及供电电子装置。因此不允许非正规维修绝缘或壳体部件，否则不仅会危及车辆用户和售后服务人员人身安全，还可能因干扰电压和干扰电流而影响系统功能。

二、电气安全

（一）高压防护的重要性

人体能够承受的安全电压是指一定强度的电流通过人体而没有引起任何伤害事故的电压，因此安全电压的大小取决于人体允许通过的电流和人体电阻。根据国家有关安全标准，人体允许电流不能超过 30 mA，在某些特殊场合下更小。电动汽车动力系统在危险工况下，避免人体电伤害的安全电流应小于 30 mA。由于动力蓄电池在危险工况下可能会出现短路，短路的巨大电流会使短路处甚至使整个电路过热，从而导致导线的绝缘层燃烧，并引燃周围的可燃物，乘员也可能因接触带电体而发生电伤害。因此，需要进行高压安全防护。

（二）触电危害

触电是人体触及带电体、带电体与人体之间电弧放电时，电流经过人体流入大地或是进入其他导体构成回路的现象。触电事故时常发生，产生的危害也有很多。触电事故基本分类如图 1-1-4 所示。

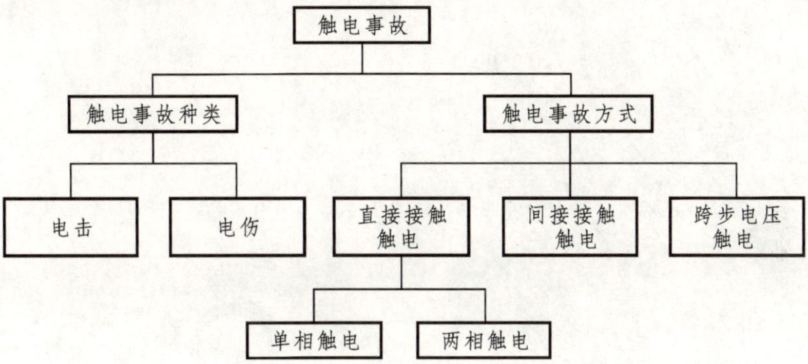

图 1-1-4　触电事故基本分类

1. 触电机理

人体是导体，触电的前提是人体与所接触电源之间形成了回路，有电流流经人体导致触电。

不同等级的电流对人体的伤害不一样，身体导电的主要原因是血液里含有电解质成分。人体内电流经过不同路径的电阻值，如图 1-1-5 所示。

对于大多数人来说，整个身体的总电阻值是很低的，特别是有主动脉的地方（胸腔部位和躯干），而最大的危险发生在电流通过人体心脏时刺激心脏产生的异常颤振。

如图 1-1-6 所示，假如，一个人的电阻是 1 080 Ω，当接触 288 V 的直流电压时，根据欧姆定律，通过人体的电流 $I=U/R=288\ \text{V}/1\ 080\ \Omega\approx 0.27\ \text{A}$。也就是说穿过人体电流达到大约 270 mA，这个电流值如果在心脏的滞留时间达到 10 ~ 15 ms 就会致命。

2. 触电表现

触电具有两种表现形式：电击和电伤。

1）电　击

电击是指电流通过人体，破坏人的心脏、神经系统的正常功能。通常触电产生最多的伤害是电击事故。发生电击必须满足两个条件：一是有一个电源压，电流才能通过身体；二是有一个闭合的电路。电击的主要类型包括以下两种。

（1）电击效应。

电流低于导通极限值时，会有相应的电击效应，从而容易因肢体不受控制和失去平衡而导致受伤，如图 1-1-7 所示。

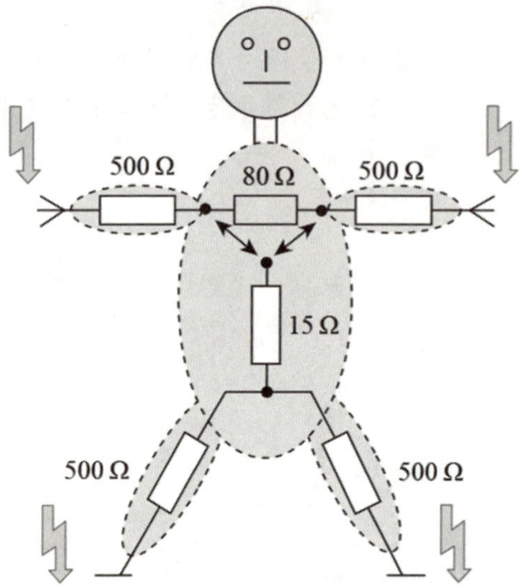

图 1-1-5　人体内电流经过不同路径的电阻值

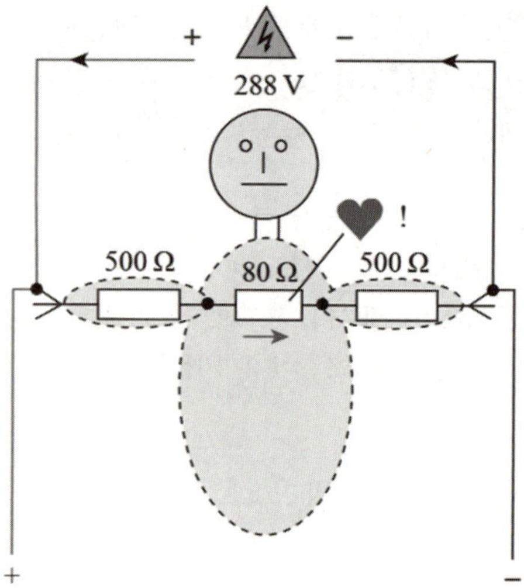

图 1-1-6　288 V 直流电压施加在人体上

图 1-1-7　电击效应伤害

（2）肌肉刺激效应。

所有的身体功能和人体肌肉运动都是由大脑通过神经系统的电刺激来控制的。如果通过人体的电流过高，则大脑无法控制肌肉组织。例如，握紧的拳头无法打开或者移动。如果电流流过胸腔，会使心脏的跳动中断。

2）电　伤

电伤是指电流的热效应、化学效应等对人体的伤害，主要指电弧烧伤，如图 1-1-8 所示。

（1）热效应。

电流流经人体肌肤处会发生烧伤和焦化；也会发生内部烧伤，造成致命的伤害，如图 1-1-9 所示。

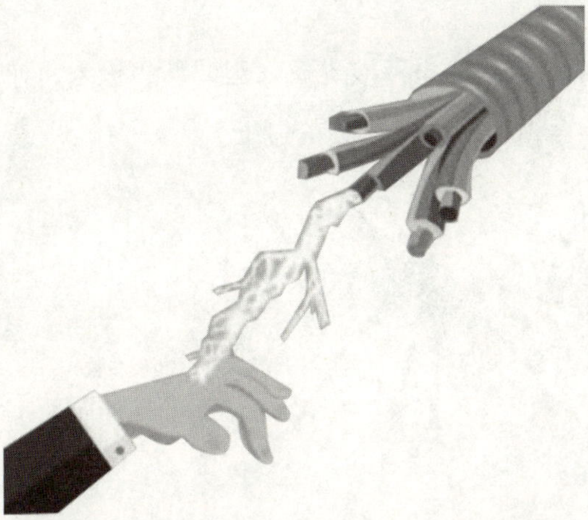

图 1-1-8　电伤

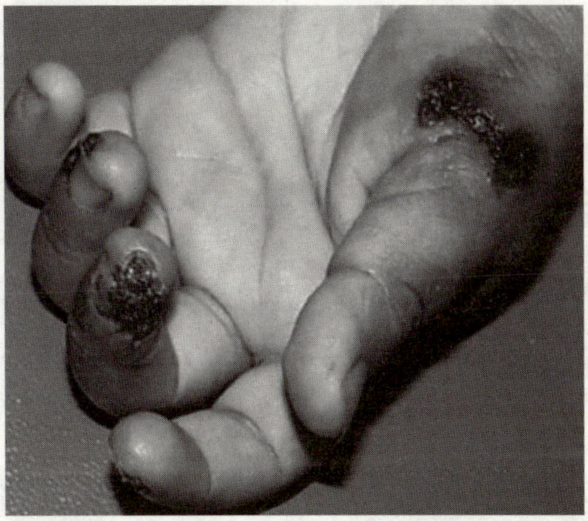

图 1-1-9　类似电击产生的热效应形式

（2）发生静态短路的热效应。

由于电缆短路引起火花，金属很快熔化，产生飞溅的金属颗粒，而飞溅出来的金属颗粒温度超过 5 000 °C，可能引起火灾和人体烧伤，如图 1-1-10 所示。

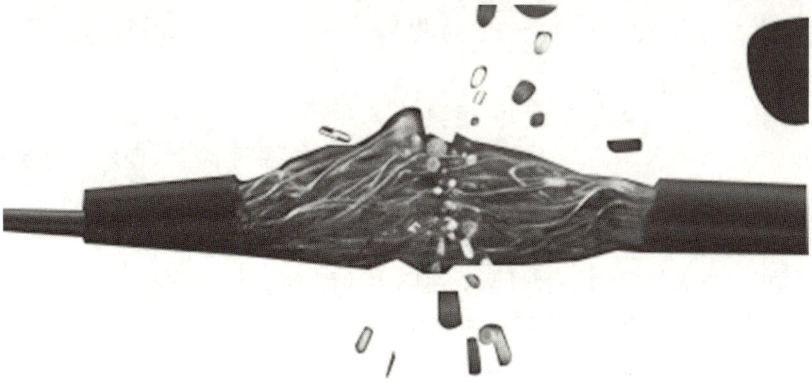

图 1-1-10　电缆短路引起的火花

（3）化学效应。

电流会将血液和细胞液作为电解液电解，因此伤害极大，如图 1-1-11 所示。

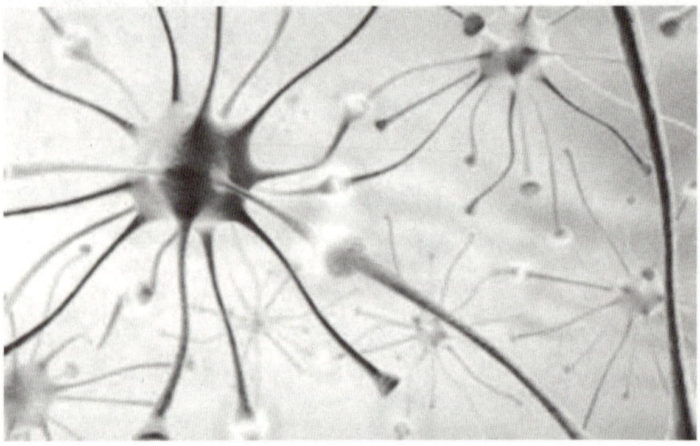

图 1-1-11　细胞液被电解

（4）光辐射效应

带电高压电路接通和断开时会产生弧光，弧光的光辐射可能造成操作人员出现电光性眼炎，如图 1-1-12 所示。

图 1-1-12　电焊时产生的弧光

3. 触电方式

1）直接触电

直接接触电击是指触及设备和线路正常运行时的带电体发生的电击（如误触接线端子发生的电击），也称为正常状态下的电击。

（1）直接触电的分类。

直接触电通常分为单相触电和两相触电。

单相触电是指当人站在地面上，人体的某一部位触到某相线而发生的触电现象。在低压供电系统中发生单相触电，人体所承受的电压几乎就是电源的相电压（220 V），如图 1-1-13 所示。

两相触电是指人体同时接触设备或线路中的两相导体而发生的触电现象。若人体触及一相线、零线，人体承受的电压为 220 V。若人体触及两根相线，则人体承受的电压为线电压 380 V，如图 1-1-14 所示。因此，两相触电对人体的危害更大。

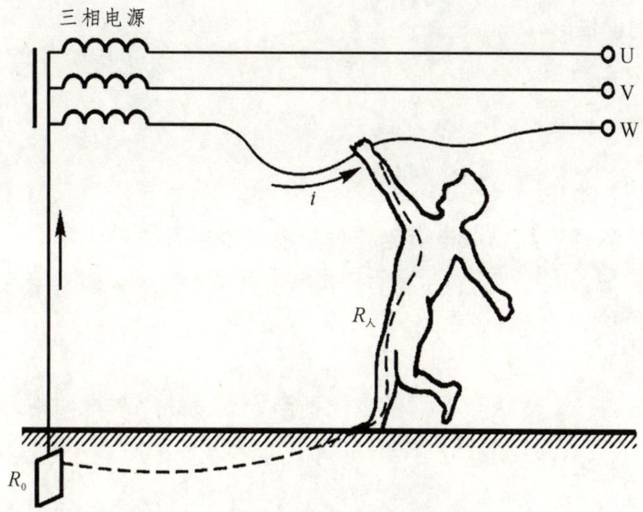

图 1-1-13　单相触电

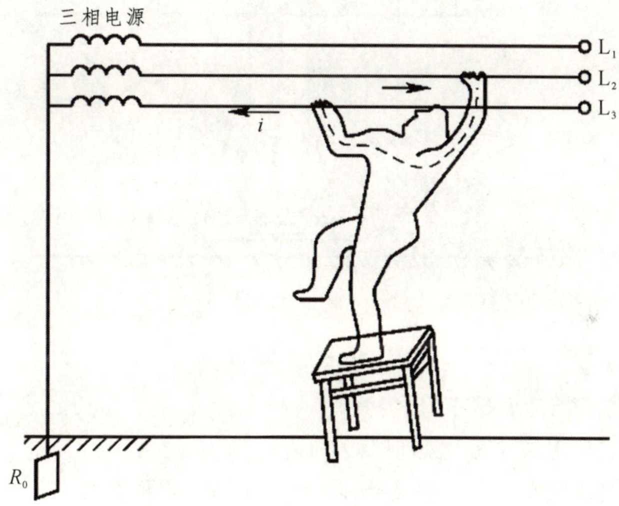

图 1-1-14　两相触电

（2）直接触电的特点。

① 人体的接触电压就是全部工作电压。

② 电路中的故障电流就是人体的触电电流。

直接接触时，通过人体的电流较大，危险性也较大，往往导致触电伤亡事故。因此，应想方设法防止直接触电。

（3）造成直接触电的原因及防护措施

除了误触电气设备的带电部分外，已停电的设备突然来电，也是造成直接触电的主要原因。尤其在停电检修时，由于作业人员心理准备不足，一旦停电后设备突然来电，就可能造成误伤事故。因此，即使在停电检修时，作业人员也必须清楚地认识到，已停电的设备可能会有突然来电的危险。应认真采取预防措施，并做好个人防护。

直接触电的防护措施：

① 远离（间距）防护。

② 屏护（障碍）防护。

③ 绝缘防护。

④ 采用安全特低电压。

⑤ 装漏电保护装置（如剩余电流动作保护器或漏电开关等）。

⑥ 电气连锁防护。

⑦ 限制能耗防护。

2）间接触电

间接触电是指触及正常状态下不带电，而当设备或线路故障时意外带电的导体发生的电击（如触及漏电设备的外壳发生的电击），也称为故障状态下的电击，如图 1-1-15 所示。

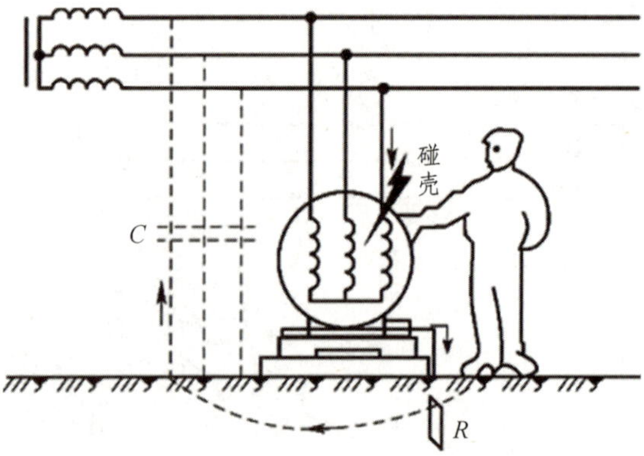

图 1-1-15　间接触电

间接触电的防护措施有以下几种。

① 自动切断供电电源（接地故障保护）。

② 采用双重绝缘或加强绝缘的电气设备（即Ⅱ级电工产品）。

③ 将有触电危险的场所绝缘，构成不导电环境。

④ 采用不接地的局部等电位连接保护，或采取等电位均压措施。

3）静　电

静电是一种处于静止状态的电荷。在干燥和多风的秋天，在日常生活中，人们常常会碰到这种现象：晚上脱衣服睡觉时，黑暗中常听到“噼叭”的声响，而且伴有蓝光；见面握手时，手指刚一接触对方，会突然感到指尖针刺般刺痛；早上起来梳头时，头发经常会“飘”起来，越理越乱，这些就是产生在人体的静电现象。

静电是通过摩擦引起电荷的重新分布而形成的，也有由于电荷的相互吸引引起电荷的重新分布形成的。静电的危害很多，它的第一种危害来源于带电体的相互作用。在印刷厂，纸页之间的静电会使纸页贴合在一起，难以分开，给印刷带来麻烦；在制药厂，由于静电吸引尘埃，会使药品达不到纯度标准；电视机屏幕表面的静电容易吸附灰尘和油污，形成一层尘埃的薄膜，使图像的清晰程度和亮度降低；在混纺衣服上常见而又不易拍掉的灰尘，也是静电引起的。

静电的第二大危害是有可能因静电火花点燃某些易燃物体爆炸。漆黑的夜晚，人们脱尼龙、毛料衣服时，会发出火花和“叭叭”的响声，这对人体基本无害。但在手术台上，电火花会引起麻醉剂的爆炸，伤害医生和病人；在煤矿，则会引起瓦斯爆炸，会导致工人死伤、矿井报废。

防患于未然，防止产生静电最简单且最可靠的措施是用导线把设备接地，这样可以把电荷引入大地，避免静电积累。油罐车的尾部拖一条铁链，这就是车的接地线可以防止静电积累。适当增加工作环境的湿度，让电荷随时放出，也可以有效地消除静电。清洗电视机屏幕可消除静电影响。

4）感应电

感应电为导电设备外部带的一种电。一般研究表明，人体对高压电场下的静电感应电流的反应更加灵敏，0.1 ~ 0.2 mA 的感应电流通过人体时，即使未触及被感应物体，人也会有明显的针刺感。

一般来说，感应电对人体没有危害，但对于比较敏感的电子设备影响较大，如心脏起搏器等，因此装备此类仪器的人一定要注意。

日常生活中，人们往往认为只有接触高压线路才会触电，因而对高压输电线路附近没有接触高压线却发生了触电事故的现象困惑不解。这实际上是一种认识误区。因为在高压输电线和高压配电装置周围存在着强大的电场，处在此电场内的导体会因感应作用而出现感应电压，当人们触及这些带有感应电压的物体时，就会有感应电流通过人体流向大地而使人受到电伤害。

5）雷　电

雷电是伴有闪电和雷鸣的一种雄伟壮观而又令人生畏的放电现象。闪电的平均电流是 3×10^4 A，最大电流可达 3×10^5 A。闪电的电压很高，为 $1\times10^8\sim1\times10^9$ V。一个中等强度雷暴的功率可达 1×10^7 W，相当于一座小型核电站的输出功率。放电过程中，由于闪电通道中温度骤增，使空气体积急剧膨胀，从而产生冲击波，导致强烈的雷鸣。

闪电的受害者有 2/3 以上是在户外受到袭击，受害者以在树下避雷雨的最多。雷电对人体的伤害，有电流的直接作用和超压或动力作用，以及高温作用。当人遭受雷击的一瞬间，电流迅速通过人体，重者可导致心跳、呼吸停止，脑组织缺氧而死亡。另外，雷击时产生的火花，也会造成不同程度的皮肤烧灼伤。雷电击伤，也可使人体出现树枝状雷击纹，表皮剥脱，皮内出血，也能造成耳鼓膜或内脏破裂等。

（三）安全电压

1. 人体安全电压认知

安全电压是指为了防止触电事故而由特定电源供电所采用的电压系列，是不致使人直接致死或致残的电压。根据规定，安全电压为不高于 36 V，一般环境条件下允许持续接触的“安全特低电压”是 24 V，安全电流为 10 mA；干燥且触电危险性较小的环境下，安全电压规定为 24 V；对于潮湿而触电危险性较大的环境（如金属容器、管道内施焊检修），安全电压规定为 12 V。

电击对人体的危害程度主要取决于通过人体电流的大小和通电时间长短。电流强度越大，致命危险越大；持续时间越长，死亡的可能性越大。人能感觉到的最小电流值称为感知电流，交流为 1 mA，直流为 5 mA；人触电后能自己摆脱的最大电流称为摆脱电流，交流为 10 mA，直流为 50 mA；在较短的时间内危及生命的电流称为致命电流，致命电流为 50 mA。在有防止触电保护装置的情况下，人体允许通过的电流一般为 30 mA。

2. 电压安全级别

依据国家标准《电动汽车安全要求第 3 部分　人员触电防护》（GB/T 18384.3—2015）中人员触电防护要求，根据不同电压等级可能对人体产生的伤害和危险程度不同，在新能源汽车中，将电压按照类型和数值分为两个级别，如表 1-1-2 所示。

表 1-1-2　电压类型和数值

电压级别	工作电压/V	
	DC（直流）	AC（交流）
A	$0 < U \leqslant 60$	$0 < U \leqslant 30$
B	$60 < U \leqslant 1500$	$30 < U \leqslant 1000$

考虑到空气的湿度和人体在不同工作环境下的电阻，将车辆电压分为 A 级和 B 级。

A 级是较为安全的电压等级，在直流中小于或等于 60 V；在规定的 150 Hz 频率下，低于 25 V，该电压下的维护人员不需要采取特殊防电保护措施。

B 级对人体会产生伤害，被认为是高压。在该电压下必须采取必要的防护设备对维护人员进行保护。

3. 高压特点

在新能源汽车中，低压通常指 12 V 电源系统的电气线路，而高压主要指动力蓄电池及相关线路的电压。新能源汽车的高压具有以下特点：

（1）高压的电压一般都在 200 V 以上。

（2）高压存在的形式既有直流，也有交流。这包括在动力蓄电池的直流，也有充电时的 220 V 电网交流电，以及电动机工作时的三相交流电。

（3）高压对绝缘的要求更高，大多数传统汽车上设计的绝缘材料，当电压超过 200 V 时可能就变成了导体，因此在新能源汽车上的绝缘材料需要具有更高的绝缘性能。

（4）高压对正负极距离的要求。12 V 电压情况下，对正负之间的距离需要很近时才会有击穿空气的可能，但是当电压高到 200 V 以上时，正负极之间会有一个很大的距离时就会发生击穿空气而导电，也就是我们常说的电弧。在 300 V 电压下，两根导线距离 10 cm 时就会发生击穿导电。

4. 高压标识认知

为防止意外触及高压系统，新能源汽车对高压部件均采用特殊的标识或颜色，对维修人员或车主给予警示，有时为强调危险，在高压标识旁边还会添加一些警告文字。

新能源汽车通常采用两种形式进行高电压的警示，这包括高压警示标识和导线颜色。

1）高压警示标识

每台新能源汽车的高电压组件壳体上都带有一个标记，售后服务人员或每位车主均可通过标记直观看出高电压可能带来的危险，所用警示牌基于国际标准危险电压警告标志。

如图 1-1-16 所示，高压警示标识采用黄色底色或红色底色，图形上布置有高压触电国家标准。

图 1-1-16　高压警示标识

2）高压警示颜色

由于高压导线，可能有几米长，因此在一处或两处通过警示牌标记意义不大。售后服务人员可能会忽视这些标牌。因此为方便辨别，用颜色标记出所有高电压导线，高电压导线的某些插头以及高电压安全插头也采用相应颜色，起警示作用，如图 1-1-17 所示。

图 1-1-17　高压警示颜色

按国际通行规定，电动汽车高压电配线的线皮标识颜色为橙色，如图 1-1-18 所示。在电动汽车上对有高电压的部件，都采用颜色鲜艳的橙色警戒标识，在进行维修操作时，对待高压部件应小心谨慎，严格按照安全规定进行，绝对不能随便触及。

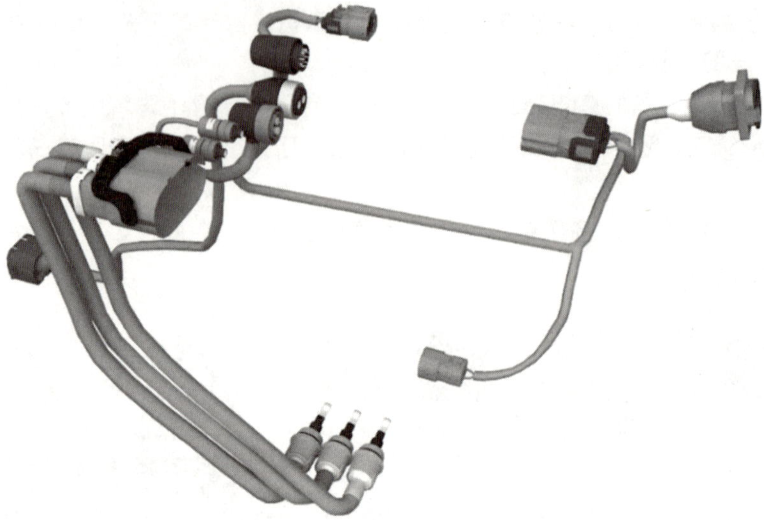

图 1-1-18　橙色高压线及高压接头

三、高压防护措施

（一）高压防护要求

触电防护应包含防止人员与任何带电部件的直接接触和在带电部件的基本绝缘故障的情况下的间接触电防护。对于 A 级电压的电路不要求提供触电防护。对于任何 B 级电压电路的带电部件，都应为人员提供危险接触的防护。直接接触防护应由带电部件的基本绝缘提供或由遮挡/外壳，或两者结合来提供。所有的防护及规定都是从安全的角度出发，防止人体及电气设备因触电或短路发生故障、造成事故。

在开始工作之前，技术人员就需要阅读、查看汽车厂家所有相关的维修信息。维修信息包括但不限于：解码仪数据、诊断程序、拆除和更换程序、电气布线图、技术服务公告和技术诀窍。如没有提前阅读维修信息，容易错过准备过程中的重要注意事项。这类信息通常可通过以下途径获得：

（1）该作业车辆的应急处理指南。

（2）汽车制造商的维修信息（整车安全防护措施）。

（3）原厂家的维修信息（特殊部件的安全防护措施）。

对新能源汽车的非高压部件（如制动系统、悬挂系统和车身系统）进行维修时，不需要专业的安全防护措施。对于高压系统上的高压组件进行维修时，就必须采取特别的防护措施。混合动力汽车和纯电动汽车的某些零部件可能有非常强的磁性。如果技术人员身上有植入体内或便携式医疗电子设备，如心脏起搏器（pacemaker）或心律转复除颤器（defibrillator），则必须向该医疗设备的制造商了解可能会有哪些不利影响，方能对混合动力汽车和纯电动汽车进行维护作业。在对混合动力汽车或纯电动汽车进行维护作业时则需要与某些零部件保持足够的距离。可能对医疗设备形成干扰的汽车设备包括汽车充电桩、车载式汽车充电器、远程发射机、无线钥匙的信号天线、永磁电机等。

对于新能源汽车进行涉及高压电的使用、维护、检修等作业时，作业人员必须做好预防触电的措施。新能源汽车高压作业人员要求考取“低压电工作业特种作业操作证”。

（二）高压防护措施

1. 安全距离

为了防止人体触及或过分接近带电体，或防止车辆和其他物体碰撞带电体，以及避免发生各种短路、火灾和爆炸事故，在人体与带电体之间、带电体与地面之间、带电体与带电体之间、带电体与其他物体和设施之间，都必须保持一定的距离，这种距离称为电气安全距离。电气安全距离的大小，应符合有关电气安全规程的规定。

在实际中，通常要进行安全距离防护，采取必要措施，使人体与带电体之间保持一定的距离（即安全距离），以防止人体偶然触及或过分接近带电体而触电。

在具体条件下，确定防护间距的大小，应考虑日常工作或生活的安全需要。如在有人经常工作或经常停留的场所，应将带电体装在伸臂范围以外，而且伸臂时手臂的最外点（伸直的手指）与带电体之间应有一定距离。如果作业中使用长而大的工具，间距应适当加大。

2. 场地防护要求

为了保证维修过程的安全，在检修新能源汽车时对维修检测工位（见图 1-1-19）有以下要求：

图 1-1-19　维修检测工位

（1）隔离。

（2）内部配备足够亮度的灯光，工作区域的光照强度不应低于 500 lx（勒克斯，光照强度单位）。

（3）配备消防设备设施，如干粉灭火器、消防栓和水枪等。

（4）配备预防触电的设备设施，如为作业地面铺设绝缘垫，为工作电源做好绝缘和触电防护、配备安全接地线、安装触电保护器等。

（5）为有触电危险的设备配备安全操作说明。

（6）配备安全作业防护用具，如工作服、绝缘手套、绝缘鞋、护目镜、安全头盔、绝缘钩等。

（7）配备安全绝缘工具，如绝缘扳手、绝缘套筒、绝缘尖嘴钳、绝缘旋具等。

（8）配备急救器材（如除颤仪），保障作业人员的生命安全。

3. 个人防护措施

个人防护用品，也就是在劳动过程中为防御物理、化学、生物等有害因素伤害人体而穿戴和配备的各种物品的总称。需要使用个人防护用品的区域均会张贴指令性标识。指令标识的含义是强制人们必须做出某种动作或采用防范措施的图形标志。指令标识的基本形式是圆形边框，如图 1-1-20 所示。

图 1-1-20　个人防护指令标识

对于特定的诊断或维修作业，技术人员可能需要在暴露的高压零部件附近进行操作。如果有导电物体落到暴露的高压电路上，则可能会造成危险的短路事故。例如，在对混合动力汽车和纯电动汽车进行维修作业时，由于高压零部件暴露在外，技术人员应取下所有首饰或金属物体，如戒指、手表、项链、工作徽章，以避免这些物体可能会滑落出来造成弧闪隐患。并且将衣物上的金属物移除或遮盖住可避免意外触电。个人防护用品可以分为一般劳动保护用品和特种劳动防护用品。主要个人防护用具如图 1-1-21 所示。

图 1-1-21　高电压作业个人防护措施

1）手部的安全防护

在拆卸及安装高压部件的时候应使用绝缘手套，如图 1-1-22 所示。橡胶材质的电工绝缘手套具备两种性能：一是在进行高电压部件或线路操作时，能够承受 1 000 V 以上的工作电压；二是具备抗酸碱性，当工作中接触来自动力电池的氢氧化物等腐蚀性化学物质时，能防止这些物质对人体的伤害。

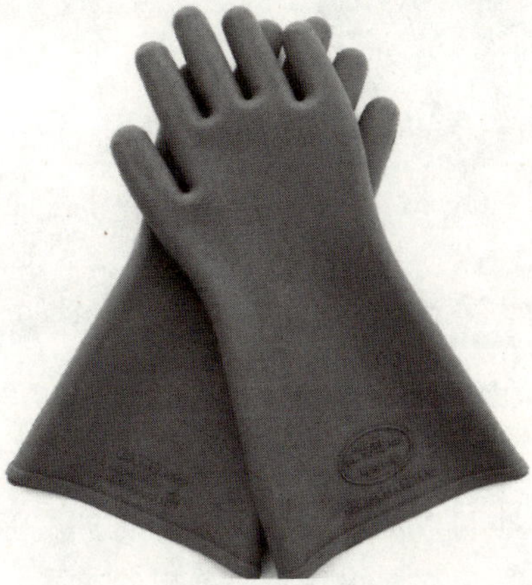

图 1-1-22　手部的安全防护

2）眼部的安全防护

最常见的护目用具类型，如带塑料侧护板的护目镜，是为了防止眼部受到撞击而设计的。当对新能源汽车进行作业时应佩戴相应标准的带侧护板的护目镜，如图 1-1-23（a）所示。然而对于其他危害的防护，如化学品喷溅或溢出造成的化学烧伤，则需要更高级别的眼部防护才能达到。通常用于化学实验的全密闭型的护目镜[见图 1-1-23（b）]可以达到这样的要求，但是它在大多数电动汽车的保养和维修操作中并不常被使用到。维修人员需参考汽车制造商提供的维修安全信息，来获取更精确的合适的护目用具要求。

（a）带侧护边型的护目镜　　（b）全密闭型的护目镜

图 1-1-23　眼部的安全防护

3）头部的安全防护

在举升车辆和拆卸、安装动力电池时应戴绝缘安全帽，保护头部安全，如图 1-1-24 所示。

4）足部的安全防护

足部常见的危害因素有物体砸伤或刺伤、高低温伤害、化学性伤害、触电伤害与静电伤害等。当对新能源汽车进行作业时应佩戴相应标准的绝缘鞋，保护足部安全，如图 1-1-25 所示。

图 1-1-24　头部的安全防护

图 1-1-25　足部的安全防护

5）身体的安全防护

穿着防静电的衣服，也可以提供额外的安全防护。因为触电通常都是和燃烧联系在一起的，因此在维修高压电时建议穿着防静电的衣服。棉布材料都是非合成纤维的衣服适合在维修高压电时穿着，如图 1-1-26 所示。防静电工作服是指为防止服装上的静电积累，用防静电织物为面料而缝制的工作服。而穿着合成纤维的衣服可能导致皮肤烧伤，因为这类材料在高温时会熔化粘在皮肤上使伤害进一步加大。

图 1-1-26　人体的安全防护

4. 电气安全工具

在电气工作中，工作人员需要经常使用各种电气安全工具，这些工具不仅对完成工作任务起一定作用，而且对保护人身安全起重要作用，如防止人身电击、电弧灼伤、高空摔跌等。要充分发挥电气安全用具的保护作用，电气工作人员必须了解各种电气安全用具的基本结构、性能，掌握其使用和保管方法。本小节主要介绍低压电气工作中常用的几种安全用具。

电气安全用具按其基本作用可分为绝缘安全用具和一般防护安全用具两大类。

绝缘安全用具是用来防止工作人员直接电击的安全用具。它分为基本安全用具和辅助安全用具两种。基本安全用具是指那些绝缘强度能长期承受设备的工作电压，并且在该电压等级产生内部过电压时，能保证工作人员安全的工具。如绝缘棒、绝缘夹钳、验电器等，如图 1-1-27 所示。

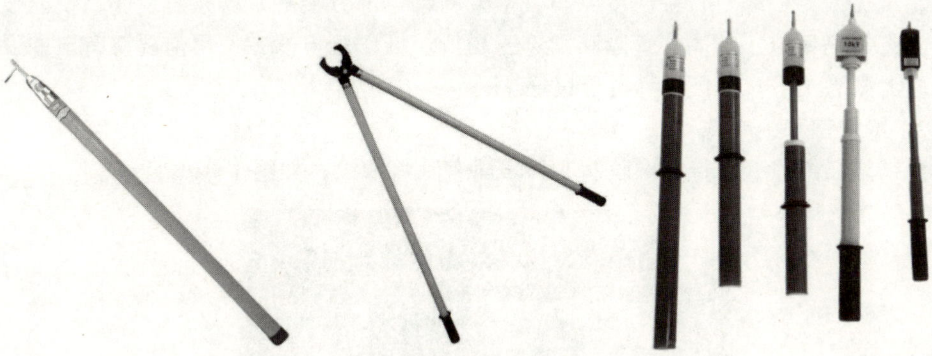

图 1-1-27　绝缘棒、绝缘夹钳、验电器

辅助安全用具是指那些主要用来进一步加强基本安全用具绝缘强度的工具。辅助安全用具的绝缘强度比较低，不能承受带电设备或线路的工作电压，只能加强基本安全用具的保护作用。因此，辅助安全用具配合基本安全用具使用时，能起到防止工作人员遭受接触电压、跨步电压、电弧灼伤等伤害。但是，在低压带电设备上，辅助安全用具可作为基本安全用具使用。

一般防护安全用具没有绝缘性能，主要用于防止停电检修的设备突然来电、工作人员走错间隔、误登带电设备、电弧灼伤高空坠落等事故的发生。

1）低压验电器

低压验电器又称为试电笔，是一种用氖灯制成的基本安全用具。当电流通过氖灯时即发出亮光，用于指示设备是否带有电压。为了便于携带，它常制成钢笔或螺钉旋具的形状，如图 1-1-28 所示。

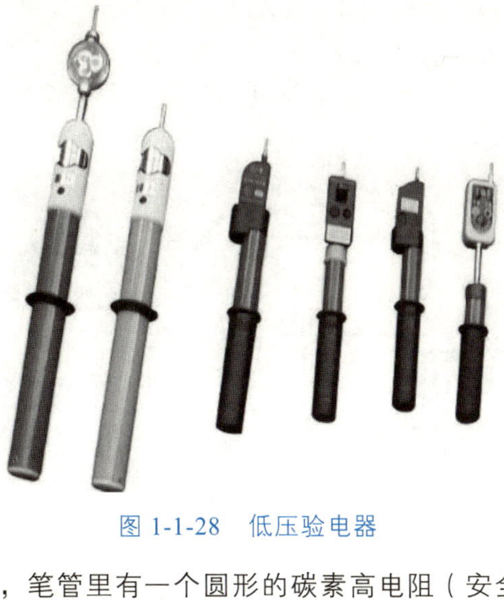

图 1-1-28　低压验电器

笔尖用铜或铁制成，笔管里有一个圆形的碳素高电阻（安全电阻）和一个氖灯。验电笔的笔钩，一方面便于挂在衣袋里，另一方面用于使电流通过人体导入大地。笔

中有一个弹簧，用来使笔尖、电阻、氖灯、笔钩和它本身保持接触。笔身是用绝缘材料制成的。试验笔只能用于 380 V/220 V 的用电系统。使用时，手拿验电器以一个手指触及金属盖或中心螺钉，金属笔尖与被检查的带电部分接触，若氖灯发亮，说明设备带电。灯越亮则电压越高，灯越暗则电压越低。低压验电器在使用前要在有电的设备或线路上试验一下，以证明其是否良好。

2）绝缘垫和绝缘毯

绝缘垫和绝缘毯由特种橡胶制成，表面有防滑槽纹，如图 1-1-29 所示。

图 1-1-29　绝缘垫

绝缘垫一般用来铺在配电装置室的地面上，用以提高操作人员对地的绝缘，防止接触电压和跨步电压对人体的伤害。在低压配电室地面铺上绝缘垫，工作人员站在上面可不使用绝缘手套和绝缘靴。

绝缘毯一般铺设在高、低压开关柜前用作固定的辅助安全用具。

3）绝缘站台

绝缘站台用干燥木板或木条制成，如图 1-1-30 所示，它可以代替绝缘垫或绝缘靴，是辅助安全用具。用木条制成的绝缘站台，木条间距不大于 25 cm，以免靴跟陷入。绝缘台面的最小尺寸是 0.8 m×10 m，台面边缘不超出绝缘子以外。绝缘子高度不小于 10 cm。

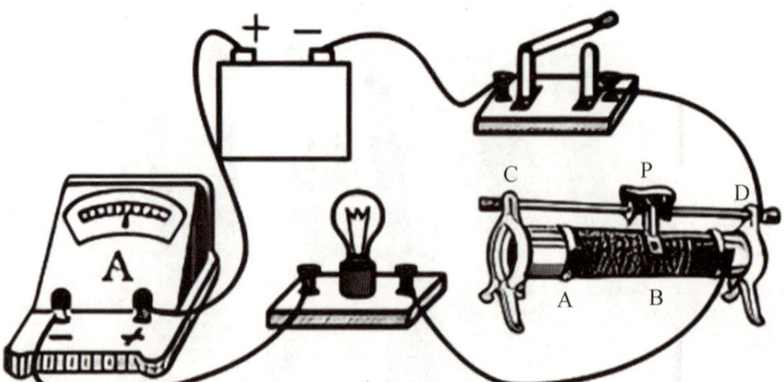

图 1-1-30　绝缘台

绝缘站台可用于室内外的一切电气设备。室外使用绝缘站台时，站台应放在坚硬的地面上，防止绝缘子陷入泥中或草中，降低绝缘性能。

5. 安全色、安全标识、语言警告牌

明确统一的标识是保证用电安全的一项重要措施。统计表明，不少电气事故完全是由于标识不统一而造成的。例如，由于导线的颜色不统一，误将相线接设备的机壳，而导致机壳带电，酿成触电伤亡事故。

标识分为颜色标识和图形标识。颜色标识常用来区分各种不同性质、不同用途的导线，或用来表示某处的安全程度。图形标识一般用来告诫人们不要去接近有危险的场所。为保证安全用电，必须严格按有关标准使用颜色标识和图形标识。我国安全色标采用的标准，基本上与国际标准草案（ISD）相同。一般采用的安全色标有以下几种：

图 1-1-31　紧急停机按钮

（1）红色：用来标志禁止、停止和消防，如信号灯、信号旗、机器上的紧急停机按钮（见图 1-1-31）等都是用红色来表示“禁止”的信息。

（2）黄色：用来标志注意危险，如“当心触电”“注意安全”等，如图 1-1-32 所示。

图 1-1-32　当心触电与注意安全标识

（3）绿色：用来标志安全无事，如“在此工作”“已接地”等，如图 1-1-33 所示。

图 1-1-33　在此工作与已接地标识

（4）蓝色：用来标志强制执行，如“必须戴安全帽”等，如图 1-1-34 所示。

图 1-1-34　必须戴安全帽标识

（5）黑色：用来标识图像、文字符号和警告标识的几何图形。

按照规定，为便于识别、防止误操作、确保运行和检修人员的安全，采用不同颜色来区别设备特征。例如，电气母线，A 相为黄色，B 相为绿色，C 相为红色，明敷的接地线涂为黑色。在二次系统中，交流电压回路用黄色，交流电流回路用绿色，信号和警告回路用白色。

四、电气操作安全注意事项

（1）严禁非专业人员对高压电气部件进行移除及安装。

（2）未经高压安全培训并取得许可证的维修人员，不允许对高压部件进行维修等操作。

（3）车辆在充电过程中不允许对高压部件进行拆装、维修等工作。

（4）维修前必须进行高电压禁用操作，确认车辆钥匙处于“LOCK”挡位并将 12 V 电源断开。

（5）服务人员进行高压系统检修时，必须佩戴齐全个人安全防护用品：高压绝缘防护手套、护目镜、绝缘安全鞋、非化纤工作服，并使用高压绝缘工具。

（6）开始作业前必须设置安全隔离，并放置安全警示牌。

（7）开始作业前必须对工位铺设的绝缘垫进行绝缘检测。

（8）必须用干净的布或塑料罩对车辆进行保护，以免损坏车辆。

（9）对于车辆维修过程中的高压配件必须立即标识明显的高压勿动警示，并禁止将带有高压电的部件放置在无人看管的环境下。

（10）在车辆维修期间，必须同时有两名持有上岗证的人员进行工作，其中一名人员作为工作的监护人，工作职责为监督维修的全过程。当发生触电事故时，监护人应立即采取有效措施进行急救。

（11）高压部件打开后或插头断开后，使用万用表对其电压进行测量，电压大于 0 V 时应使用专用放电工具对该部件进行放电，当电压完全消失后方可进行下一步。

（12）高压系统的检测检查应使用专用的诊断和检测仪器设备、万用表测量高压系统，任何设备工具的操作必须符合操作安全规程。

（13）拆卸维修高压部件时，电控单元及高压系统部件的高压线束不可带电断开回路或插拔端子。必须严格执行高压系统的中止和检验流程，防止造成电控单元及高压系统部件损坏或影响人身安全。

（14）在拆装各类线束（缆）时，一定要按要求对各插接件进行断开与接合。

（15）更换高压部件后，测量搭铁是否良好；电缆接口必须按照标准力矩拧紧。

（16）在进行动力电池拆装过程中，举升车辆之前必须按操作规程进行相应的检查，注意动力电池举升车的举升高度和与动力电池的接触情况，车辆举升高度原则上不超过 1.7 m。

（17）动力电池、控制器、高压盒开盖检修时应注意防止工具、螺栓、螺母掉入水等液体中造成电路短路，引发事故。

（18）操作人员进行作业时原则上不允许带高压电操作，除电池包绝缘电阻测试外。带高压电测量时须单手操作。

（19）维修完毕后上电前，确认车辆无人接触再操作。

（20）车辆完成维修后，监护人应对高压低压电器部件、系统及接插件进行检查，确认无误后，方可上电。

工作计划

如果进行安全防护套装的认知和使用检查，请填写表 1-1-3。

表 1-1-3　工作计划方案

步骤	作业内容	负责人
1		
2		
3		
4		
5		
6		
7		
8		

进行决策

1. 各组派代表阐述资料查询结果。
2. 各组就各自的查询结果进行交流，并分享技巧。
3. 教师结合各组完成情况进行点评，选出最佳方案。

实训任务

安全防护套装的认知和使用检查

一、任务准备

（一）设备及工具准备

按表 1-1-4 准备设备及工具。

表 1-1-4　设备及工具准备

序号	设备及工具名称	数量
1	绝缘手套	1 双
2	绝缘台	1 台
3	绝缘手套	1 双
4	隔离带	4 个
5	绝缘垫	1 张
6	安全警告牌	1 张
7	安全帽	1 顶
8	护目镜	1 副
9	绝缘鞋	1 双

（二）场地设备准备

任务实施前需要做好场地防护准备，检查实训场地和设备设施是否存在安全隐患，如不正常需进行处理方可实施任务。

（三）安全防护准备

（1）场地无多余物品，干燥整洁。

（2）相关设备在操作前，处于断电状态。

二、实施步骤

（1）隔离带的设置。认识隔离带，并清楚隔离带的使用方法。

（2）放置安全警示牌。在进行电气相关操作前，要在适当的地方放置警示牌用以提示，如图 1-1-35 所示。

（3）检查绝缘服。检查绝缘服表面，应完好无损、无深度划痕和磨损，厚度应均匀且无明显小孔。

（4）检查安全帽。观察安全帽的外观是否有裂纹、碰伤痕、凹凸不平、磨损，帽衬是否完整，帽衬的结构是否处于正常状态，如图 1-1-36 所示。

（5）检查绝缘手套外观。如图 1-1-37 所示，手套应无磨损、破漏、划痕并且贴有合格证。

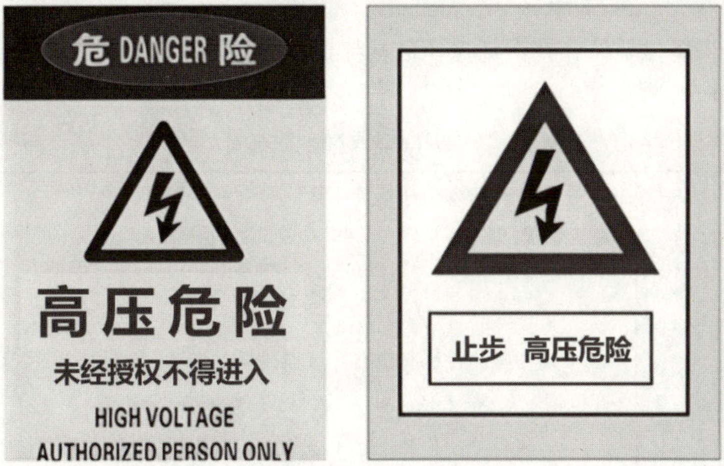

图 1-1-35　放置安全警示牌

图 1-1-36　检查安全帽

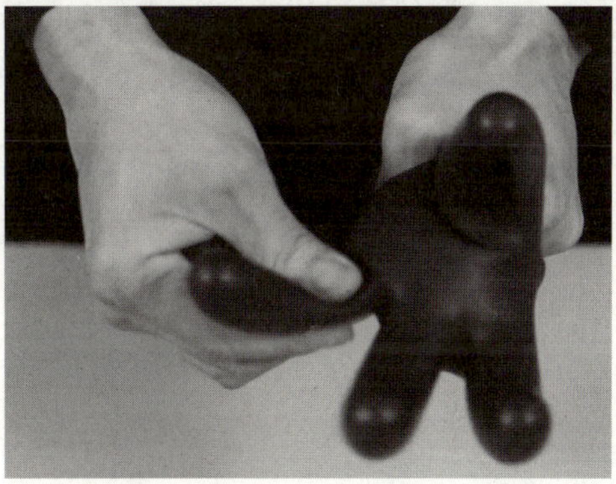

图 1-1-37　检查绝缘手套

（6）检查护目镜。观察护目镜是否有裂痕，如图 1-1-38 所示。

（7）检查绝缘鞋。检查绝缘鞋外表面，不能有刻痕、切割、磨损或化学污染，鞋底和跟部不应有金属部件，如图 1-1-39 所示。

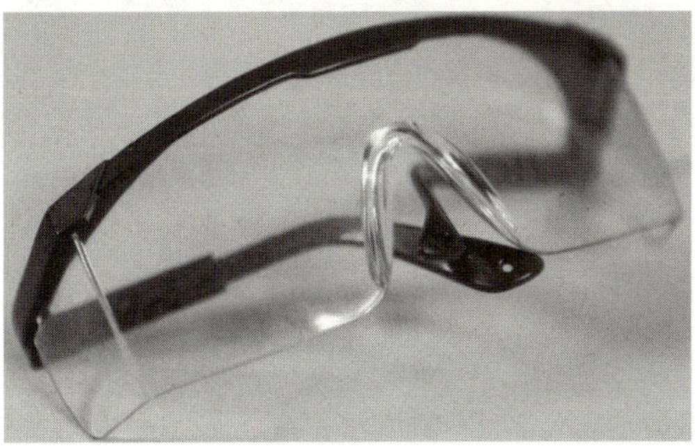

图 1-1-38　检查护目镜

图 1-1-39　检查绝缘鞋

评价与反馈

一、学生自评与互评

学生以小组为单位，就实训操作过程与操作结果进行自评及组内互评，并将结果填入表 1-1-5 中。

表 1-1-5　学生评价表

自我评价	1. 实训任务关键技能及基本技能有没有掌握？ 评价情况： 2. 实训任务的目标有没有实现？效果如何？ 评价情况： 3. 100 分的任务，你给自己打多少分？ 得分：
小组评价	1. 实训任务的关键技能及基本技能有没有掌握？ 评价情况： 参评人员： 2. 实训任务的目标有没有实现？效果如何？ 评价情况： 参评人员： 3. 100 分的任务，你给他（她）打多少分？ 得分：

二、教师评价及综合评价

请教师给出综合评价，并将结果填入表 1-1-6 中。

表 1-1-6　综合评价表

<table>
<tr><td rowspan="2">综合评价</td><td>自我评价（10%）</td><td>小组评价（10%）</td><td>教师评价（80%）</td><td>综合得分</td></tr>
<tr><td></td><td></td><td></td><td></td></tr>
<tr><td>综合评语</td><td colspan="4">（作业过程中存在的问题及改进建议）</td></tr>
</table>

拓展知识

人体各部分的皮肤电阻

人体阻抗通常包括外部阻抗（与触电当时所穿衣服、鞋袜以及身体的潮湿情况有关，从几千欧到几十兆欧不等）和内部阻抗（即人体电阻，与触电者的皮肤阻抗和体内阻抗有关）。

人体电阻的大小是影响触电后人体受到伤害程度的重要物理因素。人体电阻由体内电阻和皮肤电阻组成，它不是一个固定的数值。

体内电阻基本稳定，约为 500 Ω。人体内部组织的电阻不稳定，不同的人体内部组织的电阻也不同，但有一个共同的特点就是，人体内部组织的电阻与外加的电压大小基本没有关系。一般认为，接触到真皮里，一只手臂或一条腿的电阻大约为 500 Ω。因此，由一只手臂到另一只手臂或由一条腿到另一条腿的通路相当于一只 1 000 Ω 的电阻。假定一个人用双手紧握带电体，双脚站在水坑里而形成导电回路，这时人体电阻基本上就是体内电阻，约为 500 Ω。

一般认为干燥的皮肤在低电压下具有相当高的电阻，约为 1×10^5 Ω；接触电压为 220 V 时，人体电阻的平均值为 1 900 Ω；接触电压为 380 V 时，人体电阻降为 1 200 Ω；当电压在 500～1 000 V 时，人体电阻便下降为 1 000 Ω。表皮具有这样高的电阻是因为它没有毛细血管。手指某部位的皮肤还有角质层，角质层的电阻值更高，而不经常摩擦部位的皮肤的电阻值最小。皮肤电阻还同人体与带电体的接触面积及压力有关。经过对大量实验数据的分析研究确定，人体电阻一般为 2 000 Ω 左右，而在计算和分析时，通常取下限值 1 700 Ω。皮肤电阻还与皮肤的状态有关，皮肤出汗时，为 1 000 Ω 左右；皮肤有伤口时，为 800 Ω 左右。人体触电时，皮肤与带电体的接触面积越大，人体电阻越小。当人体接触带电体时，人体就被当作电路元件接入回路。

任务二　维修车间安全防护与急救措施认知

任务目标

知识目标

1. 能够描述高压车间场地与设施的要求。
2. 能够描述触电急救方法。
3. 能够描述动力电池事故急救方法。

技能目标

1. 能够进行新能源汽车高压维修车间规划。
2. 能够遵守新能源汽车维修人员要求。
3. 能够正确进行触电事故的处理与急救。

素养目标

1. 遵守职业道德，树立正确的价值观。
2. 引导崇尚劳动精神，逐步提升服务社会的意识。
3. 弘扬工匠精神，塑造精益求精的品质。
4. 培养协同合作的团队精神，自觉遵守组织纪律。

任务导入

作为新能源汽车专业的学生，刚刚进入工作岗位实习，突然有一天遇到了一位同事因违章操作导致了触电事故，你应该如何及时去帮助他呢?

任务分组

学生任务分配如表 1-2-1 所示。

获取信息

一、维修车间安全防护

（一）高压维修车间场地与设施要求

新能源汽车高压维修车间有高电压安全风险，场地设施必须符合安全管理及相关标准。同时，除了普通维修车间的安全要求外，高压维修车间必须制定相关的管理制度，加强安全管理，杜绝触电、火灾等安全事故的发生。作为高电压车辆的维护与检修，新能源汽车高压维修专用车间有特殊的场地要求和工位要求。

表 1-2-1　学生任务分配

班级		组号		指导老师	
组长		学号			
组员	姓名：__________	学号：__________	姓名：__________	学号：__________	
	姓名：__________	学号：__________	姓名：__________	学号：__________	
	姓名：__________	学号：__________	姓名：__________	学号：__________	
	姓名：__________	学号：__________	姓名：__________	学号：__________	
任务分工					

1. 工位数量及面积

高压维修车间至少具备 3 个标准工位（7 m×4 m），至少一台双柱龙门举升机。

2. 采　光

高压维修车间的采光应符合《建筑采光设计标准》（GB 50033—2013）的有关规定。注意光的方向性，应避免对工作产生遮挡和不利的阴影。对于需要识别颜色的场所，应采用不改变自然光光色的采光材料。

3. 干　燥

高压维修车间必须保持干燥。场地应避免积水或暴雨漏雨的情况发生。保持干燥的要求是为了降低维修人员的触电风险。

4. 照　明

当天然光线不足时，应配置人工照明，内部配备足够亮度的灯光，人工照明光源应选择接近天然光色温的光源。高压维修车间的照明要求应符合《建筑照明设计标准》（GB 50034—2013）的有关规定。

5. 通　风

高压维修车间的通风应符合《建筑设计防火规范》（GB 50016—2014）和工业企业通风的有关要求。车间保持通风有利于在维修车辆期间产生的有害物排出，并在发生触电事故的情况下，通风的环境能够更加有利于伤者呼吸到更多的氧气。

6. 防　火

高压维修车间的防火应符合《建筑设计防火规范》（GB 50016—2014）有关厂房、仓库防火的规定以及《汽车库、修车库、停车场设计防火规范》（GB 50067—2014）的有关规定。配备消防设备设施，如干粉灭火器、消防栓和水枪。

7. 卫　生

高压维修车间的卫生应符合《工业企业设计卫生标准》（GBZ 1—2010）、《生产过程安全卫生要求总则》（GB 12801—2008）的有关要求。

8. 安全标志

高压维修车间的安全标志应符合《安全系统标志及其使用导则》（GB 2894—2008）、《图形符号、安全色和安全标志》（GB 2893—2008）的有关要求。当工位上有高电压车辆进行维修时，必须布置有明显的警告标识，避免他人未经允许进入高电压工位而发生危险，如图 1-2-1 所示。

图 1-2-1　高压维修车间的安全标识

（二）维修车间安全管理制度

（1）车辆维修过程中的高压部件必须立即标识明显的“高压勿动”的警示，并禁止将带有高压电的部件放置在无人看管的环境下。

（2）车辆在充电过程中不允许对高压部件进行拆装、维修等工作。

（3）未经高压安全培训并取得特种作业操作证（低压电工证）的维修技师，不允许对高压部件进行拆装、维修等操作。

（4）高压部件拆装、维修前，维修技师必须检查及穿戴个人安全防护装备，并使用绝缘工具进行拆装操作。

（5）高压部件拆装、维修过程中，维修技师禁止佩戴手表、金属笔、戒指、项链等金属物品在身上。

（6）高压部件拆卸、维修前必须进行高电压下电操作，即根据车型切断车辆的低压电源和拆卸高压维修开关（装有时），并验证高压已下电和高压部件无漏电情况。

（7）进行车身焊接前应清理周围易燃物品，断开低压供电系统，避免焊接的大电流对车上的模块造成损坏。做好车身的保护，预防飞溅及着火，并严格按照焊接及钣金维修工艺进行操作。

（8）维修完毕在上电前，应由监督人员进行复查，确认正常后方可上电。

（9）更换高压部件后，高压电缆接口必须按照标准扭矩拧紧，并测量线路绝缘性能正常。更换后的高压部件要进行备件安全保护，特别是动力电池。

（10）在车辆维修期间，必须同时有两名持有上岗证的维修技师进行工作，其中一名维修技师作为工作的监护人，工作职责为监督维修的全过程。如果发生触电事故时，监护人应立即采取有效措施进行急救。

（11）如果发生火灾，不要惊慌，要及时采取正确的方法来灭火。首先要切断电源，立即离开车辆并站在远离车辆的上风处。在采取救火措施的同时立刻报警（拨打 119、110）。

（12）每天检查车间的灭火器是否在固定的位置，是否在有效期内。要充分了解灭火器及消防栓等消防设备的性质和正确使用方法。

二、触电急救方法

（一）触电急救流程

当发生触电事故时，一定要保持冷静，按照急救步骤开展紧急救助，才能防止施救者触电、保证触电者从事故中获救。触电急救建议流程如图 1-2-2 所示。

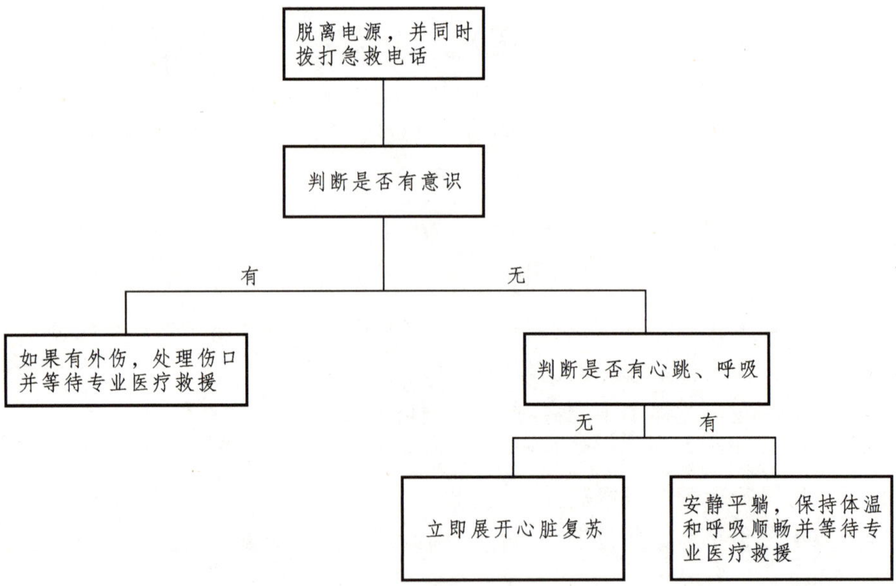

图 1-2-2　触电急救建议流程

（二）触电急救方法

1. 脱离电源

触电急救时，首先使触电者迅速脱离电源，切断事故回路，断开电路开关、拔出插头。需要施救者绝缘、禁止触碰，并通过绝缘物体（如干木板）使触电者与带电物体分离。

脱离低压电源的方法可用“拉”“切”“挑”“拽”“垫”5 个字来概括。“拉”就近拉下开关或拔掉电源插头；“切”使用绝缘钳剪断导线；“挑”如果导线搭落在触电者身上，用绝缘工具或木棍等将导线挑开；“拽”戴上手套或包缠干燥的衣服等绝缘物品拖拽触电者；“垫”救护人员站在绝缘垫上或干木板上，用一只手把触电者拉离电源。如果触电者由于痉挛导致手指紧握导线或导线缠绕在身上，救护人员可先用干燥木板塞进触电者身下使其与地绝缘来隔断电源，然后采取其他办法把电源切断。

在新能源汽车上，可通过断开高压维修开关、断开 12 V 供电（如断开 12 V 辅助蓄电池负极）、拔下熔丝（如果存在）等方式断开电源电路。

2. 拨打急救电话

在操作新能源汽车高压安全设备发生触电事故时，在切断高压电源后，应立即拨打急救电话，以最短的时间说清楚事故发生的地点、人员伤亡情况及现场控制情况等，并回答其他问题，切勿挂断电话。

3. 现场紧急救助

1）评估判断

在处理触电者前，施救者必须首先确保周围环境安全，然后检查触电者的反应。

通过拍打触电者肩部并呼叫：“你怎么样啦？”如果触电者有反应，那么就会回答、活动或者呻吟；也可以通过检查颈动脉有无搏动判断触电者情形，如图 1-2-3 所示。

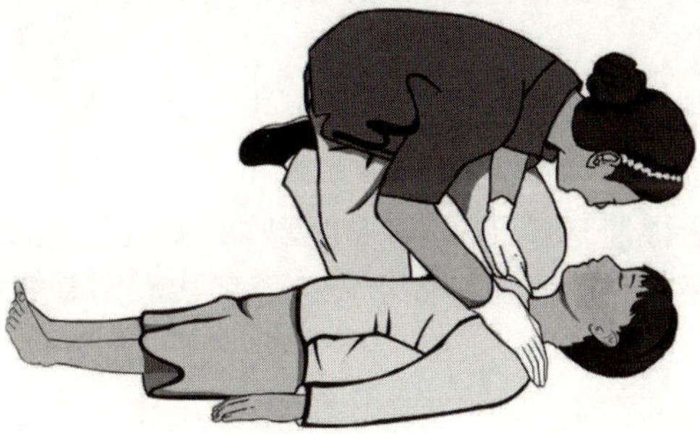

图 1-2-3　判断意识

据触电者意识、呼吸与心跳情况，可分为以下 4 种情形：

（1）触电者已失去知觉，但呼吸和心跳正常。

（2）触电者心跳停止，但尚能呼吸。

（3）触电者呼吸停止，但心跳尚存在（脉搏很弱）。

（4）触电者呼吸和心跳均已停止。

其中，第 1 种情形应采取的急救措施如下：

（1）使触电者合适地平卧着，解开衣服，以利呼吸。

（2）保持空气流通，冷天应注意保暖。

（3）可以压触电者的“人中”穴。

（4）医护人员未到现场之前若发现触电者呼吸困难或心跳失常，应立即施行人工呼吸或胸外按压。

后 3 种情形为触电者呈现的“假死”现象。“假死”症状的判断方法是看、听、试，如图 1-2-4 所示。

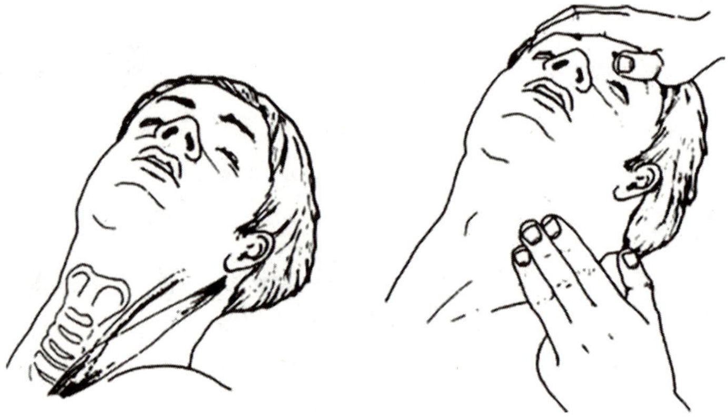

图 1-2-4　判断假死的方法

“看”是用眼观察触电者的胸部有无起伏和呼吸动作。

“听”是用耳贴近触电者的口鼻处，听有无呼吸声音。

“试”是用手试口鼻有无呼吸的气流，用两手指轻压颈动脉感觉有无搏动。

如果“看”“听”“试”的结果是无呼吸又无颈动脉搏动，则可判定触电者呼吸和心跳均已停止。

若触电者呼吸和心跳均未停止，此时应将触电者就地躺平，安静休息，不要让触电者走动，以减轻心脏负担，并应严密观察呼吸和心跳的变化；若触电者心跳停止、呼吸尚存，则应对触电者做胸部按压；若触电者呼吸停止、心跳尚存，则应对触电者做人工呼吸；若触电者呼吸和心跳均已停止，应立即按心肺复苏方法进行抢救。

2）心肺复苏法

心肺复苏法的 3 项基本措施是通畅气道、胸部按压和人工呼吸。

（1）通畅气道。

防止触电者呼吸停止，重要的措施是始终确保气道畅通，使用仰头抬颌法开放气道，如图 1-2-5 所示。

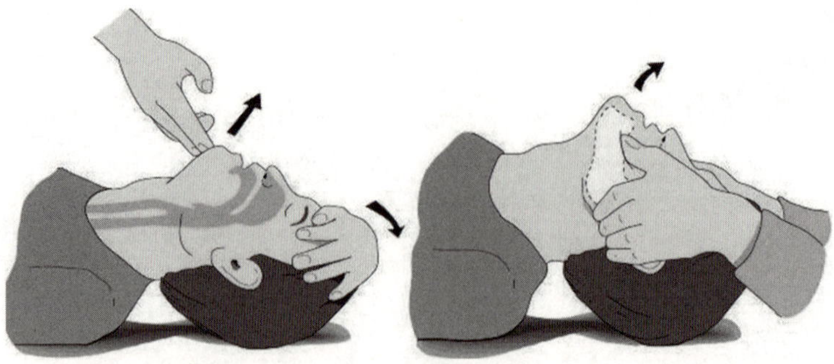

图 1-2-5　通畅气道

① 清理口腔。清除呼吸道杂物，如假牙、呕吐物、血液等。

② 通畅气道。触电者平卧在平地或硬板上，采用仰头抬颌法使触电者口腔与咽喉成直线。施救者站在触电者的右侧，左手放在触电者的前额，用力将头部下压，右手置于触电者下颌骨下缘将颈部向上、向前抬起，可以起到通畅呼吸道的作用。

（2）胸部按压。

正确的按压位置是保证胸外按压效果的重要前提，正确的按压姿势是达到胸外按压效果的基本保证。

① 按压体位。迅速将触电者在地面摆成仰卧位，头侧放；解开触电者衣领、拉链；保持身体平直、无扭曲；跪于触电者右侧，开始救护。

② 按压部位。胸骨下 1/3 交界处，双乳头与前正中线交界处。

③ 按压深度。胸骨下陷至少 5 cm，但不超过 6 cm。

④ 按压频率。至少 100 次/min，按压与放松的时间各占 50%。

⑤ 按压姿势。采用跪姿，双膝与触电者肩部平齐，双臂绷直与胸部垂直，不得弯曲，连续、有节律地按压 30 次。

⑥ 按压手法。施救者一只手的掌根放在触电者胸部的中央，另一只手的掌根放在第一只手上面，使两手平行重叠，具体操作如图 1-2-6 所示。

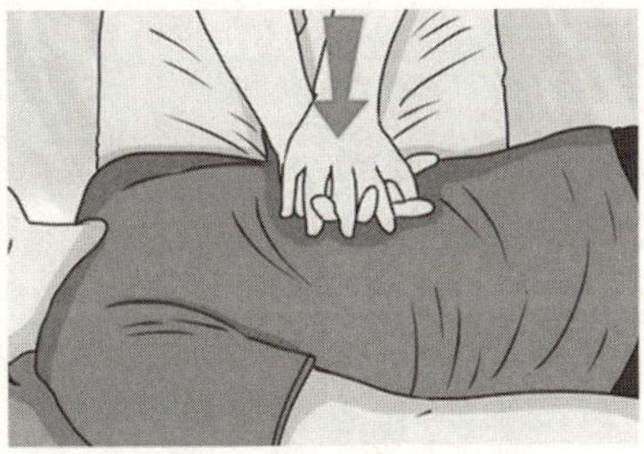

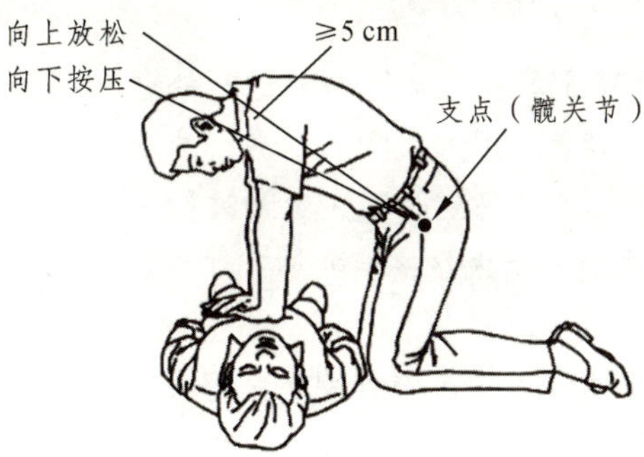

图 1-2-6　胸部按压

（3）人工呼吸。

在保持触电者气道通畅的同时，救护人员应对其进行人工呼吸。人工呼吸包括口对口人工呼吸和口对鼻人工呼吸两种，其中后一种方法适应于牙关紧闭情况。

口对口人工呼吸方法：开放气道→捏鼻子→口对口→“正常”吸气→缓慢吹气（1 s

以上），胸廓明显抬起，8～10 次/min→松口、松鼻→气体呼出，胸廓回落，如图 1-2-7 所示。

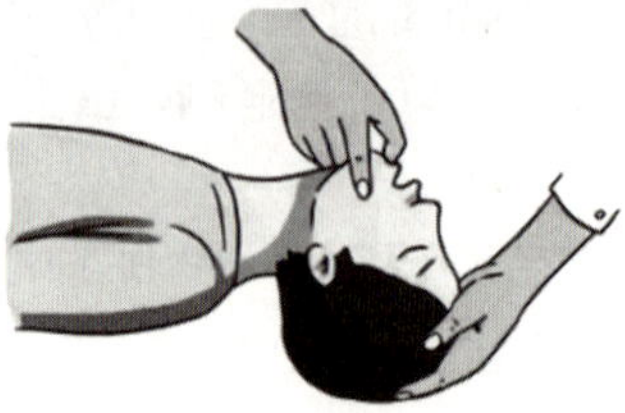

（a）头部后仰

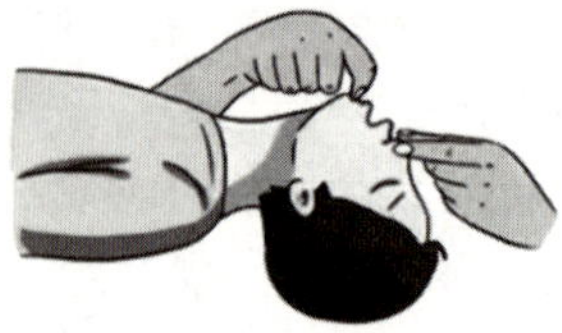

（b）捏鼻掰嘴

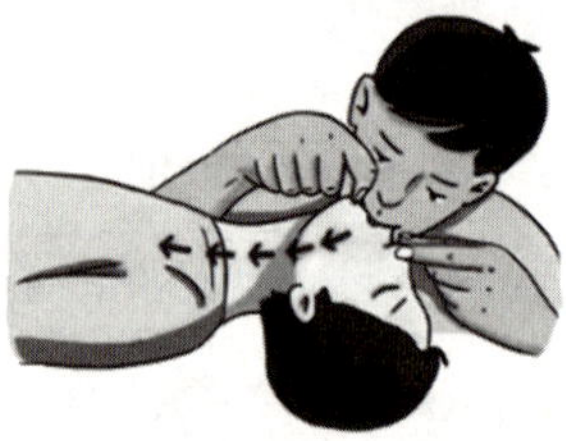

（c）贴紧吹气

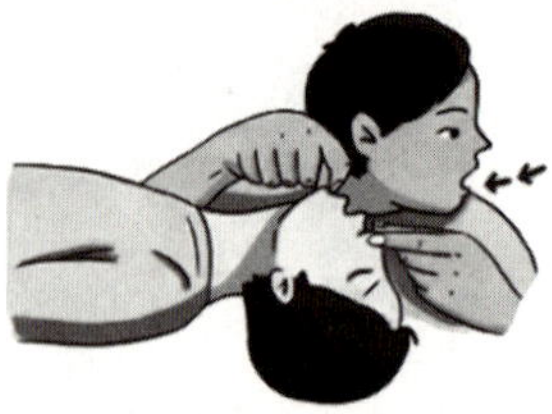

（d）放松换气

图 1-2-7　人工呼吸

注意：

① 每次送气 400～600 mL，避免过度通气。

② 送气频率 10～12 次/min。

③ 按压通气比率（心脏按压：人工呼吸）为 30：2，依次做 5 个循环，然后判断复苏是否有效。

三、动力电池事故急救方法

如果发生动力电池事故时，应按以下方法进行处理。

（1）如果发生了皮肤接触，用大量的清水进行冲洗。

（2）如果吸入了气体，必须马上呼吸大量新鲜空气。

（3）如果接触到了眼睛，用大量的清水进行冲洗（至少 10 min），并立即去医院诊治。

（4）如果吞咽了蓄电池内溶物，应立即喝大量清水，并且避免呕吐。因为这些蓄电池内溶物属于酸性物质，如果呕吐，会再次刺激和腐蚀食道、气管等，从而造成伤害，所以应该在医生的指导下处理。

工作计划

进行触电急救的实训内容，并填写表 1-2-2。

表 1-2-2　工作计划方案

步骤	作业内容	负责人
1		
2		
3		
4		
5		
6		
7		
8		

进行决策

1. 各组派代表阐述资料查询结果。
2. 各组就各自的查询结果进行交流，并分享技巧。
3. 教师结合各组完成情况进行点评，选出最佳方案。

实训任务

触电急救

一、任务准备

（一）设备及工具准备

按表 1-2-3 准备设备及工具。

表 1-2-3　设备及工具准备

序号	设备及工具名称	数量
1	个人防护套装	2 套
2	绝缘木棍	若干
3	包扎带	若干
4	布条	若干
5	除颤仪	1 台

（二）场地设备准备

任务实施前需要做好场地防护准备，以及检查实训场地和设备设施是否存在安全隐患。

（三）安全防护准备

合理使用防护用品及专业工具，并严格按示范动作操作，做到安全、正确。

二、实施步骤

（一）触电急救的基本方法练习

（1）观察触电情况，确定触电类型（高压触电、低压触电）。

（2）根据不同触电类型，选择不同的脱离电源的措施（主要方法有拉闸、拔插销、切断电源、分离触电者与带电体、短路、接地法等）。

（3）寻求有效的帮助（大声呼救、打电话报警等），有可能的话将伤者移至安全通风处。

（4）判断伤者情况，拍伤者肩膀大声呼喊其名字，如无回应，再按其人中，观察是否有意识。如有意识，应按照需求进行救助，如针对休克的治疗，护理伤口等。

（5）畅通气道（仰头举颌法），若伤员昏迷并有呼吸，应将其稳定侧卧。若伤员无呼吸，应进行人工呼吸，摸颈动脉检查心跳；若无，应进行心肺复苏。具体操作流程如图 1-2-8 所示。

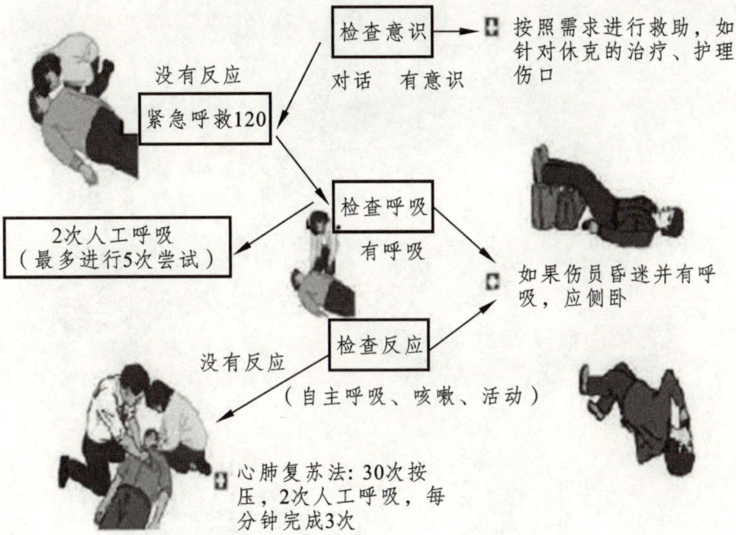

图 1-2-8　触电急救流程

（6）只要判断心脏骤停，应立即进行胸外按压，以维持重要脏器的功能。

① 将伤者仰卧位于硬质平面上。患者头、颈、躯干平直无扭曲，如图 1-2-9 所示。

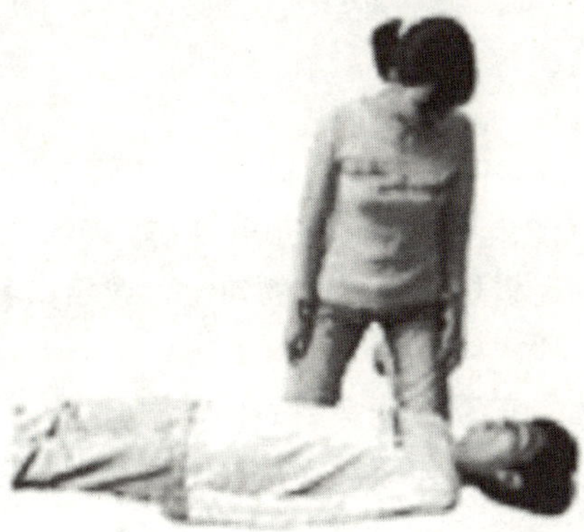

图 1-2-9　调整伤者体位

② 找对胸外按压部位，即胸骨中下 1/3 交界处或双乳头与前正中线交界处，如图 1-2-10 所示。

③ 按压时上半身前倾，双肩正对患者胸骨上方，一只手的掌跟放在患者胸骨中下部，然后两手重叠，手指离开胸壁，双臂绷直，以髋关节为轴，借助上半身的重力垂直向下按压。每次抬起时掌根不要离开胸壁，并应随时注意有无肋骨或胸骨骨折，如图 1-2-11 所示。

④ 每 2 min 更换按压者，每次更换尽量在 5 s 内完成。

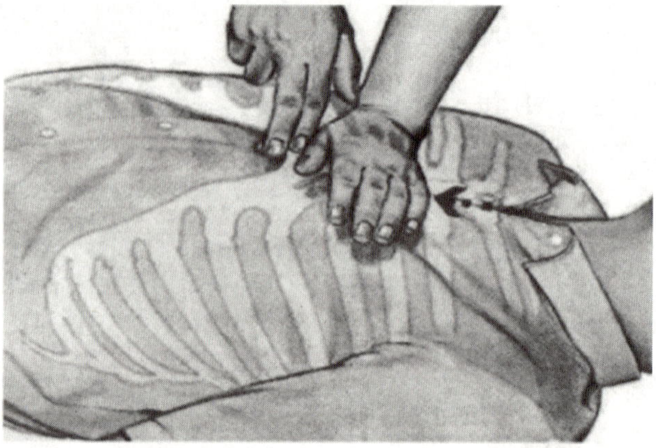

图 1-2-10　胸外按压部位

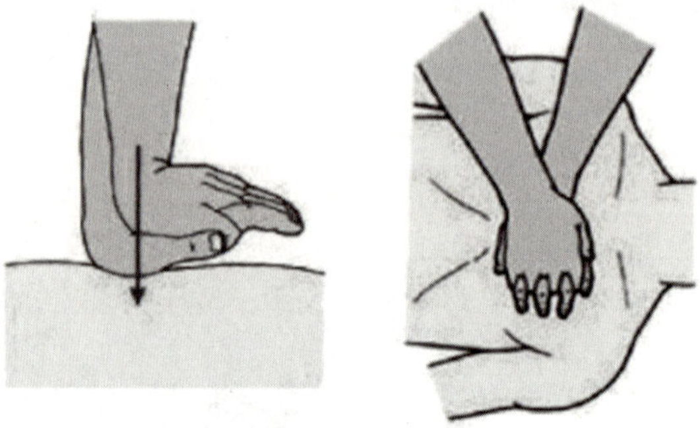

图 1-2-11　按压方法

（7）只要判断呼吸微弱或骤停，就应该进行人工呼吸。

① 开放气道应先去除气道内异物。如无颈部创伤，清除口腔中的异物和呕吐物时，可一手按压开下颌，另一手用食指将固体异物勾出，或用指套或手指缠纱布清除口腔中的液体分泌物。

② 用一只手按压伤病者的前额，使头部后仰，同时另一只手的食指及中指于下颌骨骨性部分向上抬颌，使下颌尖、耳垂连线与地面垂直，使气道畅通，如图 1-2-12 所示。

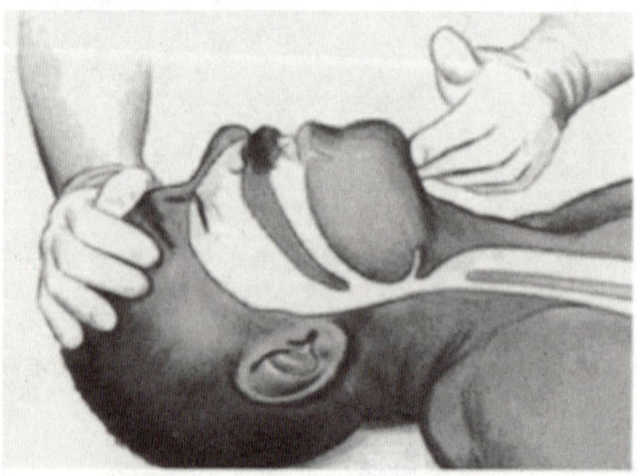

图 1-2-12　仰头抬颌法

③ 患者颈椎损伤时，将肘部支撑在患者所处的平面上，双手放在患者头部两侧并握紧下颌角，同时用力向上托起下颌。如果需要进行人工呼吸，则将下颌持续上托，用拇指把口唇分开，用面颊贴紧患者的鼻孔进行口对口呼吸，如图 1-2-13 所示。

图 1-2-13　双下颌上提法

（二）数字式万用表测量人体电阻

（1）认识数字万用表，并能正确接线和进行各挡位的练习。

（2）用数字万用表测量同一年龄不同性别的人电阻（从左手腕到右手腕），将数据填入表 1-2-4 中。

表 1-2-4　电阻测量数据

性别	状　态	
	干燥	湿润
男		
女		

评价与反馈

一、学生自评与互评

学生以小组为单位，就实训操作过程与操作结果进行自评及组内互评，并将结果填入表 1-2-5 中。

表 1-2-5 学生评价表

自我评价	1. 实训任务关键技能及基本技能有没有掌握? 评价情况: 2. 实训任务的目标有没有实现? 效果如何? 评价情况: 3.100 分的任务，你给自己打多少分? 得分:
小组评价	1. 实训任务的关键技能及基本技能有没有掌握? 评价情况: 参评人员: 2. 实训任务的目标有没有实现? 效果如何? 评价情况: 参评人员: 3. 100 分的任务，你给他（她）打多少分? 得分:

二、教师评价及综合评价

请教师给出综合评价，并将结果填入表 1-2-6 中。

表 1-2-6　综合评价表

综合评价	自我评价（10%）	小组评价（10%）	教师评价（80%）	综合得分
综合评语	（作业过程中存在的问题及改进建议）			

任务三　新能源汽车高压作业检测设备及工具的使用

任务目标

知识目标

1. 能够描述新能源汽车高压检测工具的类型和作用。
2. 能够描述新能源汽车高压防护工具的类型和作用。
3. 掌握绝缘测试仪的使用方法。

技能目标

1. 能够检测绝缘防护用品的性能。
2. 能够使用绝缘测试仪测量高压部件绝缘电阻。

素养目标

1. 遵守职业道德，树立正确的价值观。
2. 引导崇尚劳动精神，逐步提升服务社会的意识。
3. 弘扬工匠精神，塑造精益求精的品质。
4. 培养协同合作的团队精神，自觉遵守组织纪律。

任务导入

你所在的维修站需要组建新能源汽车专业维修车间，你的主管让你做一份新能源汽车维修工具及检测设备配置清单，你能完成这个任务吗?

任务分组

学生任务分配如表 1-3-1 所示。

获取信息

一、高压检测工具的使用

（一）绝缘拆装工具的使用

绝缘拆装工具是采用绝缘材料进行加工并适用于电气系统拆装操作的工具。使用绝缘拆装工具可以有效防止意外触电事故的发生，新能源汽车涉及高压的零部件拆装必须使用绝缘拆装工具。绝缘拆装工具必须装有耐压 1 000 V 以上的绝缘柄。绝缘拆装工具包括常用的套筒、扳手、螺钉旋具、钳子、电工刀等。图 1-3-1 所示为带绝缘柄的拆装工具。

表 1-3-1　学生任务分配

班级		组号		指导老师	
组长		学号			
组员	姓名：______	学号：______	姓名：______	学号：______	
	姓名：______	学号：______	姓名：______	学号：______	
	姓名：______	学号：______	姓名：______	学号：______	
	姓名：______	学号：______	姓名：______	学号：______	
任务分工					

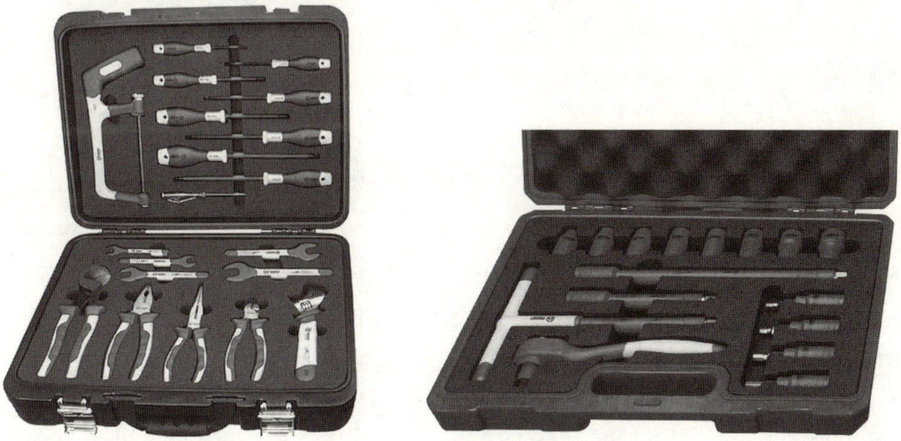

图 1-3-1　带绝缘柄的拆装工具

新能源汽车维修中，涉及高压部件拆装时应该采用绝缘的拆装工具。绝缘工具的使用方法与普通工具相同，此处不做赘述，绝缘拆装工具使用时还应需要注意以下事项。

（1）绝缘工具应有专门的工具室存放，室内应通风良好、清洁、干燥。

（2）如果发现绝缘工具损伤或受潮，应及时进行检修和干燥处理，试验合格后方可使用。

（3）绝缘工具必须按规定定期进行绝缘性能的试验，不符合试验要求的，禁止使用。

（二）绝缘电阻测试仪的使用

1. 功用和类型

绝缘电阻测试仪主要用来测量变压器、电机、线缆、开关、电器等电气设备及绝缘材料的绝缘电阻，保证这些设备、电器和电路工作在正常状态，避免发生触电伤亡及设备损坏等事故。

新能源汽车引入了高压系统，高压线束必须具备一定的绝缘阻值才能保证用户和维修人员的人身安全。测量高压线束绝缘阻值是否达到标准，需要使用绝缘电阻测试仪。

绝缘电阻测试仪有手摇式和数字式两种，如图 1-3-2 所示。下面以 FLUKE1508 数字式绝缘电阻测试仪为例，介绍其操作步骤。

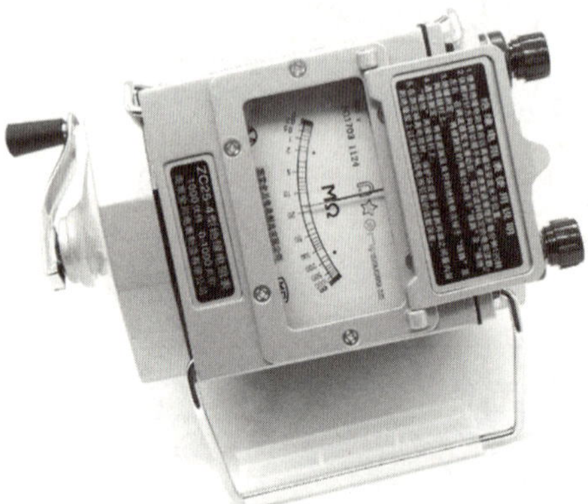

（a）手摇式绝缘电阻测试仪

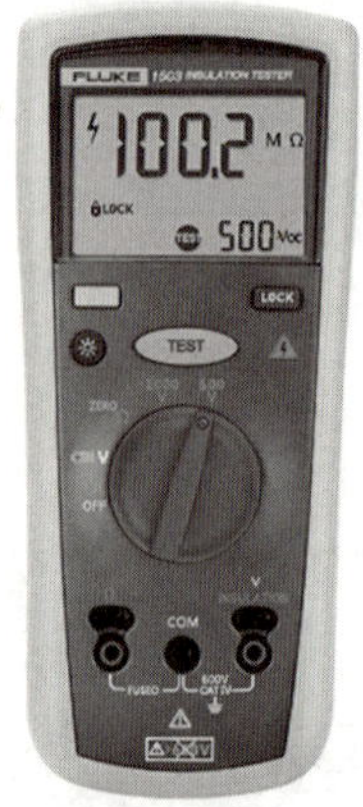

（b）数字式绝缘电阻测试仪

图 1-3-2　绝缘电阻测试仪

2. 绝缘电阻测试仪的使用

新能源汽车维修场地必须铺设绝缘地垫，为保证绝缘地垫的绝缘效果和操作人员的安全，在对车辆进行检查维修之前，必须对绝缘地垫进行绝缘性测试。接下来以绝缘地垫的绝缘性测试为例，介绍绝缘电阻测试仪的操作方法。

（1）绝缘电阻测试仪校零。绝缘电阻测试仪校零分为两个步骤，分别是开路测试与短路测试。

① 开路测试。量程选至 1 000 V，将红色和黑色测试探头分别插入绝缘输入端子和“COM”输入端子，然后将功能旋钮转至 100 V 挡，两表笔断开连接，按下“测试”按钮，若指示灯亮起且屏幕读数不小于 11 GΩ，则测试仪开路测试正常，如图 1-3-3 所示。

② 短路测试。量程选至 1 000 V，将红色和黑色测试探头分别插入绝缘输入端子和“COM”输入端子，然后将功能旋钮转至 1 000 V 挡，两表笔短接，按下“测试”按钮，若指示灯亮起且屏幕读数为 0，则测试仪短路测试正常，如图 1-3-4 所示。

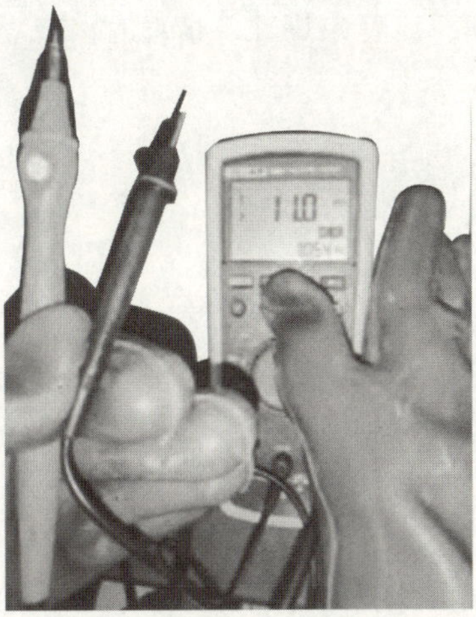

图 1-3-3　开路测试

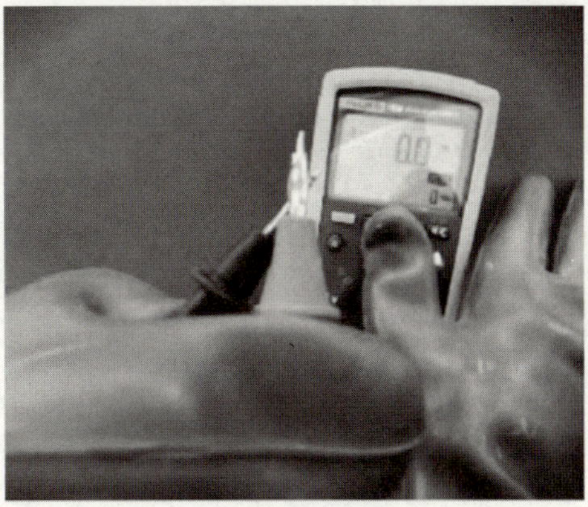

图 1-3-4　短路测试

（2）测量。开路测试和短路测试结束后，立刻进行绝缘性检测。黑色表笔接触地面，红色表笔接触绝缘地垫，按下“TEST”按钮开始测量，直至屏幕出现大于 11.0 GΩ 的稳定数值，记录测量数据，如图 1-3-5 所示。

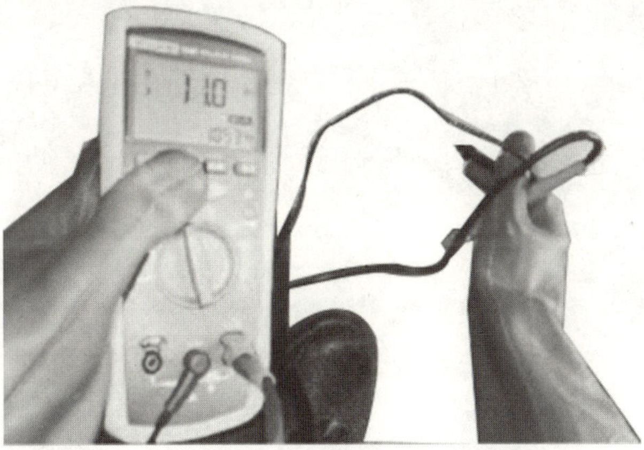

图 1-3-5　绝缘电阻测试仪的测量

（3）变换位置继续测量，共测量 4 点绝缘地垫的绝缘电阻值并记录。如果屏幕显示绝缘电阻值不小于 11 GΩ，则说明绝缘地垫绝缘性良好。

（4）将绝缘电阻测试仪挡位开关置于“OFF”挡，恢复、归整测试探头。

3. 绝缘电阻测试仪的注意事项

（1）为了确保仪器测试精度，测试环境温度应在 10 ~ 30 °C，湿度不大于 65%。

（2）在仪器测试过程中，仪器的测试端口和被测件均有较高的电压，不得用手直接接触测试端口及被测件。

（3）请务必将有极性的被测件（电解电容等）按照“+”“-”极连接，否则会引起爆炸。此类被测件测试完成后必须放电几秒后才可取下，以防触电。

（4）仪器不允许长时间短路，否则会被损坏。

（5）当仪器发生意外情况，如机内打火、冒烟、出现焦煳味等情况时，应立即切断电源，并及时上报。

（三）钳形电流表的使用

1. 功用和类型

钳形电流表是一种用于测量正在运行的电气线路电流大小的仪表，可在不断电的情况下测量电流，是专门测量大电流的电工仪表。

钳形电流表分为直流钳形表、交流钳形表和交直流钳形表。下面以优利德 UT216C 交直流钳形表为例进行介绍。

2. 钳形电流表的使用

1）校　零

使用钳形电流表时，首先进行校零，操作方法如图 1-3-6 所示。将黑色测试探头插入“COM”输入端，红色测试探头插入电压输入端，然后将功能量程选择转盘转至欧姆挡，两表笔短接，观察屏幕读数是否小于 1 Ω。

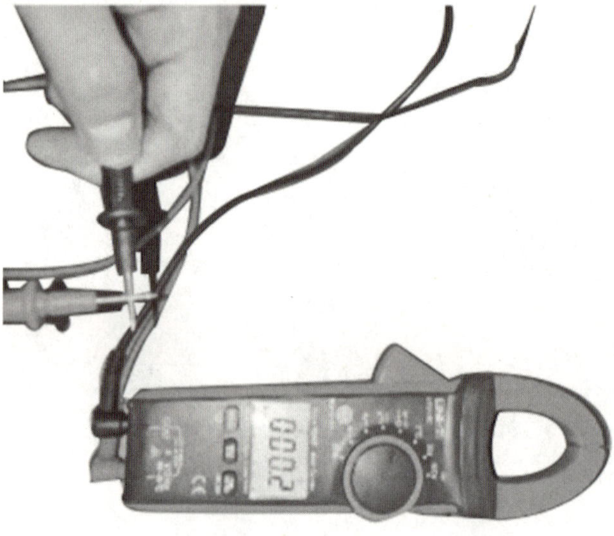

图 1-3-6　钳形电流表校零

2）选择挡位

根据所测电路电流的性质(直流/交流)，将功能量程选择转盘转至合适的电流挡位。

3）测　量

按住钳头、扳动手柄张开钳口并将待测导线套入钳口中，确保钳口的闭合面接触良好，导线位于环形钳口的中间，否则会导致数据失准。注意：为了避免触电或人身伤害，流向相反的电流会相互抵消。一次只能在夹钳中放入 1 根导线。

4）读　数

查看液晶显示屏测量数值，数值稳定后读数。注意：当测量读数不明显时，可将被测导线绕几匝，匝数以钳口中央的匝数为准，则最终电流值=测量值/匝数。

5）恢　复

测试完毕，将交直流钳形表电源开关置于“OFF”挡，恢复、整理仪表。

3. 钳形电流表的注意事项

（1）使用钳形电流表时要根据使用场所、电流的性质及大小选择相应的型号或挡位。

（2）选择量程，要先估计被测电流的大小，如果无法估计应把量程打到最大，然后逐步缩小量程，进行精确测量。

（3）不能在使用钳形电流表测量时换挡，因为表内的电流互感器在测量时是不允许断路的，否则容易造成仪表损坏，产生的高压甚至会危及操作者的人身安全。

（4）单相线路中两根线，不能同时进入钳口。

（5）钳形电流表在测量时要在规定的频率范围内使用，它测量除正弦波电流外的其余波形电流都会产生误差。

（6）尽量避开强磁场，以避免强磁场影响测量数据的准确性。

（7）钳口不能完全闭合时，不要强行将其闭合，可打开钳口后重试，如果钳口端粘有异物时应该立即清除。

（8）测量完成后，应将选择开关置于“OFF”挡，防止电池漏电或下次测量时不慎烧毁仪器。

二、高压防护工具的使用

（一）安全帽

1. 检　查

检查安全帽有无裂痕、是否磨损严重、有无受过重击变形。对于新领用的安全帽，应检查是否有劳动部门允许生产的证明及产品合格证。

2. 使　用

安全帽的使用要符合规定，如果使用不正确，就起不到充分的防护作用。注意事项（见图 1-3-7）如下。

（1）戴安全帽前应将帽后调整带按自己头型调整到合适的位置，然后将帽内弹性带系牢。缓冲衬垫的松紧由带子调节，头顶和帽体内顶部的垂直距离一般在 25～50 mm，以不小于 32 mm 为好，这样能保证遭受冲击时，帽体有足够的空间可供缓冲，平时也有利于头和帽体间的通风。

（2）不要把安全帽歪戴，也不要把帽檐戴在脑后方，否则会削弱安全帽对冲击的防护作用。

（3）安全帽的下颌带必须扣在颌下并系牢，松紧要适度，让安全帽不至于被风吹掉，或被其他障碍物碰掉，或由于头的前后摆动而脱落。

（4）安全帽顶部除在帽体内安装帽衬外，还开有通风小孔。但使用时不要为透气而随便再开孔，否则会使帽体的强度降低。

图 1-3-7 安全帽的正确佩戴

（5）安全帽在使用过程中会逐渐磨损，因此要定期检查有无龟裂、下凹、裂痕和磨损等情况，发现异常现象要立即更换，不得继续使用。任何受过重击、有裂痕的安全帽，不论有无损坏均应报废。

（6）严禁使用只有下颌带与帽壳连接的安全帽（即帽内无缓冲层的安全帽）。

（7）技术人员在现场作业中，不得将安全帽脱下，搁置一旁，或当坐垫使用。

（8）由于安全帽大部分使用高密度低压聚乙烯塑料制成，具有硬化和变蜕的性质，不宜长时间在阳光下暴晒。

（9）新领的安全帽，首先检查是否有劳动部门允许生产的证明及产品合格证，再看是否破损、薄厚不均，缓冲层及调整带和弹性带是否齐全有效。不符合规定的必须立即调换。

（10）在室内作业也要戴安全帽，特别是在室内带电作业时，更要认真戴好安全帽，因为安全帽不仅可以防碰撞，还能起到绝缘作用。

（11）平时使用安全帽时应保持整洁，不能接触火源，不要任意涂刷油漆，不得当凳子坐，防止丢失。如果丢失或损坏，必须立即补发或更换。无安全帽一律不得进入作业现场。

（二）绝缘手套

1. 检　查

（1）外观检查。观察绝缘手套有无油垢、灰尘、划痕、开裂。

（2）耐压等级检查。根据相关规定，高压绝缘手套上必须有明显且持久的标记，内容包括标记符号、使用电压等级、规格型号、最大使用电压、制造单位或商标、检验合格印章，贴有经试验单位定期试验的合格证等信息，如图 1-3-8 所示。其中，使用电压等级按照《带电作业用绝缘手套》（GB/T 17622—2008）规定共分为 5 级，各级适用电压见表 1-3-2。

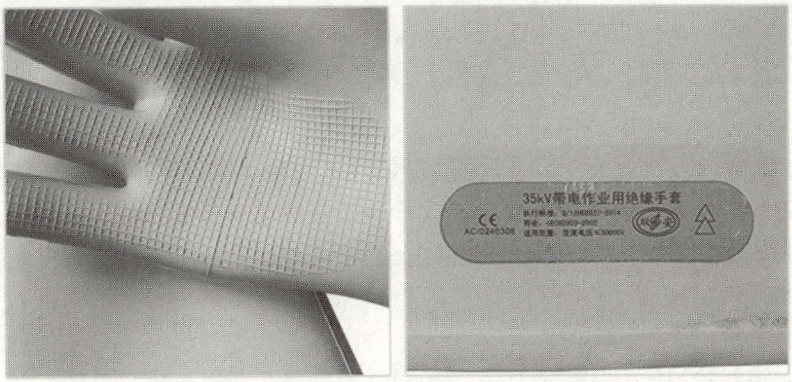

图 1-3-8　绝缘手套等级

表 1-3-2　绝缘手套耐压等级级别

级别	0	1	2	3	4
适用电压/V	380	3 000	10 000	20 000	35 000

根据表 1-3-2 可知，图 1-3-8 中绝缘手套耐压等级为 4 级，最大使用电压为 35 kV。

（3）气密性检查。将手套从口部向上卷，稍用力将空气压至手掌及指头部分检查上述部位有无漏气，如图 1-3-9 所示。如果有漏气，则不能使用。

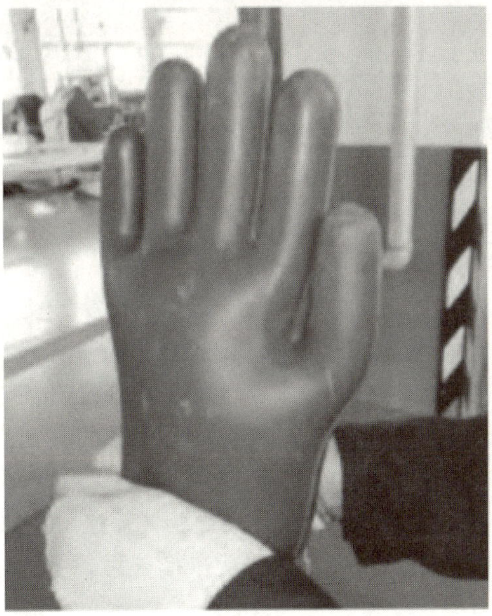

图 1-3-9　检查气密性

2. 使　用

高压绝缘手套是作业时使用的辅助绝缘安全用具，需与基本绝缘安全工具配套使用。在 400 V 以下带电设备上直接用于不停电作业时，在满足人体安全距离的前提下，不允许超过高压绝缘手套的标称电压等级使用。

若一副高压绝缘手套中的一只可能不安全，则这副手套不能使用。

高压绝缘手套的使用温度范围为-25 ~ 55 °C。橡胶的特性是低温脆化，高温软化。

使用高压绝缘手套时应将衣袖口（无绝缘性能，不能保证安全）套入手套袖口内，同时注意防范尖锐物体刺破手套。

高压绝缘手套受潮或发生霉变时应禁止使用。遭雨淋和受潮时应进行干燥处理（用专用干燥箱均匀干燥，避免使用局部高温设备对手套进行干燥）后再使用，但干燥温度不能超过 65 °C（橡胶的温度耐受极限）。

高压绝缘手套弄脏时应用肥皂和水（避免化学反应影响绝缘性能）清洗，彻底干燥后涂上滑石粉，避免粘连。

在边缘锋利的高压部件附近作业，或搬举、移动某些高电压部件时，技术人员应戴上高压绝缘手套。很多手套制造商同时也会提供皮革防护套，用来套在高压绝缘手套外面以防止其破损。

皮革套的袖口必须比所保护的高压绝缘手套短。这样是为了确保皮革套袖口边缘和使用者皮肤之间存在绝缘层。

（三）绝缘鞋

1. 检　查

检查绝缘鞋（靴）的表面是否外观清洁、无油垢、无灰尘，鞋（靴）底有无扎伤，底部花纹清晰明显、无磨平现象，无受潮现象，是否超过绝缘周期。

2. 使　用

绝缘鞋使用注意事项：

（1）绝缘鞋适宜在交流 50 Hz/1 000 V 以下，或直流 1 500 V 以下的电力设备上工作时，作为安全辅助用具使用。

（2）绝缘鞋不能受潮，受潮后严禁使用。一旦受潮，应放在通风透气的阴凉处自然风干，以免变形受损。鞋底被异物刺穿后，不能作绝缘鞋使用。

（3）注意绝缘鞋的皮面保养，勤擦鞋油。擦拭方式：先用干净软布把鞋表面的灰尘擦去，然后将鞋油挤在布上，并均匀涂在鞋面上，待鞋油略干后再擦拭。

（4）绝缘鞋不宜在雨天穿，更不宜水洗，否则容易发生断线、脱胶、脱色和泛盐霜等现象。

（5）绝缘鞋不能与油类、酸性、碱性及尖锐物体等接触，以防腐蚀、变形和受损。

（6）彩色绝缘鞋（包括白色）在穿着中尤其应注意，不能碰到污水、污物、茶渍和可乐等，否则会留下污渍，使原色受损。

（7）绝缘鞋穿着后出现轻微褶皱、轻微变形等属正常现象。

（8）绝缘鞋受潮或遇脚汗后，易出现泛盐霜现象。如出现泛盐霜现象，可用纱布或棉花蘸少量温水擦净，再把鞋放在通风处晾干，最后用鞋油擦拭，反复数次即可恢复原状。

（9）绝缘鞋存放时，应保持整洁、干燥，并擦好鞋油，自然平放。存放一段时间后（特别是雨季），要使其通风干燥，并重新擦拭鞋油以防霉变。

（四）护目镜

1. 检　查

观察护目镜面有无破损、刮花。护目镜的宽窄和大小要适合使用者的脸型。

2. 使　用

护目镜使用注意事项：

（1）选用经检验机构检验合格的产品。

（2）防护眼镜的宽窄和大小要适合使用者的脸型。

（3）镜片磨损粗糙、镜架损坏，会影响操作人员的视力，应及时调换。

（4）要专人使用，防止传染眼病。

（5）按要求焊接滤光片和保护片。

（6）防止重摔重压，防止坚硬的物体摩擦镜片和面罩。

工作计划

进行绝缘工具使用的实训，并填写表 1-3-3。

表 1-3-3　工作计划方案

步骤	作业内容	负责人
1		
2		
3		
4		
5		
6		
7		
8		

进行决策

1. 各组派代表阐述资料查询结果。
2. 各组就各自的查询结果进行交流，并分享技巧。
3. 教师结合各组完成情况进行点评，选出最佳方案。

实训任务

绝缘测试仪的正确使用

一、任务准备

（一）设备及工具准备

按表 1-3-4 准备设备及工具。

表 1-3-4　设备及工具准备

序号	设备及工具名称	数量
1	绝缘测试仪	1 台
2	鳄鱼夹	2 个
3	测试笔连接线	2 条

（二）场地设备准备

任务实施前需要做好场地防护准备，检查实训场地和设备设施是否存在安全隐患，如不正常需进行处理方可实施任务。

（三）安全防护准备

（1）绝缘桌面无多余物品。

（2）检测各个设备以及所需要器材是否完好。

二、实施步骤

（1）利用绝缘测试仪测试直流电压，将鳄鱼夹连接到测试笔上，将连接好的黑测试笔插入“COM”输入端，红表笔插入电压“V”，如图 1-3-10 所示。

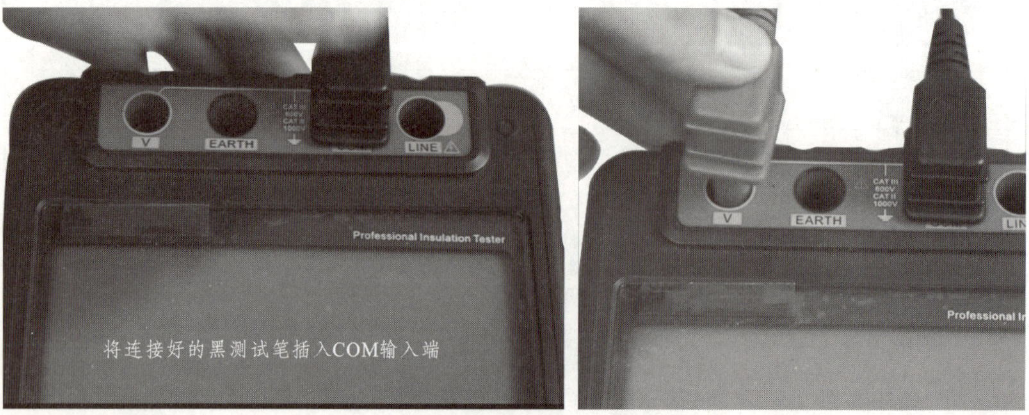

图 1-3-10　连接黑测试笔、红表笔

（2）按“ON\OFF”挡位，将绝缘测试仪打开，选择“DCV/ACV”挡位，调至直流挡位，如图 1-3-11 所示。

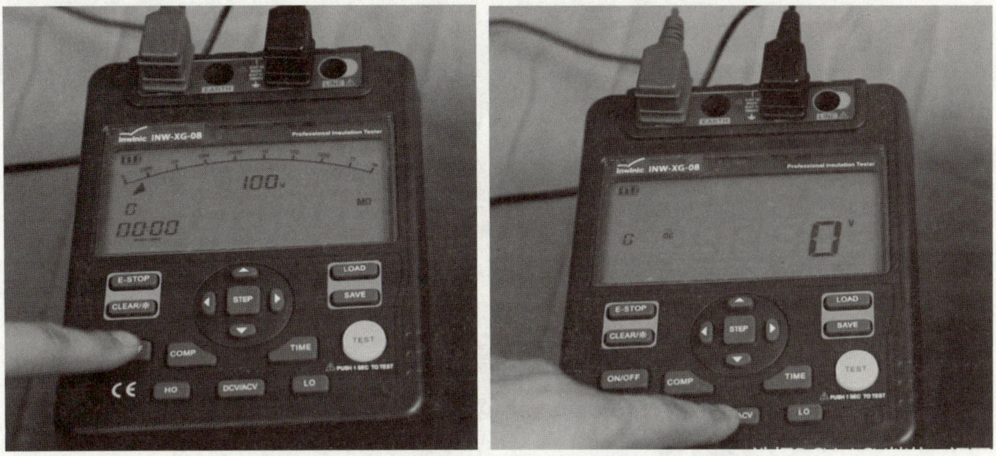

图 1-3-11　打开绝缘测试仪、调至直流挡位

（3）将红鳄鱼夹夹住蓄电池正极，黑鳄鱼夹夹住负极，测试数据并记录。按下“SAVE”数据保存键，保存当前数值，如图 1-3-12 所示。

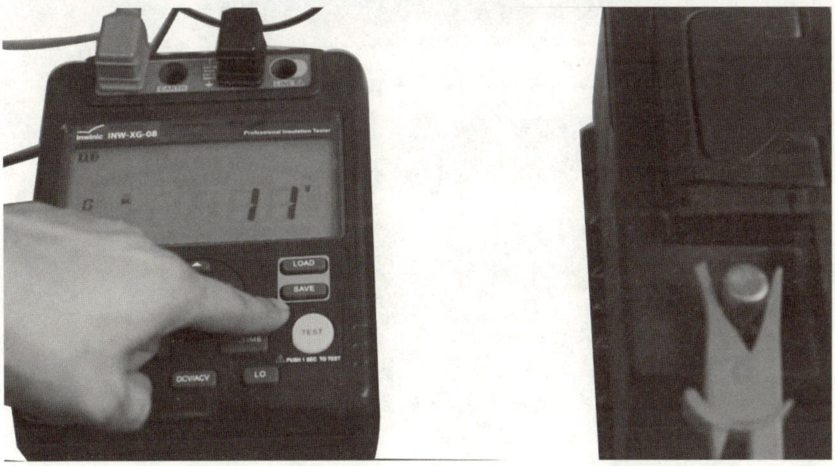

图 1-3-12　按下“SAVE”数据保存键

（4）进行交流电压的测试，将鳄鱼夹换成红黑表笔，用红黑表笔测试交流电压，如图 1-3-13 所示。

（5）选择“DCV/ACV”挡位，调至交流挡位，可以看到屏幕的直流符号切换成交流符号，如图 1-3-14 所示。

（6）测试交流电压，屏幕显示交流数值 237 V，按下数据保存键，保存当前数据，如图 1-3-15 所示。

（7）进行绝缘电阻的测量，连接同色的测试线与鳄鱼夹，将红测试线插入“LINE”端口，将黑测试线插入“EARTH”端口，如图 1-3-16 所示。

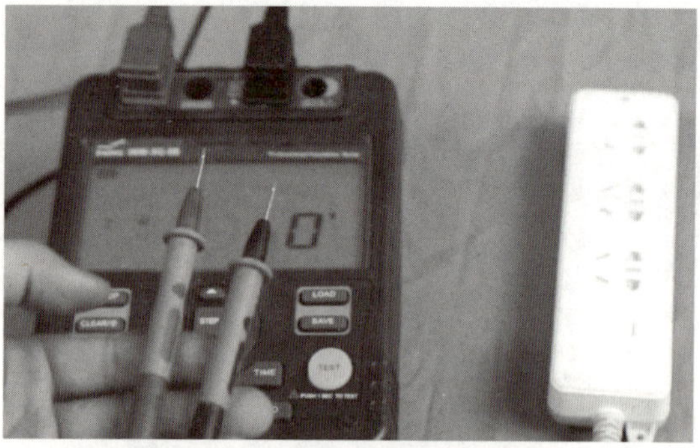

图 1-3-13　红黑表笔测试交流电压

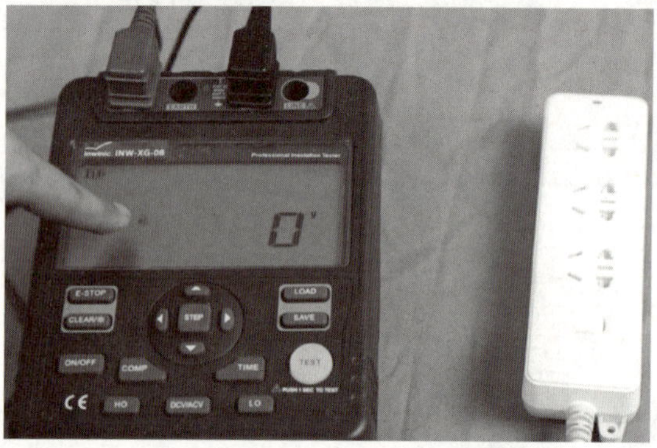

图 1-3-14　调至交流挡位

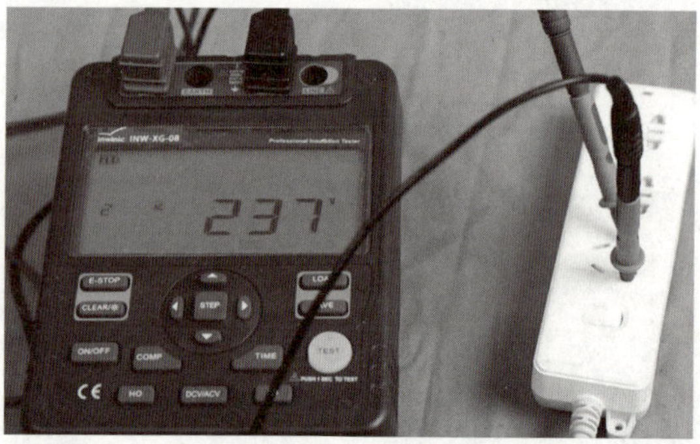

图 1-3-15　测试交流电压

图 1-3-16　红测试线、黑测试线分别插入端口

（8）用红鳄鱼夹夹住被测物体的绝缘层，黑鳄鱼夹夹住金属部分，打开绝缘测试仪，选择 1 000 V 耐压值，首先是连续测试模式，按“TIME”按键，调至连续测试模式。此时屏幕无定时值，如图 1-3-17 所示。

（9）按下“TEST”测试键，测试键红灯发亮，再次按下测试键，红灯熄灭，结束测量，按下“SAVE”数据保存键，保存数值，如图 1-3-18 所示。屏幕显示的数值为该绝缘工具的绝缘电阻。

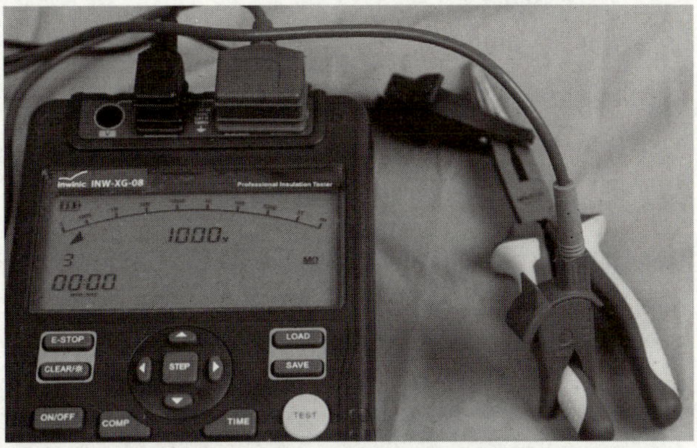

图 1-3-17　连续测试模式

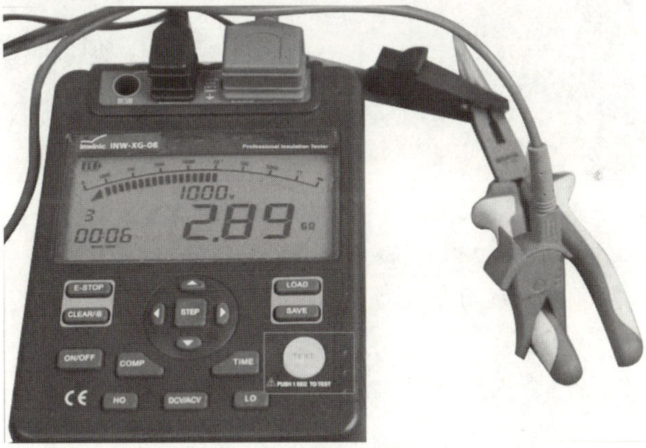

图 1-3-18　结束测量、保存数据

（10）进行定时器测量绝缘电阻，按下“TIME”键，调至定时测量模式，此时屏幕上显示“TIME1”和定时数值。用左键、右键和“STEP”键设置时间为 10 s，设置完毕后，按下“TEST”测试键，屏幕上“TIME1”表示闪烁，到设定时间后，自动结束测量，该数值为绝缘工具的绝缘电阻。“TEST”测试键红灯自动熄灭。按下“SAVE”保存键保存数据，如图 1-3-19 所示。

（11）进行极化指数测量绝缘电阻，按下“TIME”键，屏幕上显示“TIME1”和定时器的标志符号。用左键、右键和“STEP”键设置“TIME1”时间，设置为 6 s，设置完毕后，再按下“TIME”键，在屏幕显示“TIME2”、定时数值标志、“PI”，如图 1-3-20 和图 1-3-21 所示。

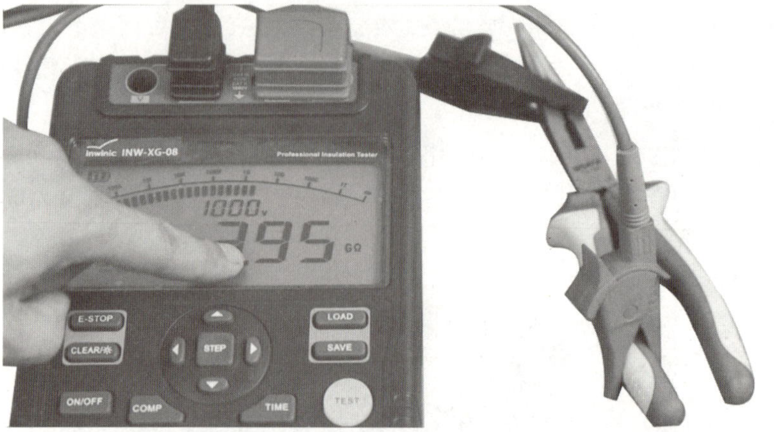

图 1-3-19　测量绝缘电阻

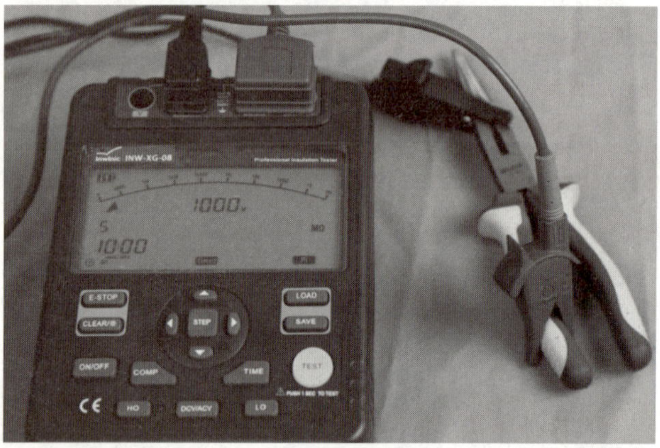

图 1-3-20　极化指数测量绝缘电阻

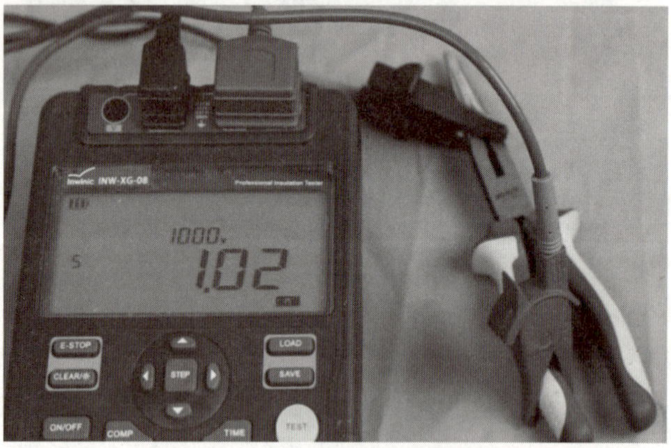

图 1-3-21　设置完毕

（12）调节“TIME2”至 15 s，按下测试键，当“TIME1”设定时间到之前，屏幕上“TIME1”标志闪烁。当“TIME2”设定时间到之前，“TIME2”标志闪烁。“TIME2”测试结束后，屏幕显示“PI”数值。左右键循环显示“TIME2”绝缘阻值和“TIME1”绝缘阻值、极化指数，按下“SAVE”数据保存键，保存测试结果。

评价与反馈

一、学生自评与互评

学生以小组为单位，就实训操作过程与操作结果进行自评及组内互评，并将结果填入表 1-3-5 中。

表 1-3-5　学生评价表

自我评价	1. 实训任务关键技能及基本技能有没有掌握? 评价情况: 2. 实训任务的目标有没有实现? 效果如何? 评价情况: 3. 100 分的任务，你给自己打多少分? 得分:
小组评价	1. 实训任务的关键技能及基本技能有没有掌握? 评价情况: 参评人员: 2. 实训任务的目标有没有实现? 效果如何? 评价情况: 参评人员: 3. 100 分的任务，你给他（她）打多少分? 得分:

二、教师评价及综合评价

请教师给出综合评价，并将结果填入表 1-3-6 中。

表 1-3-6　综合评价表

<table>
<tr><td rowspan="2">综合评价</td><td>自我评价（10%）</td><td>小组评价（10%）</td><td>教师评价（80%）</td><td>综合得分</td></tr>
<tr><td></td><td></td><td></td><td></td></tr>
<tr><td>综合评语</td><td colspan="4">（作业过程中存在的问题及改进建议）</td></tr>
</table>

项目二
电路元器件认知及测量

任务一　电路基础元件及参数认识

任务目标

知识目标

1. 能够掌握电流、电压、电阻等电路基本参数的概念。
2. 能够掌握电阻器的定义以及认识常见的电阻器。
3. 能够掌握电容器、电源、开关的概念以及作用。
4. 能够掌握熔断器的概念，认识其种类、结构原理和规格等内容。
5. 能够理解欧姆定律、焦耳定律等电学常用定律。
6. 能够掌握电阻、电容、电源的串并联及混联电路特点。

技能目标

1. 能正确识别电阻器、电容器、熔断器、电源、开关，并读取其相关参数。
2. 能正确检测电阻器、电容器、熔断器、电源、开关是否正常。
3. 能正确选用电阻器、电容器、熔断器、电源、开关。
4. 能正确区分导体和绝缘体。
5. 能正确使用万用表进行电阻、电压、电流等参数的测量。
6. 能正确使用示波器测量信号波形。
7. 能正确区分出串联电路、并联电路、混联电路。
8. 能够运用欧姆定律进行电流、电阻、电压间的相关计算。
9. 能运用电功率、焦耳定律进行简单计算。

素养目标

1. 遵守职业道德，树立正确的价值观。
2. 引导崇尚劳动精神，逐步提升服务社会的意识。

3. 弘扬工匠精神，塑造精益求精的品质。

4. 培养协同合作的团队精神，自觉遵守组织纪律。

任务导入

（1）某单位新买了一批电子元器件，有电阻器、电容器、开关、熔断器等，在使用前需要抽检这批元器件的质量，应该怎么判断元器件的好坏?

（2）小陈是一位非常专业的电工师傅，最近区里想组织一堂公益课程，主题是“电路基本参数及电工类仪表使用方法”，活动组邀请小陈担任此次活动内容的主讲，如果你是小陈，请你帮他想想，都需要准备什么内容?

（3）在学习电工基础知识的过程中，除了要掌握电路基本参数及电工仪表使用方法和电路基本元器件的知识外，还需对电学常用定律和串并联电路进行系统的学习。那么，电学的常用定律有哪些，串并联电路的特点和搭建方法又是怎么样的呢?

任务分组

学生任务分配如表 2-1-1 所示。

表 2-1-1　学生任务分配

班级		组号		指导老师	
组长		学号			
组员	姓名：______ 学号：______ 姓名：______ 学号：______ 姓名：______ 学号：______ 姓名：______ 学号：______		姓名：______ 学号：______ 姓名：______ 学号：______ 姓名：______ 学号：______ 姓名：______ 学号：______		
任务分工					

获取信息

一、电路的组成

电路是电流所流经的路径，如图 2-1-1 所示。

每个电路不论其作用如何、结构多么复杂，都是由以下几个基本部分组成的。

（1）电源：供给电能的装置，它把其他形式的能转换为电能。例如，铅酸蓄电池把化学能转换为电能，发电机把机械能转换为电能。

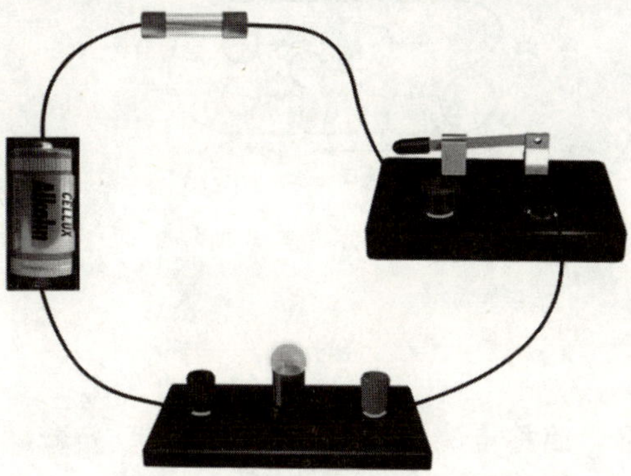

（a）实物图

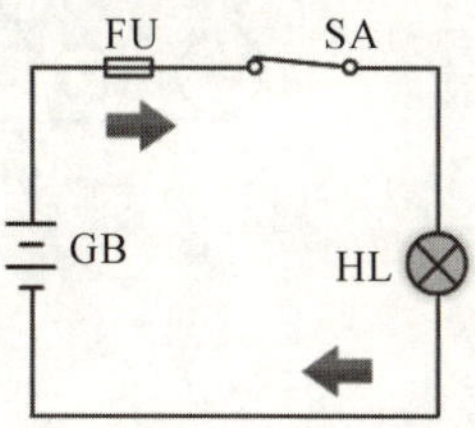

（b）电路图

图 2-1-1　电路

（2）负载：指用电的装置或设备，它把电能转换为其他形式的能量。例如，汽车起动机把电能转换为机械能，汽车灯泡把电能转换为光能和热能，汽车电喇叭把电能转换为声能等。

（3）连接导线：导线是由电阻率很小的金属材料制成的，并且大多数都有绝缘材料作为外包装，用以将电路中的各种装置连接起来形成电路。导线一般都是铜线，可按其横截面积的不同分为多种规格。

（4）控制器件：用以控制电路工作状态的器件或设备，如汽车中的手动开关、压力开关、温控开关、继电器、电子模块等。

二、电路基本参数

（一）电　流

1. 电流的定义

带电粒子在电场力的作用下会定向移动形成电流。将正电荷运动的方向定义为电流的实际方向。电流的大小用电流强度表示，定义为单位时间内流过某一导体横截面的电荷量，简称为电流。

2. 电流产生的条件

金属导体中的自由电子是运动的，并且在做无序不规则的运动。当存在外电场时，金属导体中的自由电子在电场力作用下就会发生定向移动，这就形成了电流，如图 2-1-2 所示，即电荷在电路中有规则地定向移动就形成了电流。此外，电解液中正负离子在电场力作用下的移动，阴极射线管中的电子流等，都能够形成电流。

因此，产生电流必须具备两个条件。

（1）导体内要有做定向移动的自由电荷，这是形成电流的内因。

（2）要有使自由电荷做定向移动的电场，这是形成电流的外因。

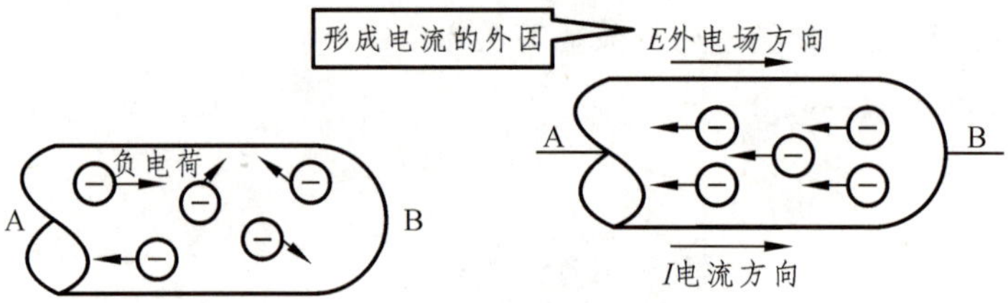

（a）金属导体中自由电子的无序运动　　（b）金属导体中的电流

图 2-1-2　电流形成示意

3. 电流的大小

表征电流强弱的物理量叫作电流强度，简称电流，用字母“I”表示。实验结果证明：单位时间内通过导体横截面的电荷越多，流过导体的电流越强；反之，电流就越弱。电流的大小等于单位时间内通过导体截面的电荷量，用公式表示为

$$I=\frac{q}{t}$$

式中，电流 I 的基本单位是安培，简称安，符号为 A；电量 q 的单位是库仑，符号为 C；时间 t 的单位是秒，符号为 s。

如果在 1 秒（s）内通过导体横截面的电荷是 1 库仑（C），则导体中的电流即为 1 安（A）。

常用的电流单位还有千安（kA）、毫安（mA）、微安（μA）等，它们之间的换算关系为：

1 kA=10^3 A

1 mA=10^{-3} A

1 μA=10^{-3} mA=10^{-6} A

4. 电流的方向

电流的实际方向规定为正电荷的运动方向或负电荷运动的相反方向。在进行复杂电路的分析时，若电流的实际方向很难确定或在电流的实际方向变化的情况下，则需要假定一个电流正方向，称为参考正方向，简称参考方向。当电路中电流的参考方向与实际方向一致时，电流为正，即 $i>0$，如图 2-1-3（a）所示；当电流的参考方向与实际方向相反时电流为负，即 $i<0$，如图 2-1-3（b）所示。在进行电路分析时，如果没有事先选定电流的参考方向，电流的正负就是无意义的。

（a）电流参考方向与实际方向相同　　（b）电流参考方向与实际方向相反

图 2-1-3　电流的参考方向

电流的参考方向除了可以用箭头表示，还可以用双下标表示，如 I_{ab} 表示电流的参

考方向由 a 指向 b，而 I_{ba} 表示电流的参考方向由 b 指向 a。

5. 电流的分类

按照随时间变化的情况，电流可以分为直流电流和交流电流。

1）直流电流

如果电流的大小和方向都不随时间变化，则称为直流电流，记作 DC，用 I 表示，如图 2-1-4 所示。

直流电一般被广泛应用于手电筒（干电池）、手机（锂电池）等各类生活小电器。干电池（1.5 V）、锂电池、蓄电池等被称为直流电源。因为这些电源电压都不会超过 24 V，所以属于安全电源。

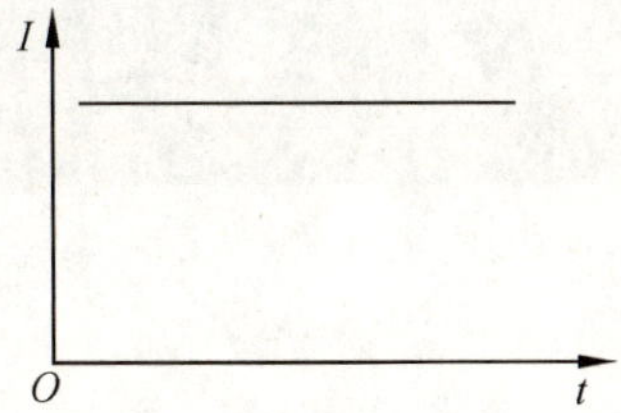

图 2-1-4　直流电流

2）交流电流

如果电流的大小和方向都随时间变化，则称为交流电流，记作 AC，用 i 表示，如图 2-1-5 所示。

交流电广泛应用于电力传输和零线火线等，生活民用电压 220 V、通用工业电压 380 V，都属于危险电压。交流电有频率，由于其符合正弦函数的数学特征，因此通常使用一个正弦波来表示一个循环。一个循环就是形成完整波形的过程。使用赫兹（Hz）来计量每秒的循环次数。通常电网接入供电为 50 Hz 或 60 Hz，电压有 110 V 和 220 V。交流电在中国以 220 V/50 Hz 接入送电。

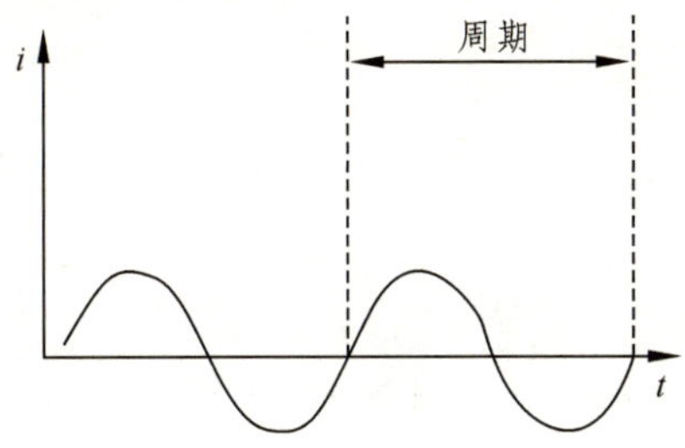

图 2-1-5　交流电流

（二）电　压

1. 电压的定义

电压，也称作电势差或电位差，是衡量单位电荷在静电场中由于电势不同所产生的能量差的物理量，如图 2-1-6 所示。其大小等于单位正电荷因受电场力作用从 A 点移动到 B 点所做的功，电压的方向规定为从高电位指向低电位的方向，即电位降低的方向。

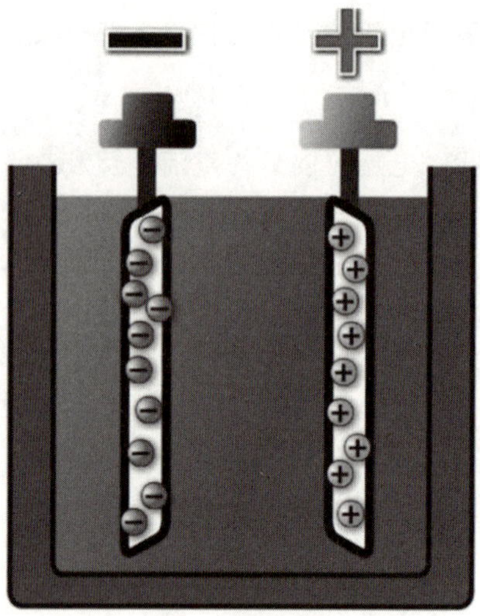

图 2-1-6 电压

A、B 是两个电极，A 带正电，B 带负电，这样在 A 和 B 之间产生电场，方向由 A 指向 B。如果用导线将 A 和 B 两极通过灯泡连接起来，灯泡就会发光，这说明灯丝中有电流通过。

电场力的作用下，使电荷从 A 点经过导线流向 B 点从而形成了电流，对电荷做了功。

2. 电压的大小

为了衡量电场力对电荷做功的能力，引入了电压这个物理量。电压有大小之分，其大小等于单位正电荷因受电场力作用从 A 点移动到 B 点所做的功，电压的国际单位制为伏特，简称伏，符号是 V，用 U 表示。计算公式为

$$U_{AB}=\frac{W}{q}$$

式中 W——电场力由 A 点移动电荷到 B 点所做的功（J）；

q——由 A 点移到 B 点的电荷量（C）；

U_{AB}——A、B 两点间的电压（V）。

如果将 1 库仑（C）正电荷从 A 点移到 B 点，电场力所做的功为 1 焦耳（J），则 A 和 B 两点间的电压为 1 伏（V）。

常用的电压单位还有千伏（kV）、毫伏（mV）、微伏（μV），它们之间的换算关系为：

$1\ kV=10^{3}\ V$

$1\ mV=10^{-3}\ V$

$1\ \mu V=10^{-3}\ V=10^{-6}\ V$

3. 电压的方向

电压同电流一样，不但有大小，也是有方向的。电压的方向总是对电路中的两点而言的，如果正电荷从 A 点移动到 B 点是释放能量，则 A 点为高电位，B 点为低电位。

规定电压的实际方向是由高电位指向低电位的方向。电压方向可以用箭头来表示，也可以用双下标表示，双下标中前一个字母代表正电荷运动的起点，后一个字母代表正电荷运动的终点，电压的方向则由起点指向终点。除此之外还可以用“+”“-”符号来表示电压的方向。图 2-1-7 所示为电压方向的 3 种表示方法。

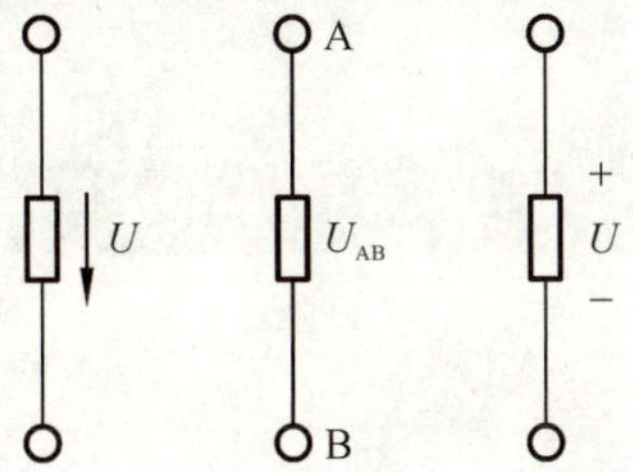

图 2-1-7　电压方向的 3 种表示方法

4. 电压的分类

（1）根据电压变化与否，电压可分为直流电压和交流电压。

如果电压的大小和方向都不随时间变化，则称为直流电压，用 U 表示，如图 2-1-8 所示。手电筒电池两端和灯泡两端的电压都是直流电压。

如果电压的大小和方向都随时间变化，则称为交流电压，用 u 表示，如图 2-1-9 所示。民用 220 V 电、工业用 380 V 电等都是交流电。

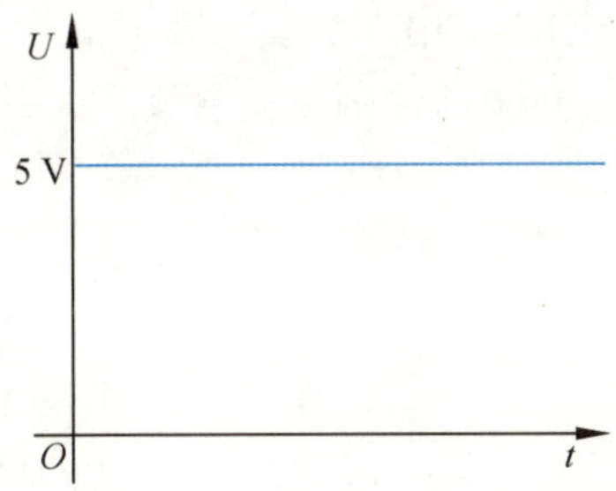

图 2-1-8　直流电压

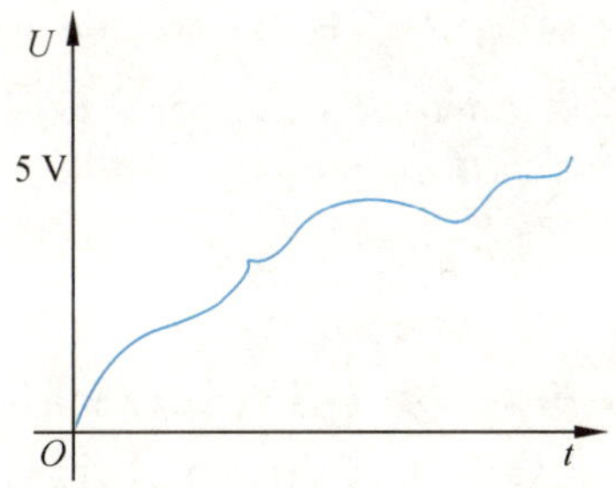

图 2-1-9　交流电压

（2）根据大小，电压可以分为高电压、低电压和安全电压。

高低压的区别是以电气设备的对地电压值为依据的，对地电压高于或等于 1 000 V 的为高压，对地电压小于 1 000 V 的为低压。

安全电压是指人体较长时间接触而不发生触电危险的电压。GB/T 3805—2008 规定：安全电压是防止触电事故而采用的特定电源供电的电压系列。我国规定的安全电压等级有 42 V、36 V、24 V、12 V、6 V（工频有效值）五个等级。

（三）电　阻

1. 电阻的定义

电阻表示导体对电流阻碍作用的大小，如图 2-1-10 所示。所有电路均存在一定的电阻，所有的导体同样也对电流具有一定的阻力。不同的导体，电阻一般不同。电阻越大，表示导体对电流的阻碍作用越大，电子流通量越小，反之亦然。

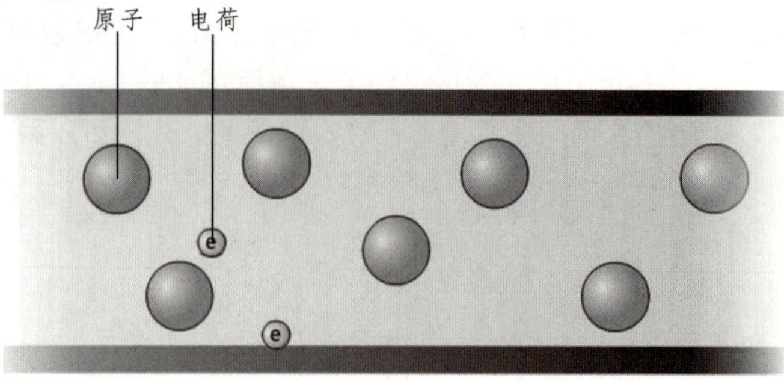

图 2-1-10　电阻

2. 电阻的大小

电阻也有大小之分，由导体两端的电压 U 与通过导体的电流 I 的比值来定义。电阻的单位是欧姆，简称欧，符号是 Ω，用 R 表示。计算公式为

$$R=\frac{U}{I}$$

常用的电阻单位还有千欧姆（kΩ）、兆欧姆（MΩ），它们的关系为：

1 kΩ=1 000 Ω，1 MΩ=1 000 kΩ

3. 影响电阻大小的因素

导体的电阻是客观存在的，与电压无关。实验证明，在一定温度下导体的电阻 R 与它的长度 L 成正比，与它的横截面积 S 成反比，且与导体的材料有关。这一规律叫作电阻定律，用公式表示为

$$R=\rho\frac{L}{S}$$

式中　ρ——导体的电阻率（Ω · m）。

ρ 值与导体的几何形状无关，而与导体材料的性质和导体所处的条件（如环境温度）有关。在一定温度下对同一种材料是一个常数，对不同材料 ρ 的数值不同。

影响电阻大小的因素具体如下：

1）长　度

当材料和横截面积相同时，导体的长度越长，电阻越大。

2）横截面积

当材料和长度相同时，导体的横截面积越小，电阻越大。

3）材　料

当长度和横截面积相同时，不同材料的导体电阻不同。

4）温　度

对大多数导体来说，温度越高，电阻越大，如金属等；对少数导体来说，温度越高，电阻越小，如碳。

电阻是导体本身的一种属性，因此导体的电阻与导体是否接入电路、导体中有无电流、电流的大小等因素无关。

4. 电阻大小的识别

常用数字或色标在电阻器上标记电阻器的设计阻值。阻值按标准化优先数系列制造，系列数对应其允许的偏差范围。电阻的阻值和允许偏差的标注方法有直标法、色标法和文字符号法。

1）直标法

将电阻的阻值、误差直接用数字和字母印在电阻上的方法称为直标法，无误差标示时默认为允许误差±20%。也有厂家采用习惯标记法，如图 2-1-11 所示。

3Ω3 表示电阻值为 3.3 Ω，允许误差为±5%。

1K8 表示电阻值为 1.8 kΩ，允许误差为±20%。

5M1 表示电阻值为 5.1 MΩ，允许误差为±10%。

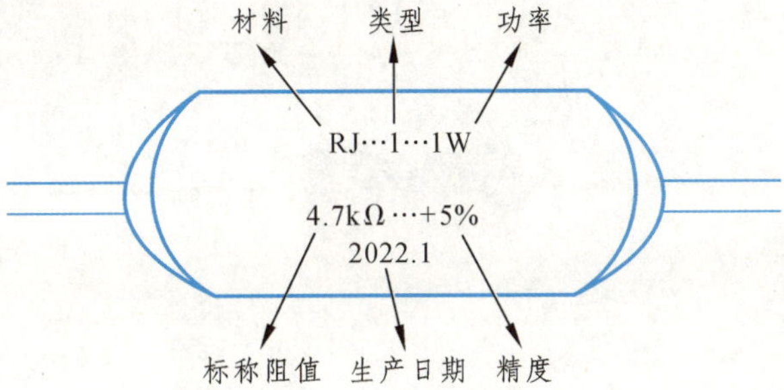

图 2-1-11 直标法

2）色标法

将不同颜色的色环涂在电阻器（电容器）上来表示电阻（电容器）的标称值及允许误差，固定电阻器色环标示读数识别规则及各种颜色对应的数值，如图 2-1-12 所示。

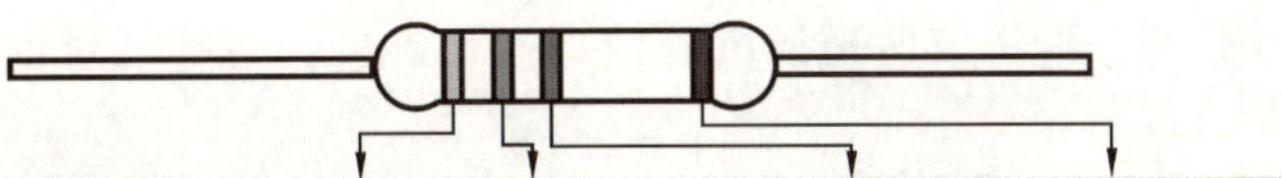

色	标	代表数	第一环	第二环		第三环	% 第五环	字母
棕		1	1	1	1	10	±1	F
红		2	2	2	2	100	±2	G
橙		3	3	3	3	1k		
黄		4	4	4	4	10k		
绿		5	5	5	5	100k	±0.5	D
兰		6	6	6	6	1M	±0.25	C
紫		7	7	7	7	10M	±0.1	B
灰		8	8	8	8		±0.05	A
白		9	9	9	9			
黑		0	0	0	0	1		
金		0.1				0.1	±5	J
银		0.01				0.01	±10	K
无			第一环	第二环	第三环	第四环	±20	M

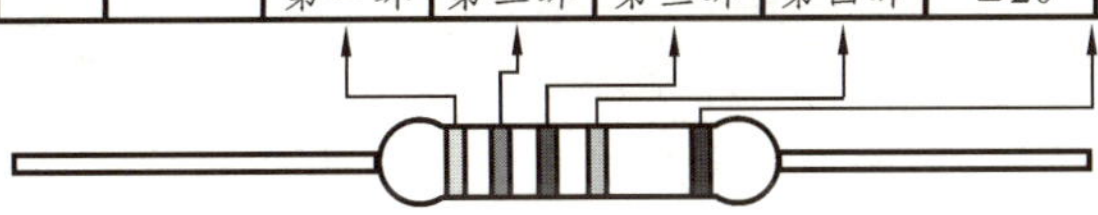

图 2-1-12 色标法

一般当在电阻的表面不足以用数字表示时，就会用色环标示法来表示电阻的阻值、公差、规格。色标法主要分为以下两部分。

第一部分：靠近电阻前端的一组是用来表示阻值的大小。每一条色环都是等距的，自成一组，容易和第二部分的色环区分。两位有效数的电阻值，用前 3 个色环来代表其阻值；三位有效数的电阻值，用前 4 个色环来代表其阻值，一般用于精密电阻的表示。图 2-1-13 所示为带分组的色环标识内容。

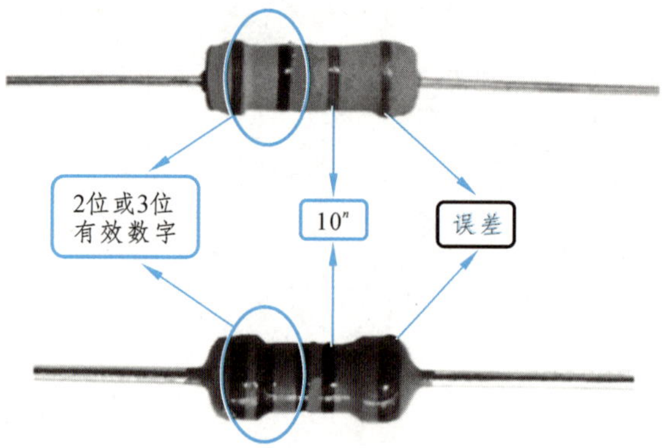

图 2-1-13　电阻的色环标识

第二部分：靠近电阻后端的一条色环用来代表公差精度。

（1）三色环电阻：第一色环是十位数，第二色环是个位数，第三色环代表倍率。用前三个色环来代表其阻值，如 39 Ω，39kΩ，39 MΩ。

（2）四色环电阻：第一、二环分别代表两位有效数的阻值；第三环代表倍率；第四环代表误差，如图 2-1-14 所示。快速识别的关键在于根据第三环的颜色把阻值确定在某一数量级范围内，再将前两环读出的数“代”进去，这样就可很快读出数来。

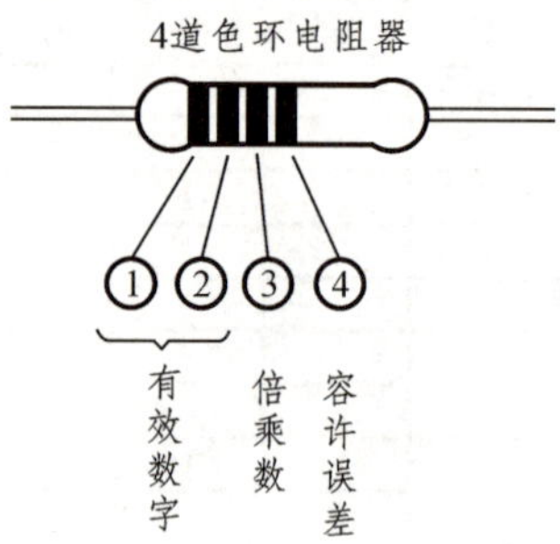

图 2-1-14　四色环电阻的含义

（3）五色环电阻：第一、二、三环分别代表阻值的三位有效数；第四环代表倍率；第五环代表误差，如图 2-1-15 所示。

如果第五条色环为黑色，一般用来表示为绕线电阻器，第五条色环为白色，一般用来表示为保险丝电阻器。如果电阻体只有中间一条黑色的色环，则代表此电阻为零欧姆电阻。

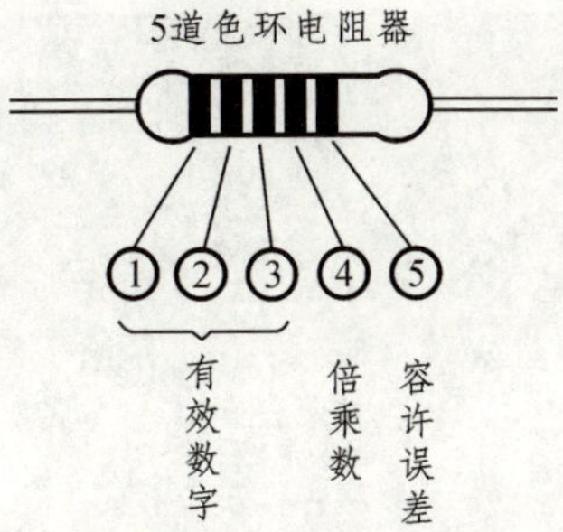

图 2-1-15　五色环电阻的含义

色环一般采用黑、棕、红、橙、黄、绿、蓝、紫、灰、白、金、银 12 种颜色，它们的意义如表 2-1-2 所示。例如，某电阻器的 4 道色环依次为“黄、紫、橙、银”，则其阻值为 47 kΩ，误差为±10%；某电阻器的 5 道色环依次为“红、黄、黑、橙、金”，则其阻值为 240 kΩ，误差为±5%。

表 2-1-2　电阻器上色环颜色的意义

颜色	有效数字	倍率	容许误差
黑	0	10^0	—
棕	1	10^1	±1%
红	2	10^2	±2%
橙	3	10^3	—
黄	4	10^4	—
绿	5	10^5	±0.5%
蓝	6	10^6	±0.25%
紫	7	10^7	±0.1%
灰	8	10^8	—
白	9	10^9	—
金	—	10^{-1}	±5%
银	—	10^{-2}	±10%
无色	—	—	±20%

（4）六色环电阻：六色环电阻前五色环与五色环电阻表示方法一样，第六色环表示该电阻的温度系数。

根据色环电阻大小的识别方法，我们可以进行阻值的识别和计算。图 2-1-16 所示为智能电学套装中的色环电阻。

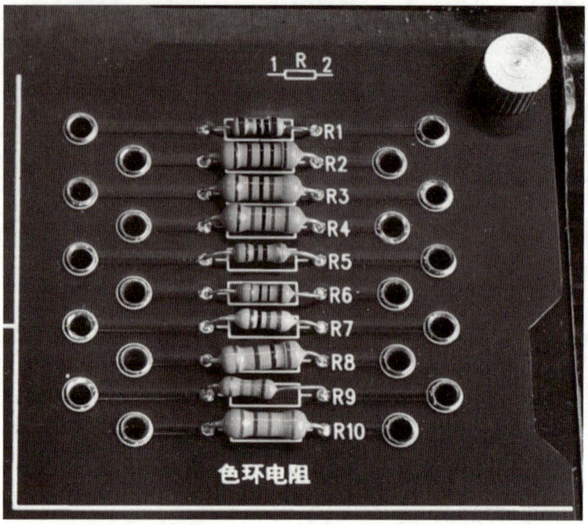

图 2-1-16　色环电阻

5. 电阻的分类

电阻分为线性电阻和非线性电阻两种。电阻值（*R*）是一个常量，只与导体本身的材料和几何尺寸有关，而不随电压（*V*）或电流（*I*）的变化而变化，具有这种特性的电阻元件称为线性电阻。电阻值随电压或电流的变化而变化的电阻元件称为非线性电阻。

三、汽车常见电子元器件检查与测量

（一）电阻器

1. 定　义

电阻器（Resistor）在日常生活中一般直接称为电阻。电阻器是一个限流元件，将电阻接在电路中后，电阻器的阻值是固定的。电阻器一般是两个引脚，它可以限制通过它所连支路的电流大小。阻值不能改变的称为固定电阻器。阻值可变的称为电位器或可变电阻器。理想的电阻器是线性的，即通过电阻器的瞬时电流与外加瞬时电压成正比。

2. 常见的电阻器

1）定值电阻

定值电阻指电阻阻值不变的电阻器，就是常称的电阻，如图 2-1-17 所示。

对于定值电阻来说，它的长度、横截面面积通常是一定的。制作定值电阻时，为了能在温度变化情况下保证电阻值近似不变，一般都是选用电阻率与温度几乎无关的材料，如合金材料。图 2-1-18 所示为智能电学套装中的电阻模块，其中，方框框出来的色环电阻以及贴片电阻均属于定值电阻。

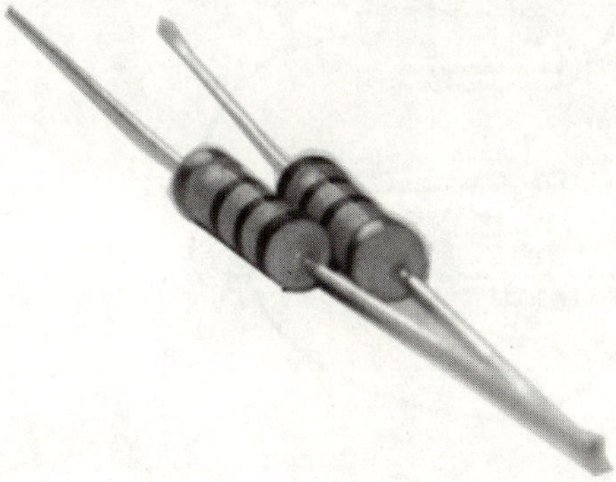

图 2-1-17　定值电阻

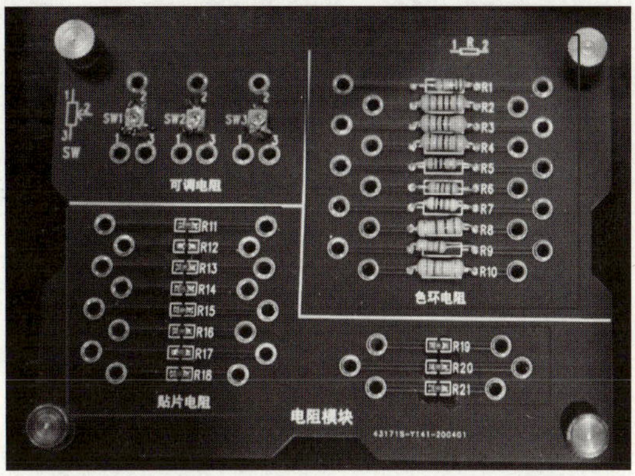

图 2-1-18　电阻电路板

2）滑动变阻器

滑动变阻器（见图 2-1-19）是常见的电路元件，滑动变阻器是根据接入电路的金属丝长短来改变阻值大小，以达到控制电流的目的。在电路分析中，滑动变阻器既可以作为一个定值电阻，也可以作为一个变值电阻。滑动变阻器一般由接线柱、滑片、电阻丝、金属杆和瓷筒 5 部分组成。滑动变阻器的电阻丝绕在绝缘瓷筒上，电阻丝外面涂有绝缘漆。

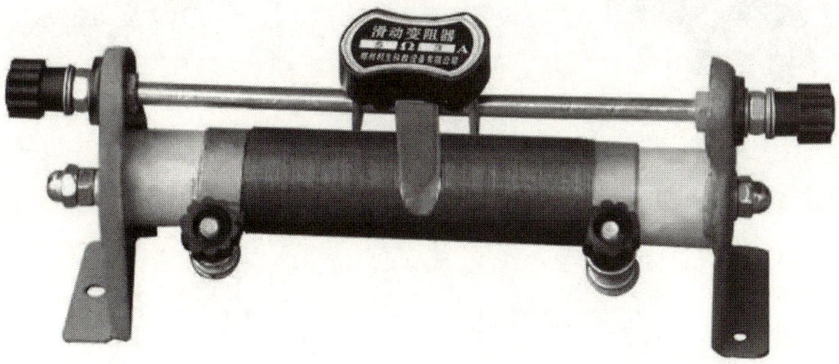

图 2-1-19　滑动变阻器

不管是有几个接线柱的滑动变阻器，在连入电路时，可采用“一上一下”的连接方法，如图 2-1-20 所示。“一上”指上面金属棒两端的任一接线柱连入电路，“一下”指把下面线圈两端的任一接线柱连入电路中。滑动变阻器连入电路中的电阻值大小的判断，可采用“近小远大”的判断方法。即滑动变阻器的滑片在移动过程中逐渐接近连入电路的下接线柱，则变阻器连入电路的阻值将逐渐减小，灯泡就越亮；若滑片移动过程中逐渐远离连入电路的下接线柱，则连入电路的阻值将逐渐增大，灯泡就越暗。

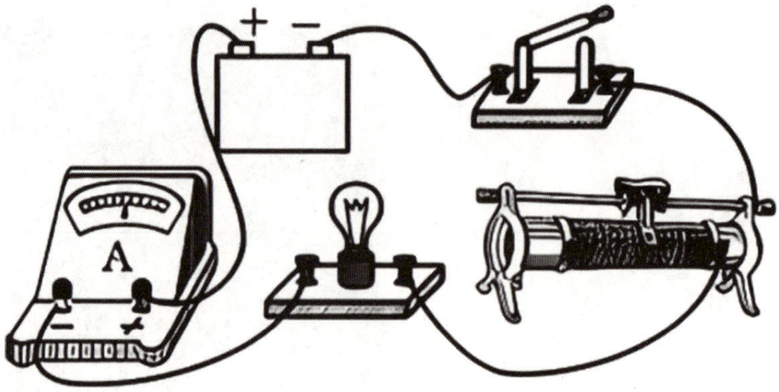

图 2-1-20　滑动变阻器接线方法

3）热敏电阻

热敏电阻（见图 2-1-21）是一种传感器电阻，其电阻值随着温度的变化而改变。按照温度系数不同分为正温度系数热敏电阻（PTC thermistor）和负温度系数热敏电阻（NTC thermistor）。正温度系数热敏电阻器的电阻值随温度的升高而增大，负温度系数热敏电阻器的电阻值随温度的升高而减小，它们同属于半导体器件。

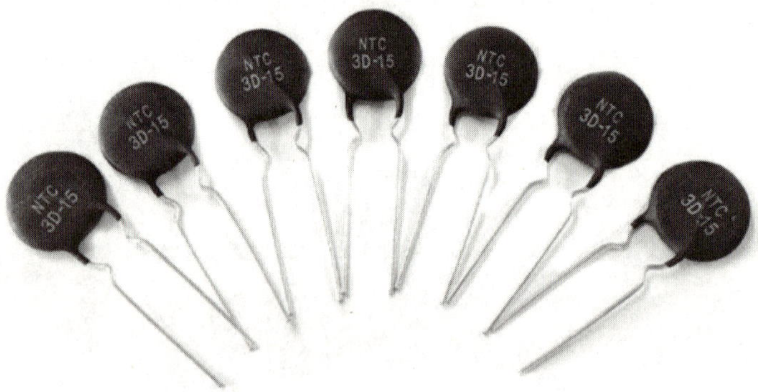

图 2-1-21　热敏电阻

（1）NTC 电阻。

负温度系数热敏电阻（NTC）电阻是电阻值随温度升高而减小的半导体电阻。NTC 最重要的特征值是 *R*20，表示 20°C 时的电阻值，即处于冷态的 NTC 电阻。NTC 电阻的电路符号如图 2-1-22 所示。

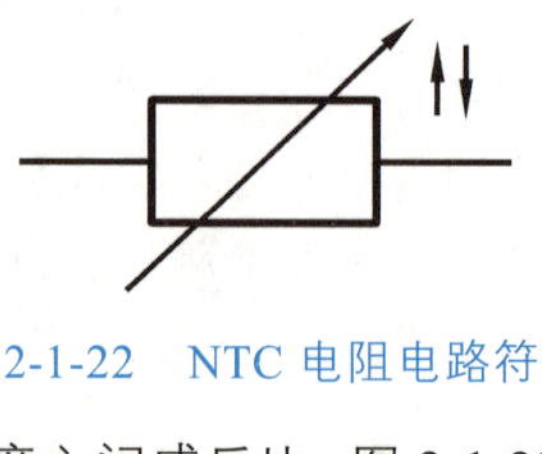

图 2-1-22　NTC 电阻电路符号

两个反向箭头表示电阻与温度之间成反比。图 2-1-23 显示了 NTC 电阻随温度变化的电阻曲线。温度越高，电阻的阻值越低；温度越低，电阻的阻值反而越高。

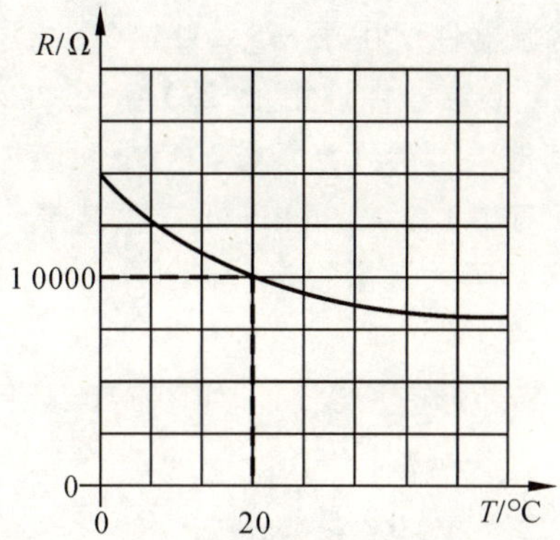

图 2-1-23　NTC 电阻曲线

NTC 电阻在车辆中常用于冷却液温度传感器和机油温度传感器。

（2）PTC 电阻。

PTC 电阻是电阻值随温度升高而增大的半导体电阻，其随温度变化的电阻曲线如图 2-1-24 所示。

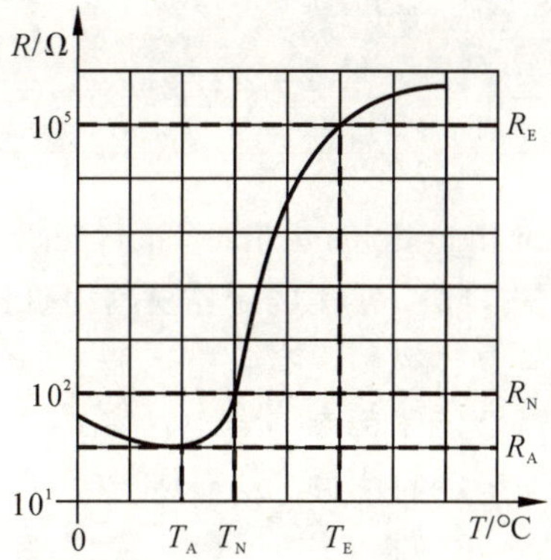

图 2-1-24　PTC 电阻曲线

达到初始温度 T_A 时电阻值开始增大。此时为初始电阻 R_A，直至标称温度 T_N 时电阻都以非线性形式增长。自标称电阻 R_N 起，电阻显著增大，PTC 电阻工作范围扩大，直至达到最终温度 T_E。PTC 电阻电路符号如图 2-1-25 所示。

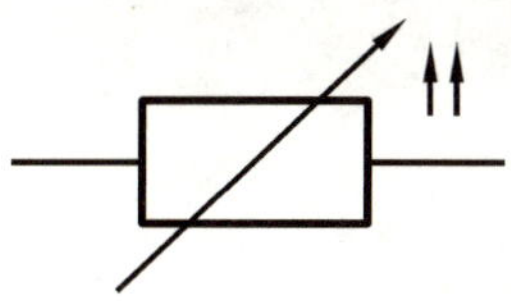

图 2-1-25　PTC 电阻电路符号

PTC 电阻在车辆中常用于座椅加热器、车外后视镜加热器、后窗玻璃加热器、氧传感器加热元件。

（3）热敏电阻的主要特点。

① 灵敏度较高，其电阻温度系数要比金属大 10 ~ 100 倍以上，能检测出 10^{-6} °C 的温度变化。

② 工作温度范围宽，常温器件适用于−55 ~ 315 °C，高温器件适用温度高于 315 °C（目前最高可达到 2 000 °C），低温器件适用于−273 ~ −55 °C。

③ 体积小，能够测量其他温度计无法测量的空隙、腔体及生物体内血管的温度。

④ 使用方便，电阻值可在 0.1 Ω ~ 100 kΩ 间任意选择。

⑤ 易加工成复杂的形状，可大批量生产。

⑥ 稳定性好、过载能力强。

不同类型的热敏电阻，其外形有所差别，如图 2-1-26 所示。

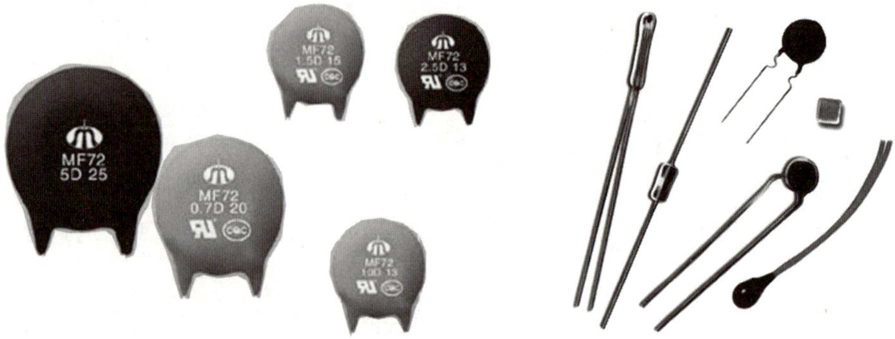

图 2-1-26　不同类型的热敏电阻

4）光敏电阻

光敏电阻（photoresistor or light-dependent resistor，ldr）或光导管（photoconductor），又称为光电导探测器（见图 2-1-27），常用的制作材料为硫化镉，另外还有硒、硫化铝、硫化铅和硫化铋等材料。这些制作材料具有在特定波长的光照射下，其阻值迅速减小的特性。这是由于光照产生的载流子都参与导电，在外加电场的作用下漂移运动，电子奔向电源的正极，空穴奔向电源的负极，从而使光敏电阻器的阻值迅速下降。

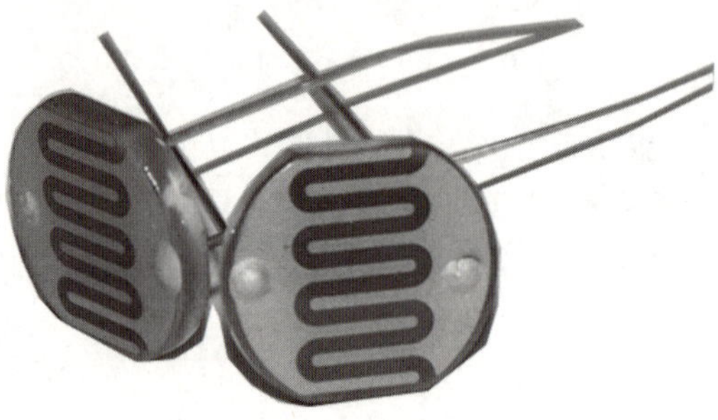

图 2-1-27　光敏电阻

光敏电阻工作原理是基于内光电效应。光照越强，阻值就越低，随着光照强度的升高，电阻值迅速降低，亮电阻值可小至 1 kΩ 以下。光敏电阻对光线十分敏感，其中一类光敏在无光照时，呈高阻状态，暗电阻一般可达 1.5 MΩ。还有另一类为入射光弱时，电阻减小，入射光强时，电阻增大。

光敏电阻器一般用于光的测量、光的控制和光电转换（将光的变化转换为电的变化）。光敏电阻器对光的敏感性（即光谱特性）与人眼对可见光（波长为 0.4 ~ 0.76 μm 的光）响应很接近，只要人眼可感受的光，都会引起它的阻值变化。设计光控电路时，都用白炽灯泡（小电珠）光线或自然光线作控制光源，使设计大为简化。图 2-1-28 所示为智能电学套装中的光敏电阻模块。

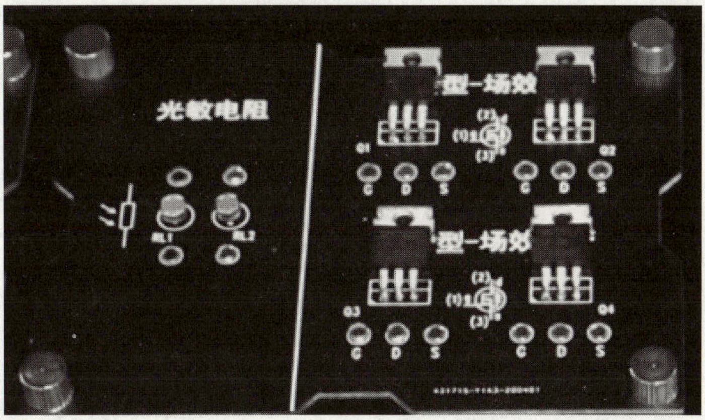

图 2-1-28　光敏电阻模块

通常，光敏电阻器都制成薄片结构，以便吸收更多的光能。当它受到光的照射时，半导体片的光敏层内就激发出电子-空穴对参与导电，使电路中电流增强。为了获得高的灵敏度，光敏电阻的电极常采用梳状图案，它是在一定的掩膜下向光电导薄膜上蒸镀金或铟等金属形成的。一般光敏电阻器及其符号如图 2-1-29 所示。

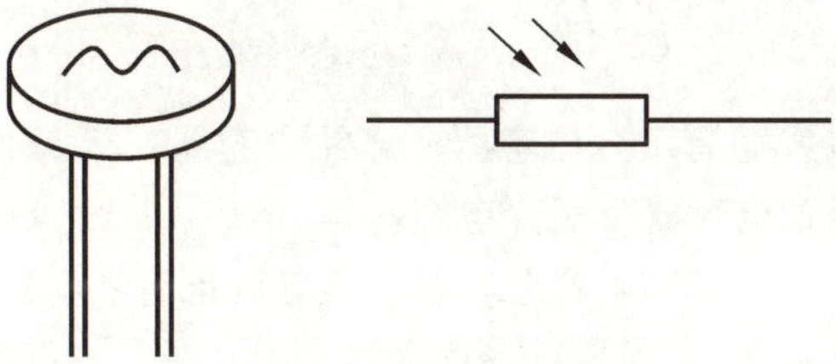

图 2-1-29　光敏电阻及其符号

光敏电阻器通常由光敏层、玻璃基片（或树脂防潮膜）和电极等组成。光敏电阻器在电路中用字母“R”“RL”或“RG”表示。

光敏电阻常用硫化镉（CdS）制成。它分为环氧树脂封装和金属封装两款，同属于导线型(DIP 型),环氧树脂封装光敏电阻按陶瓷基板直径分为 ϕ3 mm、ϕ4 mm、ϕ5 mm、ϕ7 mm、ϕ11 mm、ϕ12 mm、ϕ20 mm、ϕ25 mm。

（二）电容器

电容器是一种最基本、最常用的电子元件，它能储存电荷，有通交流、隔直流、通高频、阻低频的特性，通常简称为电容。

1. 类　型

按电容器的电容量是否可调，电容器分为固定电容器和可变电容器两大类。

1）固定电容器

固定电容器包括无极性电容器和有极性电容器，外形如图 2-1-30 所示。

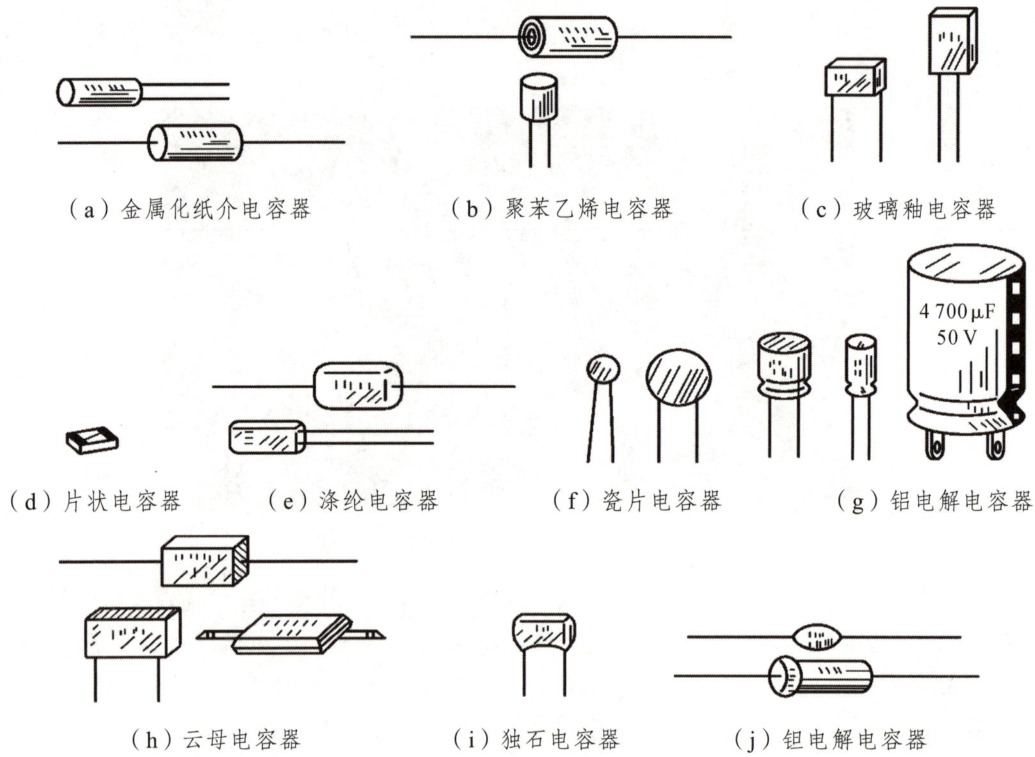

图 2-1-30　固定电容器的外形

（1）无极性固定电容器有纸介电容器、涤纶电容器、云母电容器、聚苯乙烯电容器、聚酯电容器、玻璃釉电容器及瓷介电容器等。

（2）有极性固定电容器有铝电解电容器、钽电解电容器、铌电解电容器等。

2）可变电容器

可变电容器是一种电容量可以在一定范围内调节的电容器。通过改变极片间相对的有效面积或片间距离，其电容量也会相应地变化，通常在无线电接收电路中作调谐电容器用。

可变电容器一般由相互绝缘的两组极片组成，固定不动的一组极片称为定片，可动的一组极片称为动片。几片可变电容器的动片可合装在同一转轴上，组成同轴可变的电容器。可变电容器都有一个长柄，可装上拉线或拨盘调节，外形如图 2-1-31 所示。

可变电容器按其使用的介质材料又可分为空气介质可变电容器和固体介质可变电容器。

（1）空气介质可变电容器。

空气介质可变电容器的电极由两组金属片组成。两组电极中固定不变的一组为定片，能转动的一组为动片，动片与定片之间以空气作为介质。

当转动空气介质可变电容器的动片使之全部旋进定片间时，其电容量最大；反之，将动片全部旋出定片间时，电容量最小。空气介质可变电容器一般用在收音机、电子仪器、高频信号发生器、通信设备及有关电子设备中。

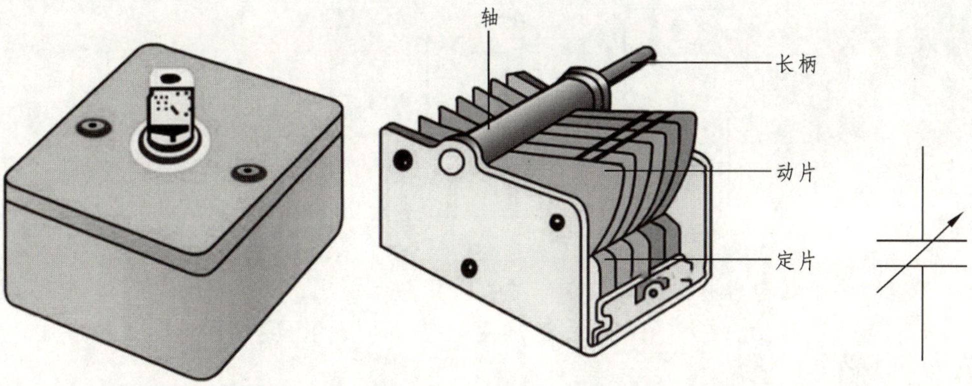

图 2-1-31　可变电容器

（2）固体介质可变电容器。

固体介质可变电容器是在其动片与定片（动、定片均为不规则的半圆形金属片）之间加入云母片或塑料（聚苯乙烯等材料）薄膜作为介质，外壳为透明塑料。其优点是体积小、质量轻；缺点是杂声大、易磨损。

固体介质可变电容器分为密封单连可变电容器、密封双连可变电容器和密封四连可变电容器。密封单连可变电容器主要用在简易收音机或电子仪器中；密封双连可变电容器用在晶体管收音机和有关电子仪器、电子设备中；密封四连可变电容器常用在 AM/FM 多波段收音机中。

2. 电容器参数

1）电容量

电容（Capacitance）也称作"电容量"，是指在给定电位差下自由电荷的储藏量，记为 C。电容简单地可以理解为容纳电荷的能力。一般来说，电荷在电场中会受力移动，当导体之间有了介质，则阻碍了电荷移动而使得电荷累积在导体上，造成电荷的累积储存，储存的电荷量则称为电容。

在国际单位制里，电容的单位是法拉，简称法，符号是 F，由于法拉这个单位太大，所以常用的电容单位有毫法（mF）、微法（μF）、纳法（nF）和皮法（pF）等，换算关系如下：

1 法拉（F）$=10^3$ 毫法（mF）$=10^6$ 微法（μF）$=10^9$ 纳法（nF）$=10^{12}$ 皮法（pF）$=10^{15}$fF

电容与电池容量的关系：

$1\ \text{V}\cdot\text{A}\cdot\text{h}=1\ \text{W}\cdot\text{h}=3\ 600\ \text{J}$

$W=0.5CUU$

2）耐　压

耐压是电容器的另一个主要参数，表示电容器在连续工作时所能承受的最高电压。耐压值一般直接标在电容器上，如图 2-1-32 所示。也有一些体积很小的小容量电容器不标示耐压值。

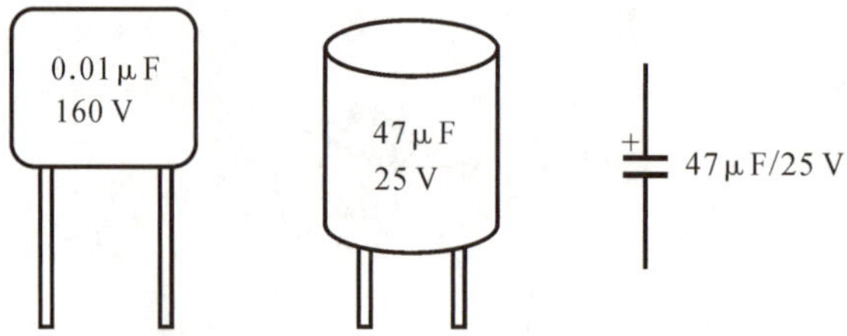

图 2-1-32　电容器耐压值的标示

在电路图中对电容器耐压的要求一般直接用数字标出，不作标示的可根据电路的电源电压选用电容器。在使用中应保证加在电容器两端的最高瞬时电压不超过其耐压值，否则将会损坏电容器。

（三）熔断器（保险丝）

1. 认识保险丝

保险丝是口语，其官方名称是“熔断器”，它的用途与家里保险丝的作用大同小异。当电路中用电器负载过大或电路中有短路的情况，导致电路中电流异常并超过其额定电流时熔断，起到保护线路及用电设备的作用，是保护构成汽车电路的导线、用电设备、装置等免遭火灾等事故损害的重要部件。图 2-1-33 所示为智能电学套装中的保险丝模块。

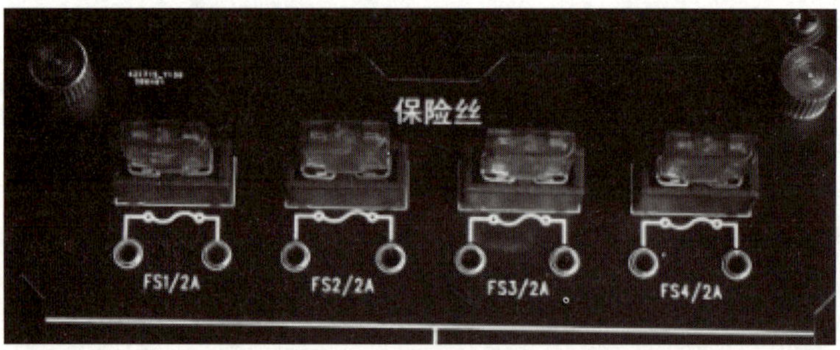

图 2-1-33　保险丝

2. 车用保险丝的种类

随着保险丝的不断发展，可以分成不同类型。

（1）保险丝按形状分可分为插片式保险丝、方形保险丝、玻璃管式保险丝、裸片保险丝和插栓式保险丝，见表 2-1-3。

表 2-1-3　不同形状的保险丝

插片式保险丝	方形保险丝	玻璃管式保险丝	裸片保险丝	插栓式保险丝
				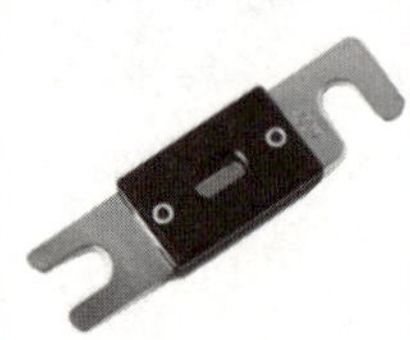

其中，插栓式保险丝可分为小号（M5 或 M6）插栓式保险丝、大号（M8）插栓式保险丝。玻璃管保险丝可分为：6.35 mm×30 mm 玻璃管保险丝、6.35 mm×31.75 mm 玻璃管保险丝、10 mm×38 mm 玻璃管保险丝。

（2）保险丝按额定电压分可分为高压保险丝和低压保险丝。

（3）保险丝按熔断速度分可分为快熔保险丝和慢熔保险丝。

① 快熔保险丝的主要部件是细锡线，用在阻性电路中，保护一些对电流变化特别敏感的元器件。

② 慢熔断型保险丝又被称为耐浪涌保险丝或延时保险丝，与快熔保险丝的最主要区别在于它对瞬间脉冲电流的承受能力不同，其熔体主要部件是锡-铜合金片，主要应用于感性或容性电路中。

在感性或容性电路中，当在刚刚接通电源时都会产生一个瞬间浪涌电流且往往比正常稳态电流要大很多倍，甚至几十倍，如果在该电路中使用的保险丝的耐浪涌能力不够的话，保险丝就会被大能量的浪涌或脉冲电流所冲断而无法正常工作。即使浪涌电流的持续时间很短，所释放出来的能量不足以冲断保险丝时，保险丝也会受到一定程度的损伤，经过一定次数的浪涌冲击后而被冲断。因此，我们选择保险丝时需要根据被保护的电路选择合适的保险丝类别。

一般来说，在雨刮、鼓风电机、电动车窗等电路中使用慢熔断特性的保险丝，在大灯电路、后玻璃除霜等电路中使用具有快熔断特性的插片式保险丝。

3. 保险丝的规格及选择方法

保险丝在使用过程中有两个重要的工作参数：额定电流和额定电压。使用的时候要根据电路的电流和电压来选择相对应的保险丝，见表 2-1-4。

表 2-1-4　保险丝的规格

电流额定值/A	外壳颜色	标准电压降/mV	冷电阻/mΩ
1	黑	176	123
2	灰	141	53.5
3	紫	137	31.1
4	粉	136	22.8
5	浅棕	128	17.85
7.5	棕	116	10.91
10	红	109	7.70
15	蓝	102	4.80
20	黄	98	3.38
25	白	92	2.52
30	绿	84	1.97
35	蓝绿	87	1.61
40	橙	96	1.44

1）额定电压

额定电压是指保险丝的公称额定电压，是保险丝安全保护性能的指标。只有电路中的电压等于或小于保险丝额定电压时，保险丝才可保证熔体经过电流熔断后，不被击穿，不会持续拉弧或再次导通，从而安全可靠地切断电路。标准的保险丝额定电压值分为 32 V、125 V、250 V 和 600 V。

2）额定电流

额定电流是指保险丝的公称额定电流，这是一个识别名称，并不能真实反映它的实际熔断电流和熔断时间。汽车插片式保险丝的规格一般为 2 ~ 40 A，其安培数值会在保险丝的顶端标注。为避免保险丝外壳的损坏导致看不清顶部标示，在制作时不同容量的保险丝采用不同颜色，更换时只要确定其颜色相同即可。有关保险丝颜色有一套国际标准：2 A 灰色、3 A 紫色、4 A 粉色、5 A 橘黄、7.5 A 咖啡色、10 A 红色、15 A 蓝色、20 A 黄色、25 A 无色透明、30 A 绿色、40 A 深橘色，如图 2-1-34 所示。

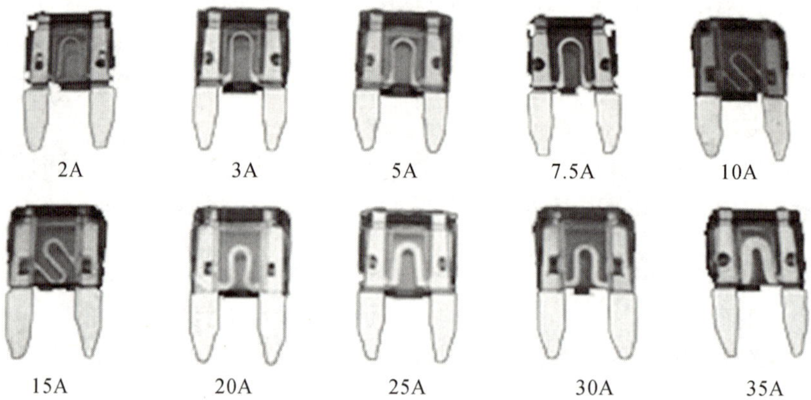

图 2-1-34　保险丝颜色与额定电流对照

确定保险丝的额定电流：根据被保护电路的稳态工作电流及正常工作状态下相关的使用折损系数，确定保险丝的额定电流。

不同认证的保险丝，对额定电流的规范使用有所不同：UL（美规）的保险丝，在 25 °C 环境温度下，推荐实际使用时的稳定工作电流应不超过额定电流的 75%；IEC（欧规）的保险丝实际使用时的稳定工作电流应不超过额定电流的 90%或 100%。这是因为，保险丝额定电流为熔丝所能承载的电流，是在 25 °C 环境温度下，采用经控制的实验条件（接触电阻、空气流动、瞬时峰值）确定的。而熔丝的实际使用条件是变化的，为了补偿这些变化，电路设计工程师在为设备设计安全可靠而寿命又长的保护电路时，加给保险丝的负荷通常应不超过额定值的 75%，以提供足够的过载和短路保护。

另外，熔丝是温度敏感元件，在实际使用中，由于受熔丝周围的工作环境温度的影响及长期老化等因素的干扰，在实际使用中还应再留出 85%的余量，所以保险丝额定电流应有如下关系式：

额定电流≥稳态工作电流/（0.75×0.85）

3）计算选取导线截面积

在确定了保险丝的容量后，为了使保险丝与用电设备、连接导线相适应，发挥其保护电路的作用，必须选择对应保险丝额定电流的适当规格的导线，确保导线不发烟的最大电流大于保险丝的最低熔断电流。保险丝的一般按保险丝额定电流的 135%来计算。

关于导线截面积的计算，可根据流通电流与导线截面积关系经验理论值进行选择。长时间工作的电气设备可选择实际载流量 60%的导线；短时间工作的用电设备可选用实际载流量 60%～100%的导线。我国汽车线束标称导线截面积的推荐值见表 2-1-5。

表 2-1-5　我国汽车线束标称导线截面积的推荐值

铜心导线截面面积/mm^2	载流量（60%）	载流量（100%）	铜心导线截面面积/mm^2	载流量（60%）	载流量（100%）
0.5	7.5	12.5	6	33	55
0.75	9.6	16	10	45	75
1	11.4	19	16	63	105
1.5	14.4	24	25	82.8	138
2.5	19.2	32	35	102	170
4	25.2	42	50	129	215

也有一些专家总结出导线截面积经验计算公式：

$$A=I\rho L/U_d$$

式中　I——电流；

P——功率；

U_s——系统电压；

A——导线截面积；

U_d——允许最大电压降损失；

ρ——铜导线电阻率，一般取值 0.0185 Ω · mm^2/m；

L——导线长度（m）。

（四）开　关

1. 定　义

开关是指一个可以使电路开路、使电流中断或使电流流到其他电路的电子元件。最常见的开关是让人操作的机电设备，其中有一个或数个电子接点。接点的“闭合”（closed）表示电子接点导通，允许电流流过；开关的“开路”（open）表示电子接点不导通形成开路，不允许电流流过。图 2-1-35 所示为智能电学套装中的开关电路板。

2. 分　类

（1）按照用途可分为波动开关、波段开关、录放开关、电源开关、预选开关、限位开关、控制开关、转换开关、隔离开关、行程开关、墙壁开关、智能防火开关等。

（2）按照结构可分为微动开关、船形开关、钮子开关、拨动开关、按钮开关、按键开关，还有时尚潮流的薄膜开关、点开关，见表 2-1-6。

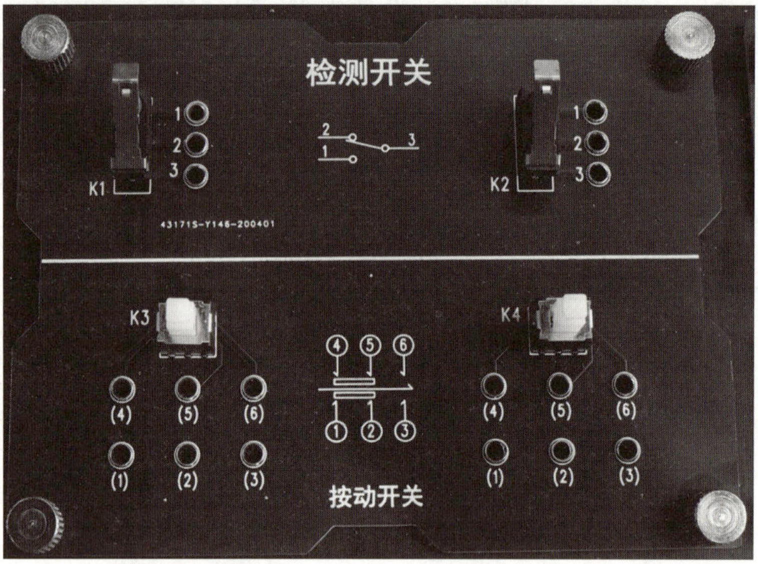

图 2-1-35　开关电路板

表 2-1-6　按结构分的开关类型及图片

开关类型	图例	开关类型	图例
微动开关		按钮开关	
船形开关		按键开关	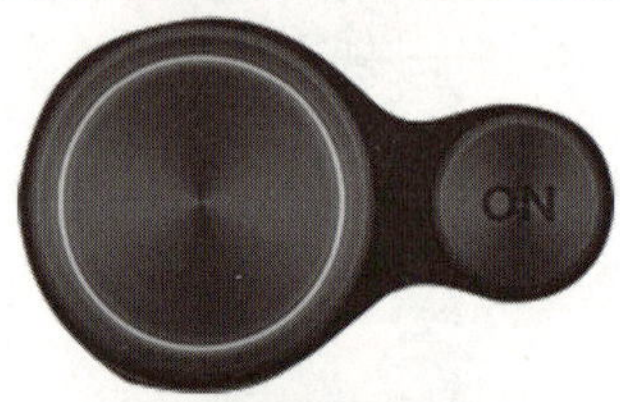
钮子开关		薄膜开关	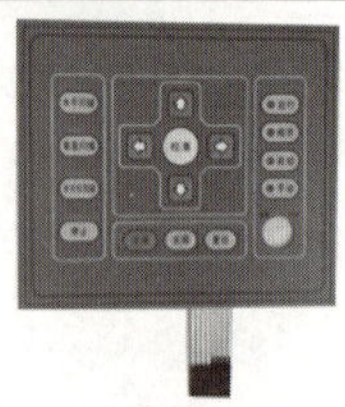
拨动开关		点开关	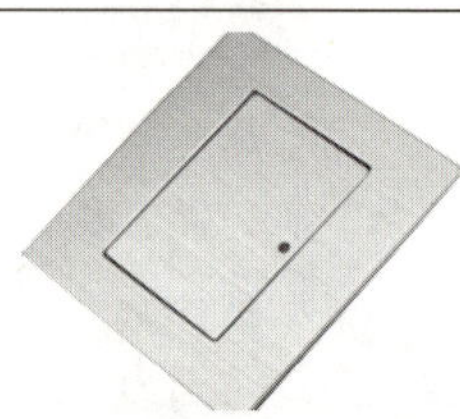

（3）按照接触类型可分为 a 型触点、b 型触点和 c 型触点三种。接触类型是指，“操作（按下）开关后，触点闭合”这种操作状况和触点状态的关系。需要根据用途选择合适接触类型的开关。

（4）按照开关数可分为单控开关、双控开关、多控开关、调光开关、调速开关、防溅盒、门铃开关、感应开关、触摸开关、遥控开关、智能开关、插卡取电开关、浴霸专用开关。

① 所谓单控开关是相对于双控开关来说的，最简单直接的描述就是，一个开关或按键只控制一个灯或电源。单控开关有两个接线柱，分别接进线和出线。在开关启/闭时，存在接通或断开两种状态，从而使电路变成通路或者断路。

② 双控开关是一个开关同时带常开、常闭两个触点（即为一对）。通常用两个双控开关控制一个灯或其他电器，如在楼下时打开开关，到楼上后关闭开关。

③ 多控开关是指可以实现在无限多的地点控制照明灯的开关。其实就是在双控开关的两个单刀双掷开关中间串联上一个（多个）双刀双掷开关。

④ 调光开关是为了满足人们在不同的时候对灯光亮度的不同需求而发展成的。从原理上电子调光开关是通过控制和改变可控硅的相位角来控制导通程度。调光开关即电源流经负载的时间，这样改变了电光源的输入的电压和电流来获得不同强度的光输出，采用单火线输入的接线方式，可直接替换现有的墙壁开关。

3. 基本结构

最简单的开关有两片名叫“触点”的金属，二触点接触时使电流形成回路，二触点不接触时电流开路。选用接点金属时需考虑其抗腐蚀的能力，因为大多数金属氧化后会形成绝缘的氧化物，使接点无法正常工作。选用接点金属也需考虑其电导率、硬度、机械强度、成本及是否有毒等因素。有时会在接点上电镀抗腐蚀金属。一般会镀在接点的接触面，以避免因氧化物而影响其性能。有时接触面也会使用非金属的导电材料，如导电塑胶。开关中除了接点之外，也会有可动件使接点导通或不导通，开关可依可动件的不同分为杠杆开关（Toggle switch）、按键开关、船形开关（Rocker switch）等，而可动件也可以是其他形式的机械连杆。

4. 主要参数

额定电压：指开关在正常工作时所允许的安全电压，加在开关两端的电压大于此值，会造成两个触点之间打火击穿。

额定电流：指开关接通时所允许通过的最大安全电流，当超过此值时，开关的触点会因电流过大而烧毁。

绝缘电阻：指开关的导体部分与绝缘部分的电阻值，绝缘电阻值应在 100 MΩ 以上。

接触电阻：是指开关在开通状态下每对触点之间的电阻值一般要求在 0.1 ~ 0.5 Ω，且此值越小越好。

耐压：指开关对导体及地之间所能承受的最高电压。

寿命：是指开关在正常工作条件下，能操作的次数一般要求在 5 000 ~ 35 000 次。

5. 常见的开关

1）延时开关

延时开关是将电子元件继电器安装于开关之中，延时开关电路的一种开关。延时开关又分为声控延时开关、光控延时开关、触摸式延时开关等。

2）轻触开关

轻触开关，使用时轻轻点按开关按钮就可使开关接通，当松开手时开关即断开，其是靠金属弹片受力弹动来实现通断的。

轻触开关由于体积小、质量轻在电器方面得到了广泛的应用，如影音产品、数码产品、遥控器、通信产品、家用电器、安防产品、玩具、计算机产品、医疗器材、汽车按键等。

轻触开关主要技术参数：

（1）环保标准：RoHS、无卤，以及欧盟等地区对有害物质管控值的限定。

（2）额定电流、电压：通常为毫安级，50 mA/DC 12 V。

（3）操作力度：50 gf、100 gf、160 gf、260 gf、320 gf、520 gf。

（4）操作寿命：操作寿命一般与操作力度成反比，拿 160 gf 来说，通常 6×6 开关可以做到 100 万～300 万次寿命。

（5）工作环境温度：−25～+70 °C。

（6）开关行程：0.25 mm。

3）光电开关

光电开关是传感器大家族中的成员，它把发射端和接收端之间光的强弱变化转换为电流的变化以达到探测目的。由于光电开关输出回路和输入回路是电隔离的，所以它可以在许多场合得到应用。

采用集成电路技术和SMT表面安装工艺而制造的新一代光电开关器件，具有延时、展宽、外同步、抗相互干扰、可靠性高、工作区域稳定和自诊断等智能化功能。这种新颖的光电开关是一种采用脉冲调制的主动式光电探测系统型电子开关，它所使用的冷光源有红外光、红色光、绿色光和蓝色光等，可非接触，无损伤地迅速控制各种固体、液体、透明体、黑体、柔软体和烟雾等物质的状态和动作。接触式行程开关存在响应速度低、精度差、接触检测容易损坏被检测物及寿命短等缺点，而晶体管接近开关的作用距离短，不能直接检测非金属材料。而新型光电开关则克服了它们的上述缺点，且体积小、功能多、寿命长、精度高、响应速度快、检测距离远，以及抗光、电、磁干扰能力强。

这种新型的光电开关已被用作物位检测、液位控制、产品计数、宽度判别、速度检测、定长剪切、孔洞识别、信号延时、自动门传感、色标检出、冲床和剪切机安全防护等诸多领域。此外，利用红外线的隐蔽性，还可在银行、仓库、商店、办公室以及其他需要的场合作为防盗警戒之用。

在维修开关电源的时候可以采用降压检修法。其方法是将显示器的电源插头接在一个交流调压器上，再把调压器的输出电压调到 100 V 左右，然后通电检修，并逐次提高电源电压来检修。

（五）电　源

电源是将其他形式的能量转换为电能并向电路（电子设备）提供的装置。例如，干电池如图 2-1-36 所示。

图 2-1-36　干电池

常见的电源是干电池的直流电源与家用的 110 ~ 220 V 交流电源。

新能源汽车的常用电源通常分为低压电源和高压电源。低压电源为汽车上为低压设备供电，通常为 12 V 或者 24 V，如汽车上的点火开关。高压电源主要用于驱动系统的工作，常见的汽车高压电源包括铅酸蓄电池、镍氢电池、钠硫电池、二次锂电池、空气电池、三元锂电池，这些高压电源的电压通常达到 200 ~ 750 V，高的甚至可达上千伏。

四、电学常用定律

（一）欧姆定律

1. 定　义

欧姆定律是指在同一电路中，通过某段导体的电流跟这段导体两端的电压成正比，跟这段导体的电阻成反比，即

$$I=\frac{U}{R}$$

变形公式为

$$U=IR$$

$$R=\frac{U}{I}$$

式中　I——电路中的电流（A）;

U——电路两端的电压（V）;

R——电路的电阻（Ω）。

欧姆定律是电路分析中的基本定律之一，用来确定电路各部分的电压与电流的关系。图 2-1-37 所示为一段只含有负载而不包含电源的电路，称为部分电路。

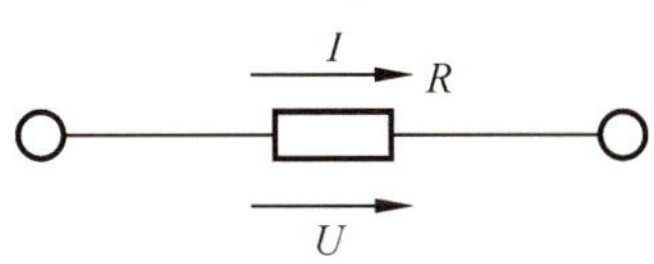

图 2-1-37　部分电路

欧姆定律成立时，以导体两端电压为横坐标，导体中的电流 I 为纵坐标，所作出的曲线，称为伏安特性曲线。这是一条通过坐标原点的直线，它的斜率为电阻的倒数。具有这种性质的电器元件称为线性元件，其电阻称为线性电阻或欧姆电阻。

欧姆定律不成立时，伏安特性曲线不是过原点的直线，而是不同形状的曲线。把具有这种性质的电器元件称为非线性元件。

欧姆定律只适用于纯电阻电路，如金属导电和电解液导电；在气体导电和半导体元件中欧姆定律将不适用。

2. 全电路欧姆定律

含有电源的闭合电路称为全电路，如图 2-1-38 所示。电源内部的电路称为内电路，电源内部的电阻称为内电阻。电源外部的电路称外电路，外电路的电阻称为外电阻。全电路欧姆定律：闭合电路中的电流 I 与电源的电动势 E 成正比，与电路的总电阻（外电路的电阻 R 和内电路的电阻 r_0 之和）成反比，即

$$I=\frac{E}{R+r_0}$$

式中　I——电路中的电流（A）；
E——电源的电动势（V）；
R——外电路电阻（Ω）；
r_0——电源内阻（Ω）。

由全电路欧姆定律公式可得

$$E=IR+Ir_0=U+Ir_0$$
$$U=E-Ir_0$$

式中　U——外电路中的电压降，即电源两端的电压；
Ir_0——电源内部的电压降。

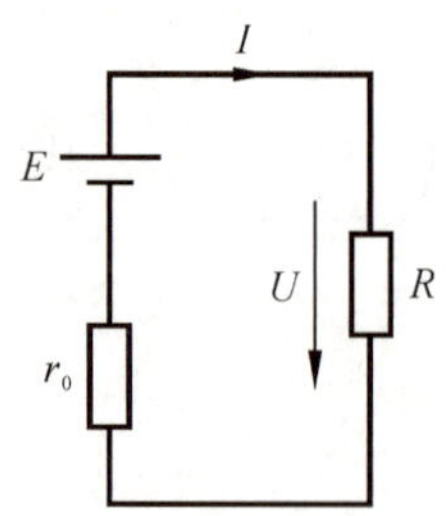

图 2-1-38　全电路欧姆定律

一般情况下，电源的电动势是不变的，但由于电源存在一定内阻，当外电路的电阻变化时，端电压也随之改变。由公式 $U=E-Ir_0$ 可知，当外电路的电阻 R 增大时，电流 I 要减小，端电压 U 就增大；当外电路的电阻 R 减小时，电流 I 要增大，端电压 U 就减小。电源的端电压 U 与负载电流 I 变化的规律称为电源的外特性，电源的外特性曲线如图 2-1-39 所示。

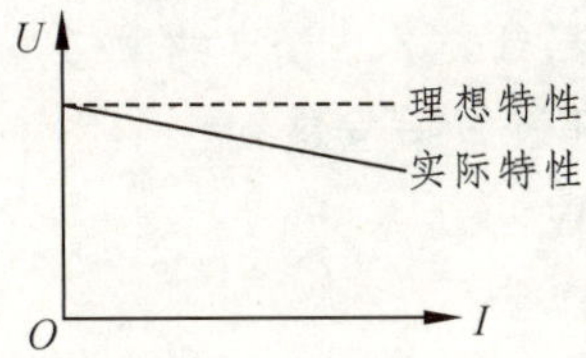

图 2-1-39　电源的外特性曲线

电源端电压的稳定性取决于电源内阻的大小，在相同的负载电流下，电源内阻越大，电源端电压下降得越多，外特性就越差。

（二）电功、电功率、焦耳定律

1. 电　功

电功是指电流在一段时间内通过某一电路，电场力所做的功。

在电流通过电动机做功的过程中，电能转化为机械能。电能可以转换成多种其他形式的能量。电流通过电炉时发热，电能转换为内能（俗称热能）。电流通过电灯时，灯丝灼热发光，电能转换为内能和光能。电流给蓄电池充电的过程是将电能转换为化学能。电功的实质是电能转换为其他形式能量的过程。电流做了多少功，就有多少电能转换为其他形式的能，但总的能量不变。

电流做功的多少跟电流的大小、电压的高低、通电时间长短都有关系。加在用电器上的电压越高、通过的电流越大、通电时间越长，电流做功越多。研究表明，当电压 U 使电量 Q 移动时，就在做电功。功的单位为焦耳（J）或者千瓦时（kW · h）。电功的计算公式为

$$W=P\times t=U\times I\times t=U\times Q$$

式中，Q 为电荷；P 是电功率；t 为时间；U 为电压；I 为电流。也就是说，电流在某段电路上所做的功，等于这段电路两端的电压、电路中流过的电流和通电时间的乘积。

在纯电阻电路（无电动机）中的公式为

（1）$W=Q=IR\times It=I^2Rt$（Q 为电热，一般在串联电路中使用）。

（2）$W=Q=(U\times U/R)t=(U^2/R)t$（一般在并联电路中使用）。

电功通常用电能表（俗称电度表）来测定，把电能表接在电路中，电能表的计数器上前后两次读数之差，就是这段时间内用电的度数。通常实验室用伏安法测电能。

2. 电功率

在相同时间内，电流通过不同用电器所做的功，一般并不相同。例如，在相同的时间内，电流通过电动汽车的电动机所做的功，要显著地大于通过电扇的电动机所做的功。为了表示电流做功的快慢，物理学中引入了电功率的概念。

电流在单位时间内所做的功叫作电功率。电功率用 P 来表示，$P=W/t$，而 $W=U\times I\times t$（即电压乘以电流乘以时间），所以

$$P=U\times I$$

上式表明，电功率等于电压与电流的乘积。

在上式中，电压 U 的单位是伏特，电流 I 的单位是安培，这样，电功率 P 的单位就是瓦特。电功率的单位还有千瓦，符号是 kW。

1 kW=1 000 W

1 W=1 000 mW

把公式 $P=W/t$ 变形后可得 $W=Pt$，由此可以定义“千瓦时”。电流在 1 h 内所做的功，就是 1 kW · h。

$$1\ \text{kW}\cdot\text{h}=1\ 000\ \text{W}\times 3\ 600\ \text{s}=3.6\times 10^6\ \text{J}$$

电功率 P、电压 U、电流和电阻之间的数学关系如图 2-1-40 所示。

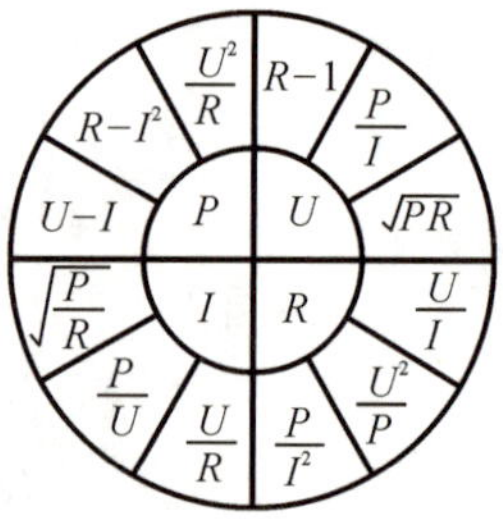

图 2-1-40　电流、电压、电阻和功率的换算

实验表明，用电器实际消耗的功率随着加在它两端的电压而改变，既然如此，我们就不能泛泛地说一个用电器的功率是多大，而要指明电压。用电器正常工作时的电压叫作额定电压，用电器在额定电压下的功率叫作额定功率。

我们使用各种用电器一定要注意它的额定电压，只有在额定电压下用电器才能正常工作。实际电压偏低，用电器消耗的功率低，不能正常工作。实际电压偏高，长期使用会影响用电器的寿命，还可能烧坏用电器。

3. 焦耳定律

1）定　义

电流通过导体时会产生热量，这叫作电流的热效应，而电热器是利用电流的热效应来加热的设备，电炉、电烙铁、电熨斗、电饭锅、电烤炉等都是常见电热器。电热器的主要组成部分是发热体，发热体是由电阻率大、熔点高的电阻丝绕在绝缘材料上制成。

焦耳定律是定量说明传导电流将电能转换为热能的定律：电流通过导体产生的热量跟电流的二次方成正比，跟导体的电阻成正比，跟通电的时间成正比，即

$$Q=I^2Rt$$

2）公式的推导变形

对于纯电阻电路而言，当电流所做的功全部产生热量，即电能全部转换为内能，该电路为纯电阻电路，这时有

$$Q=W$$

根据电功的公式，有

$$Q=W=UIt$$

或者根据欧姆定律（欧姆定律本身只在纯电阻电路中成立），有

$$Q=I^2Rt=\left(\frac{U}{R}\right)^2Rt=\frac{U^2}{R}t$$

白炽灯、电炉丝、电热水器就属于上述情况。

对于非纯电阻电路而言，用得最多的还是焦耳定律的一般形式，不能用纯电阻中的两个公式（因为①欧姆定律只在纯电阻电路中成立；②其电能不是全部做功转换为内能，不能用电功的公式）。

而对于其电功率和热量比较而言，有

$$Q<W\rightarrow I^2Rt<UIt$$

对于任何电路而言，除了焦耳定律的一般式外，还可以根据公式 $I=q/t$，对公式进行变形（适用于所有电路）得

$$Q=I^2Rt=\left(\frac{q}{t}\right)^2Rt=\frac{q^2}{t}R$$

$$Q=I^2Rt=I^2R\times\frac{q}{t}=IRq$$

在串联电路中，由于通过导体的电流相等，通电时间也相等，根据焦耳定律可知电流通过导体产生的热量跟导体的电阻成正比。

在并联电路中，由于导体两端的电压相等，通电时间也相等，根据焦耳定律可知电流通过导体产生的热量跟导体的电阻成反比。

五、串并联电路

（一）串联电路

1. 串联的定义

串联（series connection）是连接电路元件的基本方式之一。将电路元件（如电阻、电容、电感、用电器等）逐个顺次首尾相连接，起来组成的电路叫串联电路。串联电路中通过各用电器的电流都相等。两个电阻的串联，如图 2-1-41 所示。

图 2-1-42 所示为三个元件串联。元件 3 的首端和元件 2 的尾端连成节点 q；元件 2 的首端和元件 1 的尾端连成节点 p。元件 1 的首端 a 和元件 3 的尾端 b 则分别和电路的其他节点连接。

图 2-1-41　串联

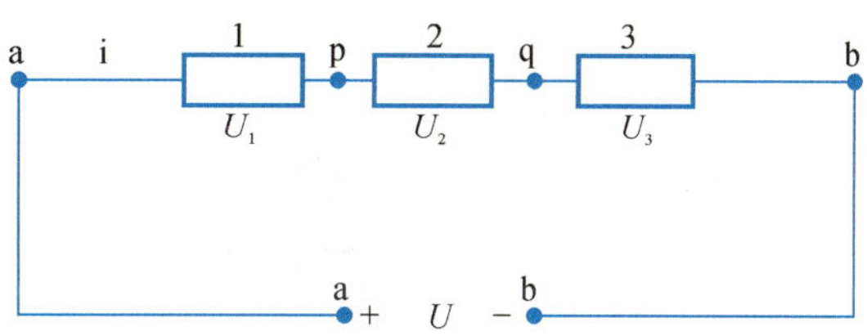

图 2-1-42　三个电阻串联

2. 串联电路的规律

1）串联电路电压规律

串联电路两端的总电压等于各用电器两端电压之和，即

$$U=U_1+U_2+\cdots+U_n$$

$$U_1:U_2:U_3=IR_1:IR_2:IR_3=R_1:R_2:R_3\text{（分压）}$$

$$P_1:P_2:P_3=I^2R_1:I^2R_2:I^2R_3=R_1:R_2:R_3$$

2）串联电路电流规律

串联电路中的电流处处相等，即

$$I=I_1+I_2+\cdots+I_n$$

3）串联电路的特点

（1）电流只有一条通路。

（2）开关控制整个电路的通断。

（3）各用电器之间相互影响。

3. 常用元器件串联特点

1）电阻串联

如图 2-1-43 所示，n 个电阻器串联在一起。现将电源连接于这个串联电路的两端，按照基尔霍夫电流定律，从电源给出的电流等于通过每一个电阻器的电流，即

$$i=i_1=i_2=i_3=\cdots=i_n$$

根据欧姆定律，第 k 个电阻器两端的电压等于通过的电流乘以其电阻，即

$$v_k=i_kR_k=iR_k$$

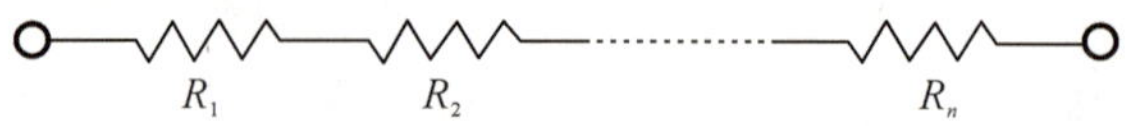

图 2-1-43　若干个电阻串联

根据基尔霍夫电压定律，电源两端的电压等于所有电阻器两端电压的代数和，即

$$v=v_1+v_2+\cdots+v_n=i(R_1+R_2+\cdots+R_n)$$

所以，n 个电阻器串联的“等效电阻”R_{eq}为

$$R_{eq}=R_1+R_2+\cdots+R_n$$

2）电源串联

假设电池组内部的几个单电池以串联方式连接成电源，则此电源两端的电压是所有单电池两端的电压的代数和。例如，一个电动势为 12 V 的汽车电池（automotive battery）是由 6 个 2 V 单电池以串联方式构成的。

3）电容串联

如图 2-1-44 所示，n 个电容器串联在一起。现将电源连接于这并联电路的两端。从电容的定义，可以得到，通过第 k 个电容器的电流等于其电容乘以其两端的电压变率为

$$i_k=C_k\frac{\mathrm{d}v_k}{\mathrm{d}t}$$

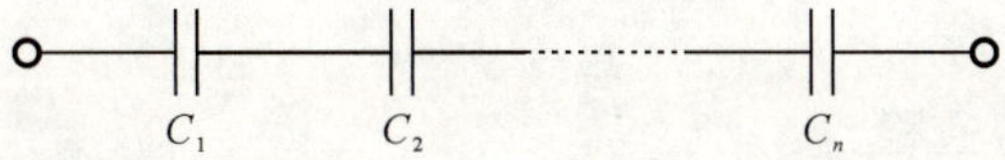

图 2-1-44　电容串联

从电源（直流电或交流电）给出的电流 i 等于通过每一个电容器的电流，即

$$i = i_1 = i_2 = i_3 = \cdots = i_n$$

根据基尔霍夫电压定律，电源两端的电压等于所有电容器两端的电压的代数和为

$$v = v_1 + v_2 + \cdots + v_n$$

电源两端的电压改变率为

$$\frac{\mathrm{d}v}{\mathrm{d}t} = \frac{\mathrm{d}v_1}{\mathrm{d}t} + \frac{\mathrm{d}v_2}{\mathrm{d}t} + \cdots + \frac{\mathrm{d}v_n}{\mathrm{d}t} = \frac{i}{C_1} + \frac{i}{C_2} + \cdots + \frac{i}{C_n}$$

所以，n 个电容器串联的等效电容 C_{eq} 为

$$\frac{1}{C_{\mathrm{eq}}} = \frac{1}{C_1} + \frac{1}{C_2} + \cdots + \frac{1}{C_n}$$

每一个电容器都有其制造工厂设定的“电压额定值”（voltage rating）。假设“工作电压”（由于通电而出现于电容器两端的电压）超过电容器的电压额定值，则可能会造成这电容器故障。为了避免电容器故障，可以增添电容器，将几个同样的电容器串联在一起，使得电压额定值的代数和大于工作电压。但这也会降低电路的等效电容。

（二）并联电路

1. 定　义

并联是元件之间的一种连接方式，其特点是将 2 个同类或不同类的元件、器件等首首相接，同时尾尾亦相连的一种连接方式。通常是用来指电路中电子元件的连接方式，即并联电路。

2. 并联电路的规律

1）并联电路规律

（1）并联电路中的干路电流等于各支路电流之和，即 $I = I_1 + I_2 + \cdots + I_n$。

（2）并联电路中各支路的电压都相等，并且等于电源电压：$U_1 = U_2 = U_n = U_{总}$。

（3）并联电路中的总电阻的倒数等于各支路电阻的倒数和。若有 n 个相同电阻并联，则总电阻为 $\frac{1}{R} = \frac{1}{R_1} + \frac{1}{R_2} + \cdots + \frac{1}{R_n}$。

（4）两个电阻并联：$R = \frac{R_1 R_2}{R_1 + R_2}$。

（5）n 个相同电阻并联：$R = \frac{R_0}{n}$。

（6）电流分配：$\frac{I_1}{I_2} = \frac{R_2}{R_1}$。

2）并联电路的特点

（1）电路有若干条通路。

（2）干路开关控制所有的用电器，支路开关控制所在支路的用电器。

（3）各用电器相互无影响。

3. 常用元器件的并联特点

1）电阻并联

线性不变电阻元件并联时，并联组合等效于一个电阻元件，其电导（电阻的倒数）等于各并联电阻的电导之和，称为并联组合的等效电导，其倒数称为等效电阻。如图 2-1-45 所示，电阻器 1、2、3 的电阻分别是 R_1、R_2、R_3，它们的电导分别是 G_1、G_2、G_3，则并联电路的总电阻 R 和总电导 G 按下面的公式计算：

$$\frac{1}{R}=\frac{1}{R_1}+\frac{1}{R_2}+\frac{1}{R_3}$$

$$G=G_1+G_2+G_3$$

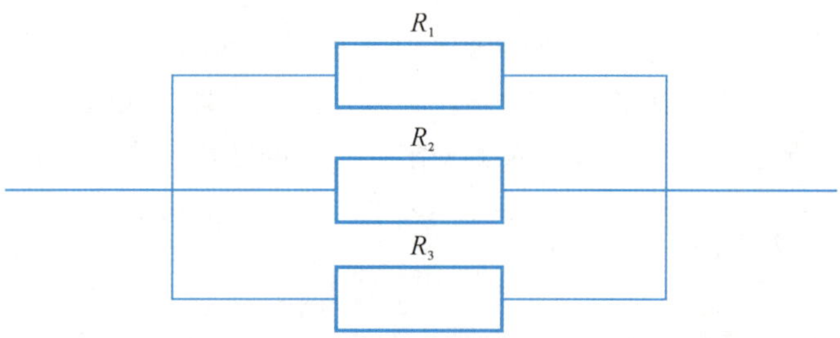

图 2-1-45　三个电阻并联

2）电容并联

如图 2-1-46 所示，n 个电容器并联在一起。

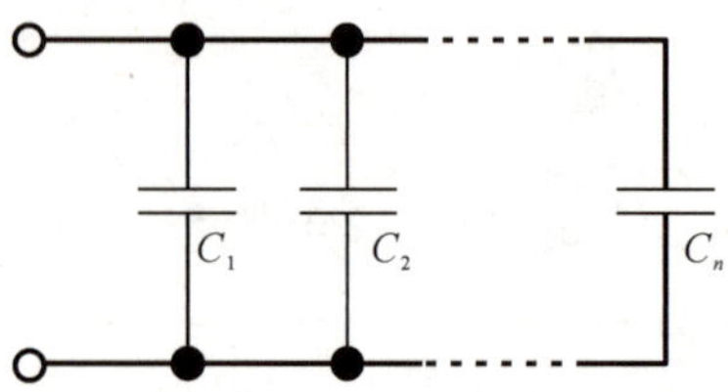

图 2-1-46　电容并联

现将电源连接于这并联电路的两端。从电容的定义，可以得到通过第 k 个电容器的电流 I_k 等于其电容 C_k 乘以其两端的电压改变率 $\frac{\mathrm{d}v_k}{\mathrm{d}t}$，即

$$i_k=C_k\frac{\mathrm{d}v_k}{\mathrm{d}t}$$

按照基尔霍夫电压定律，电源两端的电压等于每一个电容器两端的电压，即

$$v=v_1=v_2=\cdots=v_n$$

根据基尔霍夫电流定律，从电源（直流电或交流电）给出的电流等于通过每一个电容器的电流的代数和，即

$$i = i_1 + i_2 + i_3 + \cdots + i_n = (C_1 + C_2 + \cdots + C_n)\frac{\mathrm{d}v}{\mathrm{d}t}$$

所以，n 个电容器并联的等效电容 C_{eq} 为

$$C_{eq} = C_1 + C_2 + \cdots + C_n$$

3）电源并联

假设一个电池组是以几个电压相同的单电池以并联方式连接成电源，则此电源两端的电压等于每一个单电池两端的电压。例如，假设 1 个电池组内部含有 4 个单电池并联在一起，它们共同给出 1 A 电流，则每一个单电池给出 0.25 A 电流。当电压不同的两个或更多电源并联连接时，由于有电势差的存在，电池组内部会形成电流回路，造成电能在电池组内部的消耗，所以，一般进行电源并联使用时，要求各分电源的电压尽可能相同。4 个电源的并联如图 2-1-47 所示。

图 2-1-47　电源并联

4. 并联和串联的区别

如图 2-1-48 所示，最直观的区别是这两种连接方式的电池所表现的特点不同，4 节电池串联起来总电压有 6 V，而并联的总电压仍然只有 1.5 V。

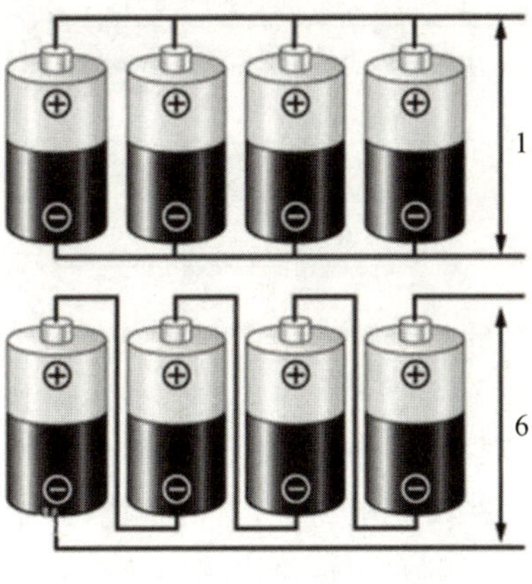

图 2-1-48　电源串并联对比

（1）串联电路：把元件逐个顺次连接起来组成的电路，特点是流过一个元件的电流同时也流过另一个，如节日里的小彩灯，如图 2-1-49 所示。在串联电路中，闭合开

关，两只灯泡同时发光，断开开关两只灯泡都熄灭，说明串联电路中的开关可以控制所有的用电器，如图 2-1-50 所示。

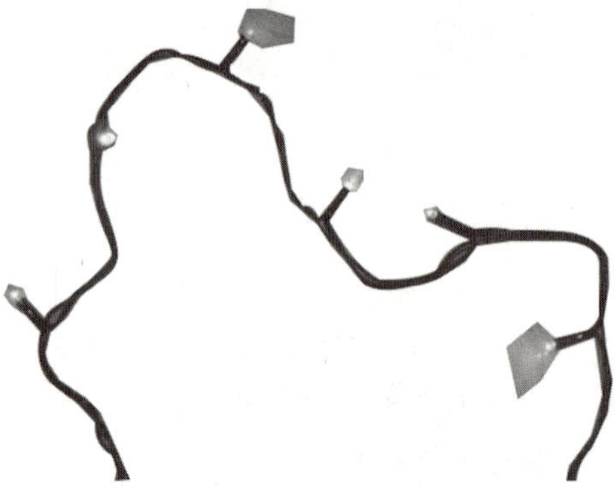

图 2-1-49　节日小彩灯

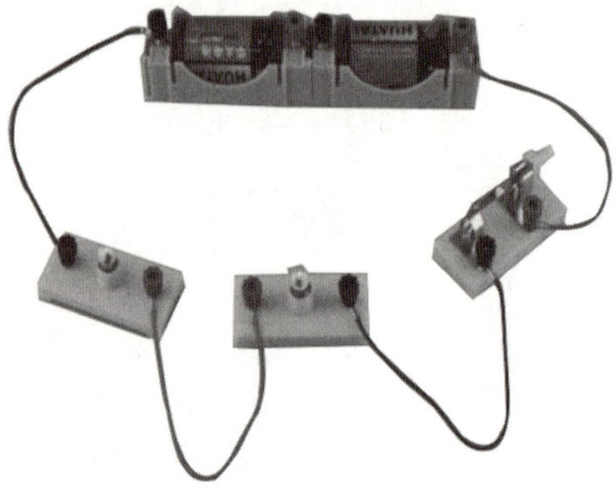

图 2-1-50　两个小灯泡串联

（2）并联电路：把元件并列地连接起来组成的电路，特点是干路的电流在分支处分两部分，分别流过两个支路中的各个元件。例如，家庭中各种用电器的连接。在并联电路中，干路上若有开关，干路及各支路上的开关闭合，灯泡才会发光；干路上的开关断开，各支路上的开关都闭合，灯泡不会发光。说明干路上的开关可以控制整个电路，支路上的开关只能控制本支路。干路上若没有开关，则支路上的开关闭合，则对应的支路灯泡会发光，如图 2-1-51 所示。

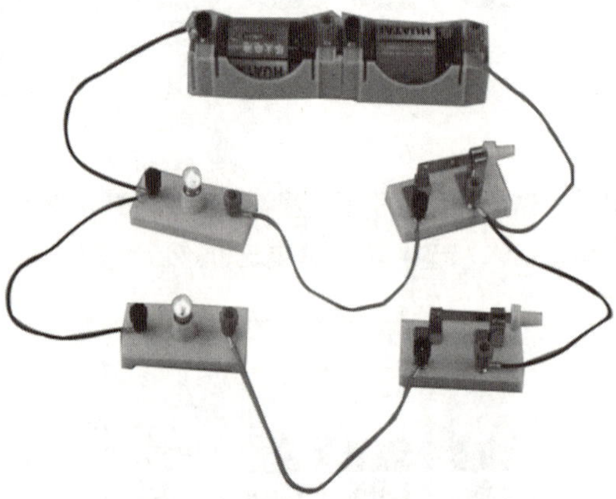

图 2-1-51　两个小灯泡并联

（3）串联电路和并联电路的特点：在串联电路中，由于电流的路径只有一条，从电源正极流出的电流将依次逐个流过各个用电器，最后回到电源负极。因此在串联电路中，如果有一个用电器损坏或某一处断开，整个电路将断路，电路就会无电流，所有用电器都将停止工作。所以在串联电路中，各用电器互相牵连，要么全工作，要么全停止工作。在并联电路中，从电源正极流出的电流在分支处要分为两路，每一路都有电流流过，因此即使某一支路断开，但另一支路仍会与干路构成通路。由此可见，在并联电路中，各个支路之间互不牵连。

总的来说，就是串联分压，并联分流。

具体体现在串联电路中，各电阻上的电流相等，各电阻两端的电压之和等于电路总电压。可知每个电阻上的电压小于电路总电压，故串联电阻分压。

在并联电路中，各电阻两端的电压相等，各电阻上的电流之和等于总电流（即干路电流）。可知每个电阻上的电流小于总电流（即干路电流），故并联电阻分流。

电阻的串并联就好像水流，串联只有一条道路，电阻越大，流得越慢，并联的支路越多，电流越大。

5. 如何判断串并联电路

串联和并联是电路连接两种最基本的形式，它们之间有一定的区别。要判断电路中各元件之间是串联还是并联，就必须抓住它们的基本特征。

（1）电器连接法：分析电路中用电器的连接方法，逐个顺次连接的是串联，并列在电路两点之间的是并联。

（2）电流流向法：当电流从电源正极流出，依次流过每个元件的是串联；当在某处分开流过两个支路，最后又合到一起，则表明该电路为并联。

（3）去除元件法：任意拿掉一个用电器，看其他用电器是否正常工作，如果所有用电器都被拿掉过，而且其他用电器都可以继续工作，那么这几个用电器的连接关系为并联，否则为串联。

（4）用笔画线代替导线，能用一根导线将所有用电器连起来即为串联，不能则为并联。

（三）混联电路

1. 定　义

混联是指既有串联又有并联的电路连接方式，在电路、机床、混合动力系统等中常用。电路中既有串联电路也有并联电路的，叫作混联电路。图 2-1-52 所示电路为电阻 R_1 和 R_2 串联，电阻 R_4 与串联 R_1、R_2 的支路并联，整体为混联电路。

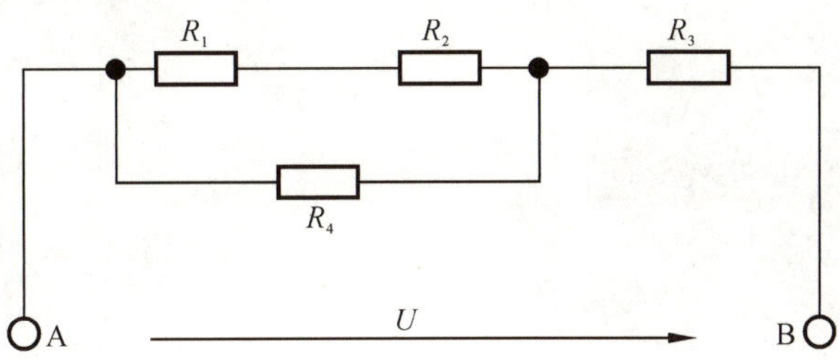

图 2-1-52　混联电路

2. 优缺点

混联电路的优点：可以单独使某个用电器工作或不工作。

混联电路的缺点：如果干路上有一个用电器损坏或断路会导致整个电路无效。

六、万用表的使用方法

（一）万用表的定义

万用表又称为复用表、多用表、三用表、繁用表等，是电力电子等部门不可缺少的测量仪表，一般以测量电压、电流和电阻为主要目的。万用表按显示方式分为指针万用表和数字万用表，是一种多功能、多量程的测量仪表。一般万用表可测量直流电流、直流电压、交流电流、交流电压、电阻和音频电平等，有的还可以测交流电流、电容量、电感量及半导体的一些参数（如 β）等。

（二）万用表的组成

万用表主要由挡位开关、测量电路和表头三个部分组成。

其中，挡位开关是一个用于选择测量指标的圆形拨盘，具有直流电流、直流电压、电阻等多个选择项；测量电路在万用表上主要表现为表笔和表笔插孔，使用时将红表笔插入“+”插孔，将黑表笔插入“-”插孔，再将红黑表笔与被测物两端相连，即可构成一个闭合的测量回路。

表头是用于显示测量结果的部件，可分为指针式表头和数字式表头两种，目前大多数使用的为数字式表头。图 2-1-53（a）所示为机械式万用表，其表头为指针式。图 2-1-53（b）所示为数字式万用表，其表头为数字式。数字式表头主要由模-数转换电路、信号处理电路和液晶显示屏三部分构成，测量到的模拟电信号经模-数转换器转换为数字电信号，再经信号处理电路处理后将结果显示在液晶显示屏上。

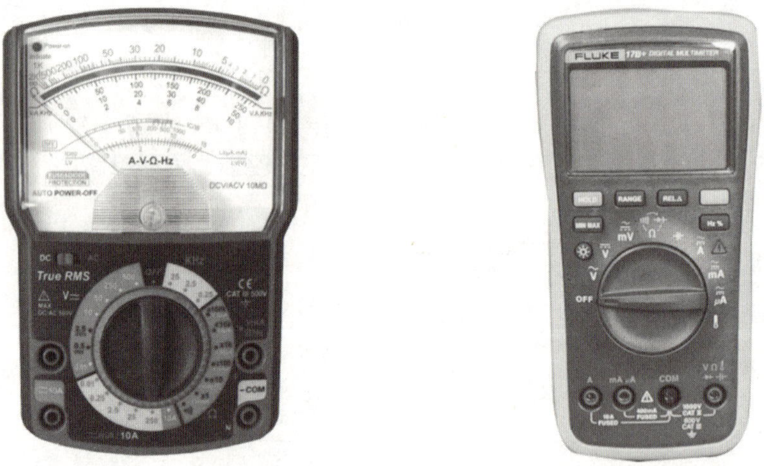

（a）机械式万用表　　　　（b）数字式万用表

图 2-1-53　指针式万用表与数字万用表

（三）数字万用表的使用方法

数字万用表作为一种精密测量仪表，有着强大的功能、操作简便及测量结果显示直观，得到了越来越广泛的应用。数字万用表对使用环境及测量调整方法有着严格的要求。

1. 表笔的连接

数字万用表也有两支测量表笔，即红表笔和黑表笔。使用数字万用表测量前，应先将两支表笔对应插入相应的表笔插孔中。其中，黑色表笔作为公共端插到“COM”插孔中，红色表笔可根据功能不同，选择插入其余 3 个红色插孔中，如图 2-1-54 所示。

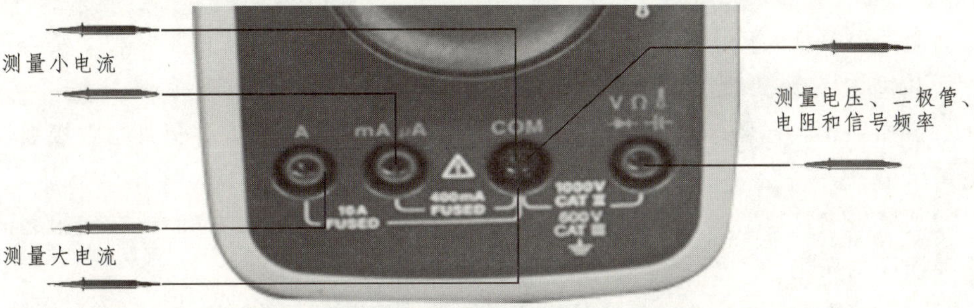

图 2-1-54　数字万用表测量表笔连接示意

2. 旋转挡位，启动电源

一般数字万用表设置有电源按钮，没有设置电源按钮的，可以通过旋转挡位启动电源。如图 2-1-55 所示的万用表，可以通过旋转挡位启动电源。

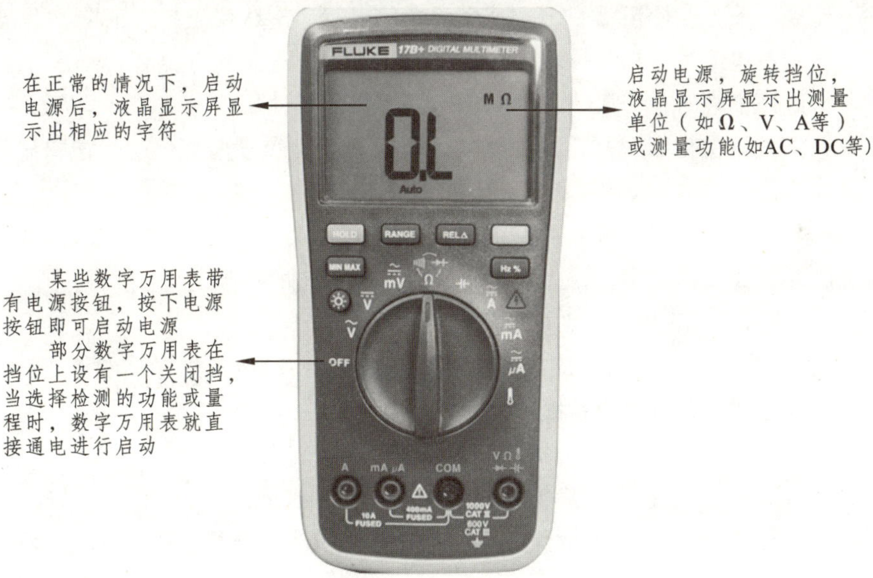

图 2-1-55　万用表的电源按钮

3. 测量模式的设定

通常情况下，万用表的 1 个挡位上会有 2 种测量的状态，可以根据具体的测量类型设置数字万用表测量模式。例如，进行电路电流测量挡位时，有交流电流和直流电路两种测量模式。

4. 检测量程的选择

在使用万用表进行测量时，应根据测量的范围选择合适量程，越接近测量值的挡位，测量的结果越准确。如果量程选择不当，会造成测量结果的误差较大或者出现错误的结果。

在使用数字万用表测量时，不同的量程，测量结果的精确度即分辨率是不同的。

（四）万用表使用注意事项

为避免电击及人员伤害，请在使用前阅读说明书中的“安全信息”和“警告及注意点”，以下规范为一般性的通用规范。

（1）如果仪表损坏，请勿使用。使用仪表之前，检查外壳，并特别检查接线端子旁的绝缘情况。

（2）检查表笔是否有损坏的绝缘或裸露的金属；检查表笔的通断；在使用之前，应更换损坏的表笔。

（3）当非正常使用后，请勿再使用仪表，其保护电路有可能失效，当有所怀疑时，请将仪表送修。

（4）请勿在爆炸性气体、水蒸气或多尘的环境中使用仪表。

（5）请勿在仪表端子上（两个输入端，或者任何输入端与大地）输入标示在仪表上的额定电压。

（6）使用之前，应使用仪表测量一个已知的电压来确认仪表是否正常。

（7）当测量电流时，连接仪表到电路之前，请关闭电路的电源。

（8）当维修仪表时，请只使用厂家标示或提供的部件。

（9）必须根据使用手册规定的方法使用仪表，否则仪表所提供的保护措施可能会失效。

（10）当测量有效值为 30 V 的交流电压、峰值达 42 V 的交流电压或者 60 V 以上的直流电压时，请特别注意，因为此类电压会产生电击的危险。

（11）保持操作的手指一直在表笔的挡板之后。

（12）在连接红表笔线前，应先连接黑表笔线（公共端）；同样，当断开连接时，应先断开红表笔线再断开黑表笔线。

（13）当打开电池门时，请先把表笔从仪表上移开。

（14）当仪表的外壳打开或者松动时，请不要使用仪表。

（15）为避免得到错误的读数而导致的电击危险或人员伤害，请在仪表指示低电压时，马上更换电池。

（16）不要测量第Ⅱ类 600 V 以上或其他更高类别的电压。

（17）过压装置类别按 IEC61010-1—2017 定义：仪表的设计能够防护在下列类别的设备中出现的瞬变高电压：

CAT Ⅰ高压低能量电路，如电子电路或复印机。

CAT Ⅱ固定装置供电的设备，如电视机、个人计算机、便携工具和家用电器。

CAT Ⅲ固定安装设备，如配线板，馈电线和短路保护电路、大型建筑的照明系统。

（五）电压的测量方法

1. 直流电压测量

（1）将黑表笔插入“COM”插孔，红表笔插入“V/Ω”插孔。

（2）将功能开关置于直流电压挡“$\bar{V}$”量程范围，并将测试表笔连接到待测电源（测开路电压）或负载上（测负载电压降），红表笔所接端的极性将同时显示于显示器上。

（3）察看读数，并确认单位。

需要特别注意的是：① 如果不知被测电压范围，将功能开关置于最大量程并逐渐下降。② 如果显示器只显示“1”，表示过量程，功能开关应置于更高量程。③ 屏幕显示空白时，表示不要测量高于 1 000 V 的电压，虽然可以显示更高的电压值，但这样做有损坏内部线路的危险。④ 当测量高电压时，要格外注意避免触电。

2. 交流电压的测量

（1）将黑表笔插入“COM”插孔，红表笔插入“V/Ω”插孔。

（2）将功能开关置于交流电压挡“$\tilde{V}$”量程范围，并将测试笔连接到待测电源或负载上。测试连接的方法同直流电压的测量连接一样。测量交流电压时，没有极性显示。

（六）电流的测量方法

1. 直流电流的测量

（1）将黑表笔插入“COM”插孔，当测量最大值为 200 mA 的电流时，红表笔插入“mA”插孔，当测量最大值为 20 A 的电流时，红表笔插入“20 A”插孔。

（2）将功能开关置于直流电流挡“$\bar{A}$”量程，并将测试表笔串联接入到待测负载上，电流值显示的同时，将显示红表笔的极性。

需要注意的是：① 如果使用前不知道被测电流范围，将功能开关置于最大量程并逐渐下降。② 表示最大输入电流为 200 mA，过量的电流将烧坏保险丝。③“20 A”量程无保险丝保护，测量时不能超过 15 s。

2. 交流电流的测量

测量方法与直流电流的测量相同，不同之处在于要选择交流挡位。电流测量完毕后应将红笔插回“V/Ω”孔，若忘记这一步而使用万用表直接测电压，表或电源会被烧坏。

（七）电阻的测量

将表笔插进“COM”和“VΩ”孔中，把旋钮旋到“Ω”中所需的量程，用表笔接在电阻两端金属部位。

注意事项：

（1）如果被测电阻值超出所选择量程的最大值，将显示过量程“1”，应选择更高的量程，对于大于 1 MΩ 或更高的电阻，要几秒钟后读数才能稳定，这是正常的。

（2）当没有连接好时，如开路，仪表显示为“1”。

（3）当检查被测线路的阻抗时，要保证移开被测线路中的所有电源，所有电容放电。被测线路中，如有电源和储能元件，会影响线路阻抗测试正确性。

（4）万用表的“200 MΩ”挡位，短路时万用表显示“1.0”，在测量一个电阻时，应从测量读数中减去“1.0”。如测一个电阻时，显示为“101.0”，应从“101.0”中减去“1.0”。被测元件的实际阻值为“100.0”即“100 MΩ”。这是因为该挡电路不同于前面几挡的比例法，精确度相对较差。

（5）测量中可以用手接触电阻主体，但不要把手同时接触电阻两端，因为人体电阻会导致测量误差。

工作计划

如果进行串、并联电路的搭建，请填写表 2-1-7。

表 2-1-7　工作计划方案

步骤	作业内容	负责人
1		
2		
3		
4		
5		
6		
7		
8		

进行决策

1. 各组派代表阐述资料查询结果。
2. 各组就各自的查询结果进行交流，并分享技巧。
3. 教师结合各组完成情况进行点评，选出最佳方案。

实训任务

串、并联电路的搭建

一、任务准备

（一）设备及工具准备

按表 2-1-8 准备设备及工具。

表 2-1-8　设备及工具

序号	设备及工具名称	数量
1	智能电学套装	1 套
2	万用表	1 台
3	绝缘台	1 台

（二）场地设备准备

任务实施前需要做好场地防护准备，检查实训场地和设备设施是否存在安全隐患，如不正常需进行处理方可实施任务。

（三）安全防护准备

（1）绝缘桌面无多余物品。

（2）检测智能电学套装外表是否完好。

二、实施步骤

（一）电阻的基本特性测试

（1）打开智能电学套装，连接电源线，但暂不启动开关，如图 2-1-56 所示。

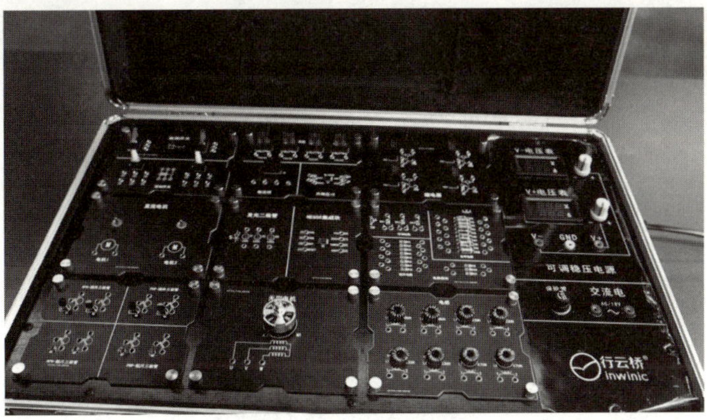

图 2-1-56　智能电学套装

（2）在电箱上找到电阻面板的位置，智能电学箱保持断电的状态下，将万用表调至电阻挡，表笔连接在电阻两端，记录电阻阻值。如图 2-1-57 与图 2-1-58 所示，选择面板中编号为 R_{10}、R_{11} 的电阻，测得其阻值。

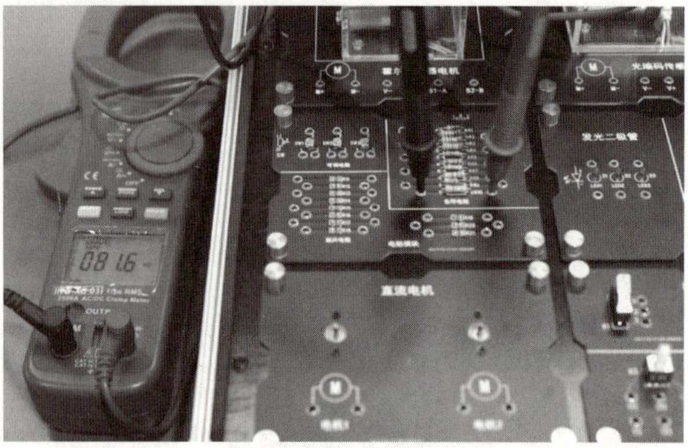

图 2-1-57　万用表调至电阻挡，连接表笔

图 2-1-58　测阻值

（3）根据测量值以及电阻原标定值，进行误差的计算，并判断其是否在误差范围内。

（二）串联电路的搭建

（1）打开智能电学套装，连接电源，但暂不启动电源开关，如图 2-1-56 所示。

（2）对照图 2-1-59 确认所需要使用到的电阻后（此处选用 R_{11} 和 R_5 两个约 10 Ω 的电阻）开始电路连接，如图 2-1-60 和图 2-1-61 所示。

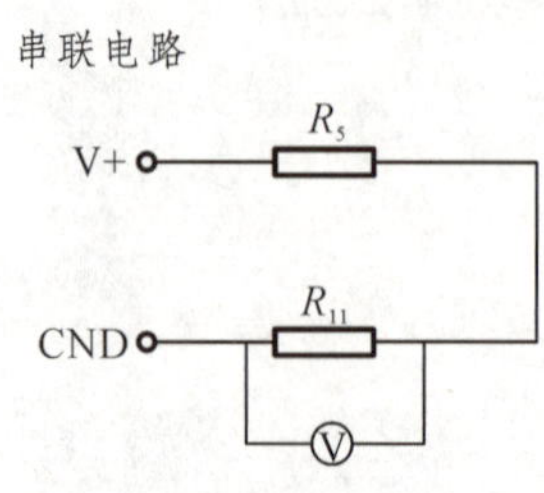

图 2-1-59　串联电路

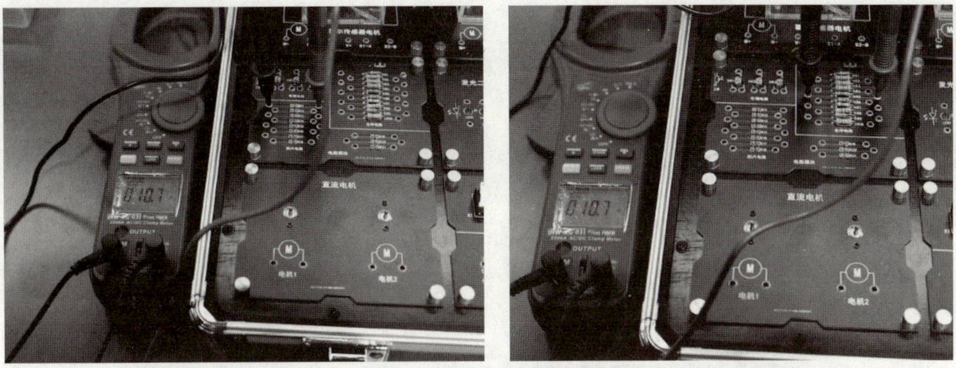

图 2-1-60　确认电阻

图 2-1-61　连接电路

（3）连接完成后，检查电路是否连接正确，确认连接无误后，先将电压旋转按钮旋转到最小值。启动智能电学箱电源开关，适当调节增大电压，记录电压和电流数据的变化情况。

（4）利用万用表测量串联电阻两端的电压，记录数据。

（三）并联电路的搭建

（1）打开智能电学套装，连接电源，如图 2-1-56 所示。

（2）对照图 2-1-62，确认所需要使用到的电阻（选用电阻面板上的 R_6 和 R_{12} 两个电阻，R_6 约为 500 Ω，R_{12} 约为 500 Ω）后，开始电路的连接，如图 2-1-63 和图 2-1-64 所示。

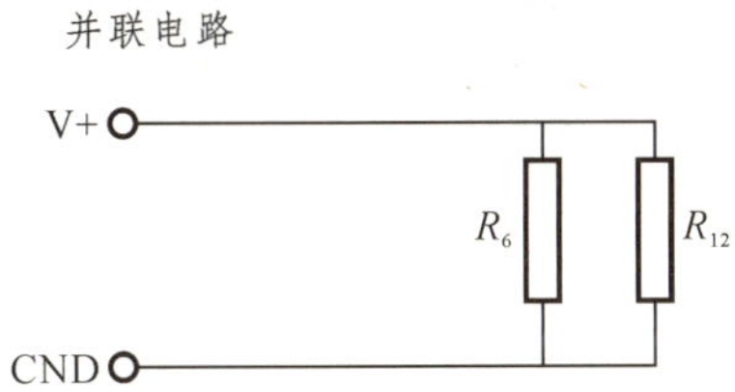

图 2-1-62　确认电阻

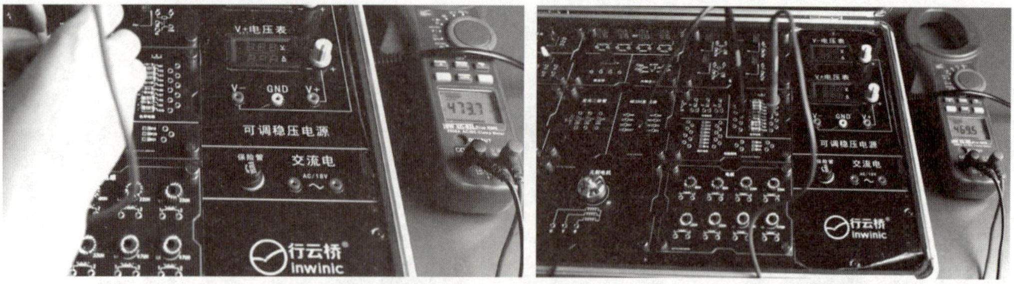

图 2-1-63　选用电阻面板上的电阻

图 2-1-64　连接电路

（3）连接完成后，检查电路是否连接正确，确认无误后，先将电压旋转按钮旋转到最小值。启动智能电学箱电源开关，调节到所需的电压，如图 2-1-65 所示。

图 2-1-65　调节到所需的电压

（4）根据并联电阻两端的电压以及并联入电路中的实际阻值，计算出并联电路的总电阻。

评价与反馈

一、学生自评与互评

学生以小组为单位，就实训操作过程与操作结果进行自评及组内互评，并将结果填入表 2-1-9 中。

表 2-1-9　学生评价表

<table>
<tr><td>自我评价</td><td>1. 实训任务关键技能及基本技能有没有掌握？
评价情况：

2. 实训任务的目标有没有实现？效果如何？
评价情况：

3. 100 分的任务，你给自己打多少分？
得分：</td></tr>
<tr><td>小组评价</td><td>1. 实训任务的关键技能及基本技能有没有掌握？
评价情况：

参评人员：

2. 实训任务的目标有没有实现？效果如何？
评价情况：

参评人员：

3. 100 分的任务，你给他（她）打多少分？
得分：</td></tr>
</table>

二、教师评价及综合评价

请教师给出综合评价，并将结果填入表 2-1-10 中。

表 2-1-10　综合评价表

综合评价	自我评价（10%）	小组评价（10%）	教师评价（80%）	综合得分
综合评语	（作业过程中存在的问题及改进建议）			

拓展知识

车规级电阻在新能源车中的应用

常见的车规级电阻也称为汽车级电阻和车用电阻，被动元件汽车级品质认证（AEC-Q200）要求每个零件都要达到极高的质量和可靠性，甚至接近于零的失效率，只有通过 AEC-Q200 的电阻才可以使用到汽车上。AEC-Q200 规定了电阻认证需要进行的一些可靠性试验，包括寿命试验、温度循环、偏高湿度、高温存储、高温工作、湿度抵抗等。车规级别的厚膜电阻除了可以用于各类车辆外，也可以用于所有高可靠性要求的场合，如医疗产品、电力设备、铁路通信、仪器仪表等。

目前，市场上主流的车规级电阻主要有贴片厚膜车规电阻、贴片薄膜车规电阻、车规排阻、抗硫化车规电阻、电流检测车规电阻等。

车规电阻相比普通电阻器对安全性的要求更高。普通电阻不能使用到新能源汽车上，如果电阻不合格出了故障，将会严重影响用户的体验，更严重的是会导致新能源汽车部分功能限制，甚至出现安全事故。

任务二　常见电子元器件认知及测量

任务目标

知识目标

1. 了解可变电阻的原理和作用分类。
2. 掌握线圈和电感的概念及原理。
3. 掌握二极管、三极管、IGBT、MOS 管的定义及分类。
4. 掌握互感器的定义、工作原理、结构作用。
5. 掌握霍尔电流传感器的定义和基本原理。
6. 掌握断路器的定义、工作原理和接线方式。

技能目标

1. 能正确测量可变电阻的阻值，调节可变电阻的阻值。
2. 能正确判断二极管、三极管、IGBT、MOS 管的极性。
3. 能够运用线圈和电感做相关的测量。
4. 能利用二极管和三极管改变电流方向。
5. 能正确使用断路器等电子元器件进行简单电路的搭建。

素养目标

1. 遵守职业道德，树立正确的价值观。
2. 引导崇尚劳动精神，逐步提升服务社会的意识。
3. 弘扬工匠精神，塑造精益求精的品质。
4. 培养协同合作的团队精神，自觉遵守组织纪律。

任务导入

小张是一位工人，在汽车电路检修工作中，怀疑电路中某电器元件损坏或者性能不良时，需借助维修工具拆装线路，并借助仪器仪表对汽车电器元件进行性能检测，以此来完成维修任务。你能帮他梳理出常见的电子元器件有哪些吗?

任务分组

学生任务分配如表 2-2-1 所示。

表 2-2-1　学生任务分配

班级		组号		指导老师	
组长		学号			
组员	姓名：________	学号：________	姓名：________	学号：________	
	姓名：________	学号：________	姓名：________	学号：________	
	姓名：________	学号：________	姓名：________	学号：________	
	姓名：________	学号：________	姓名：________	学号：________	
任务分工					

获取信息

一、电阻器

（一）普通电阻器

电阻器是分流和限流的元件，通常简称为电阻，是一种最常用的电子元器件。电阻器包括固定电阻器、可变电阻器和敏感电阻器等。

1. 普通电阻器特点

任何电流流过电阻器都要受到一定的阻碍和限制，并且该电流必然在电阻器上产生电压降，如图 2-2-1 所示。

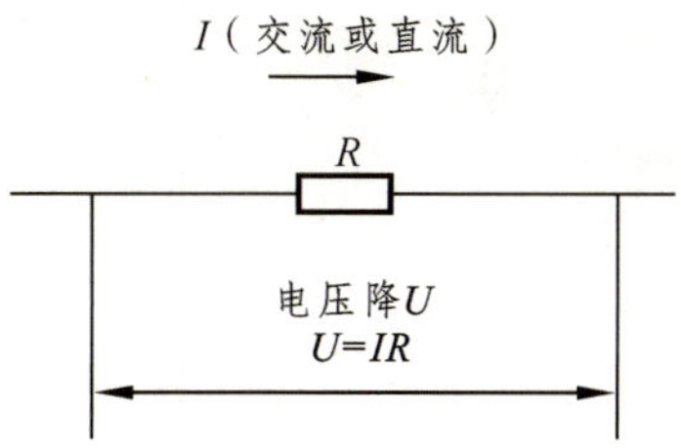

图 2-2-1　电阻对电流的阻碍作用

2. 普通电阻器类型

由于制造材料和结构不同，电阻器有许多种类，常见的有碳膜电阻器、金属膜电阻器、有机实心电阻器、线绕电阻器、固定抽头电阻器、可变电阻器、滑线式变阻器、片状电阻器等，如图 2-2-2 所示。

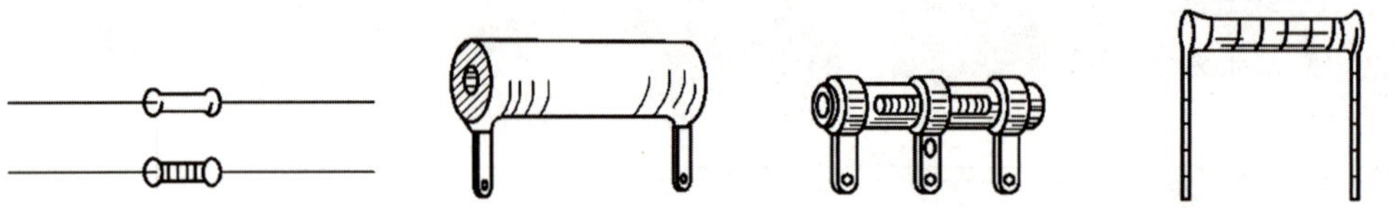

（a）金属膜电阻器　（b）线绕电阻器　（c）滑线式变阻器　（d）碳膜变阻器

（e）玻璃釉电阻器　（f）可变电阻器　（g）有机实心电阻器

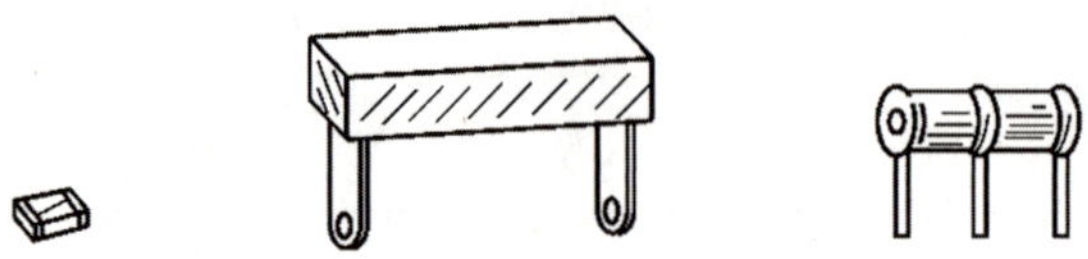

（h）片状电阻器　（i）水泥电阻器　（j）固定抽头电阻器

图 2-2-2　电阻器的种类

在电子电路制作中一般常用碳膜或金属膜电阻器。碳膜电阻器具有稳定性较高、高频特性好、负温度系数小、脉冲负荷稳定及成本低等特点。金属膜电阻器具有稳定性高、温度系数小、耐热性能好、噪声小、工作频率范围宽及体积小等特点。

3. 普通电阻器符号及型号命名

电阻器的文字符号为“R”，图形符号如图 2-2-3 所示。

电阻器的型号命名由 4 部分组成，如图 2-2-4 所示。第一部分用字母“R”表示电阻器的主称，第二部分用字母表示构成电阻器的材料，第三部分用数字或字母表示电阻器的分类，第四部分用数字表示序号，具体如表 2-2-2 所示。例如，型号 RT11，表示这是普通碳膜电阻器；型号 RJ71，表示这是精密金属膜电阻器。

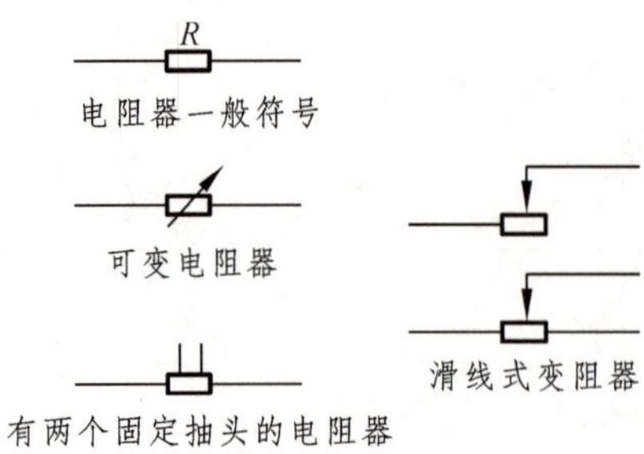

图 2-2-3　电阻器的符号

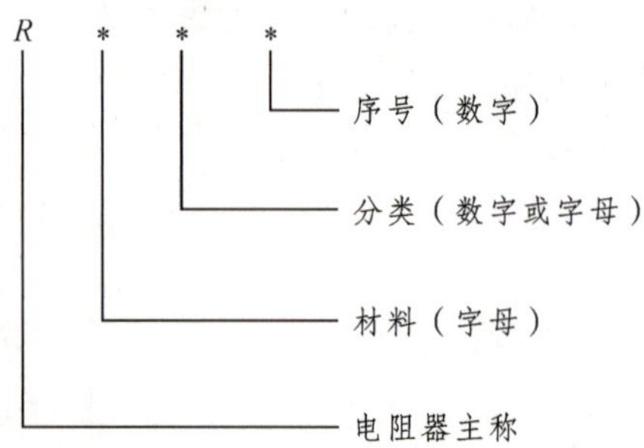

图 2-2-4　电阻器的命名

表 2-2-2　电阻器型号的意义

第一部分（主称）	第二部分（材料）	第三部分（分类）	第四部分（序号）
R	F（复合膜）	1（普通）	代表第几批次生产
	G（沉积膜）	2（普通）	
	H（合成膜）	3（超高频）	
	I（玻璃釉膜）	4（高阻）	
	J（金属膜）	5（高温）	
	N（无机实心）	7（精密）	
	X（线绕）	8（高压）	
	Y（氧化膜）	9（特殊）	
	S（有机实心）	G（高功率）	
	T（碳膜）	T（可调）	

（二）可调电阻

1. 可调电阻的概述

可调电阻也叫作可变电阻，其电阻值的大小可以人为调节，以满足电路的需要，如图 2-2-5 所示。

可调电阻按照电阻值的大小、调节的范围、调节形式、制作工艺、制作材料、体积大小等可分为许多不同的型号和类型，如电子元器件可调电阻、瓷盘可调电阻、贴片可调电阻、线绕可调电阻等。

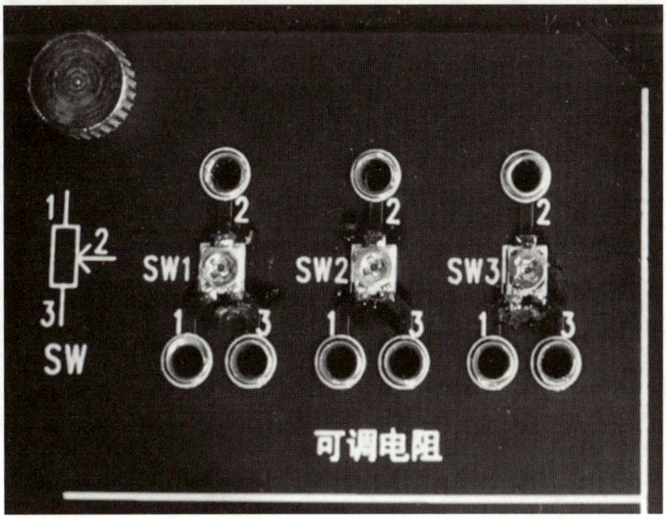

图 2-2-5　可调电阻

2. 可调电阻的原理

常见的可调电阻主要是通过改变电阻接入电路的长度来改变阻值，对于对温度较敏感的电阻也可通过改变温度来达到改变其阻值的目的，即热敏电阻；还有对光敏感的电阻，通过改变光照强度来达到改变阻值的目的，即光敏电阻；除此之外，还有压敏电阻、气敏电阻等。

3. 可调电阻的作用

可调电阻可以逐渐改变和它串联的用电器中的电流，也可以逐渐改变和它串联的用电器的电压，起到保护用电器的作用。在实验中，它能辅助获取多组数值。

可调电阻器由于结构和使用的原因，故障发生率明显高于普通电阻器。可调电阻器通常用于小信号电路中，在电子管放大器等少数场合也使用大信号可调电阻器。

二、线圈和电感

（一）线　圈

线圈通常指呈环形的导线绕组，最常见的线圈应用有马达、电感、变压器和环形天线等。电路中的线圈是指电感器，其导线一圈一圈绕起来，导线彼此绝缘，而绝缘管可以是空心的，也可以包含铁心或磁粉心，如图 2-2-6 所示。线圈在电路中用 L 表示，其单位有亨利（H）、毫亨利（mH）、微亨利（μH），$1\ \text{H}=10^3\ \text{mH}=10^6\ \mu\text{H}$。

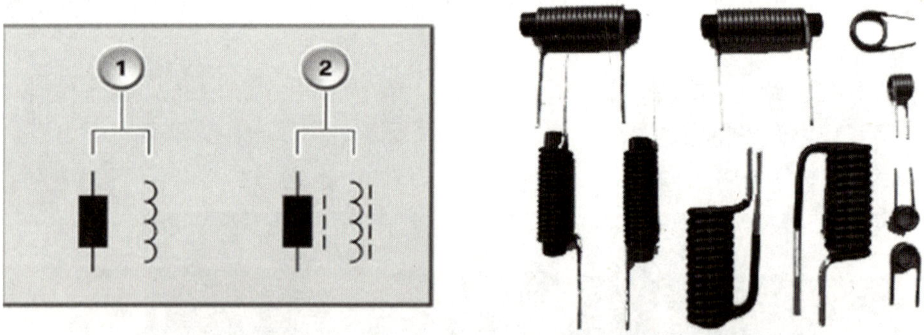

（a）不含铁心线圈　　　　（b）含铁心线圈

图 2-2-6　线圈的类型

（二）电　感

1. 定　义

当线圈通过电流后，在线圈中形成磁场感应，感应磁场又会产生感应电流来抵制通过线圈中的电流。这种电流与线圈的相互作用关系称为电的感抗，也就是电感，利用此性质制成的元件称为电感元件。

电感器是用漆包线、纱包线或塑皮线等在绝缘骨架或磁心、铁心上绕制成的一组串联的同轴线匝，图 2-2-7 所示为常见电感器的电路符号。

2. 结　构

电感器一般由骨架、绕组、屏蔽罩、封装材料、磁心或铁心等组成，如图 2-2-8 所示。

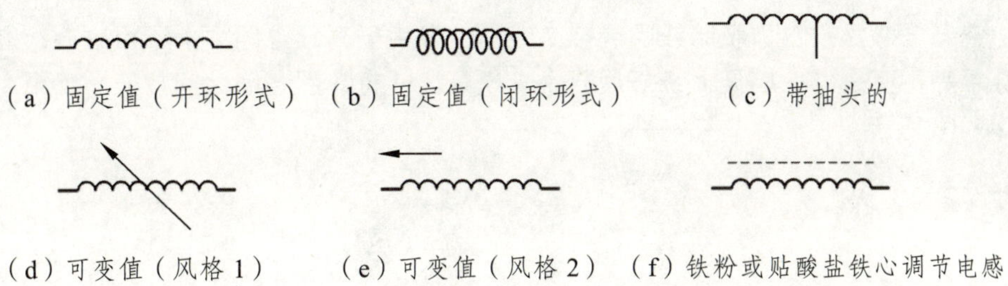

图 2-2-7　电感器符号

图 2-2-8　各种电感器

1）骨　架

骨架泛指绕制线圈的支架。一些体积较大的固定式电感器或可调式电感器（如振荡线圈、阻流圈等），大多数是将漆包线（或纱包线）环绕在骨架上，再将磁心或铜心、铁心等装入骨架的内腔，以提高其电感量。

骨架通常是采用塑料、胶木、陶瓷制成，根据实际需要可以制成不同的形状。

小型电感器（如色码电感器）一般不使用骨架，而是直接将漆包线绕在磁心上，如图 2-2-9 所示。

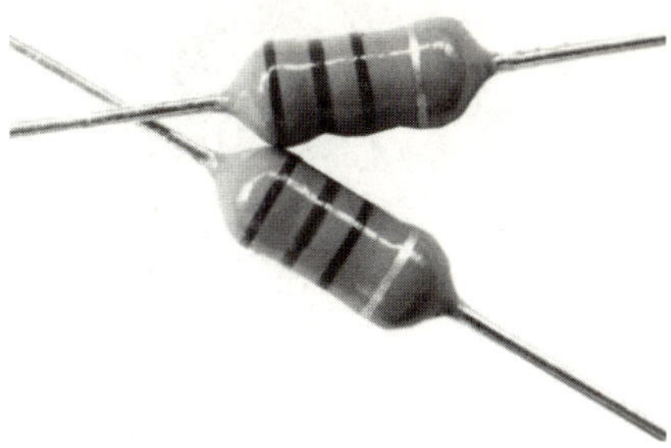

图 2-2-9　色码电感器

空心电感器（也称脱胎线圈或空心线圈，多用于高频电路中）不用磁心、骨架和屏蔽罩等，而是先在模具上绕好后再脱去模具，并将线圈各圈之间拉开一定距离，如图 2-2-10 所示。

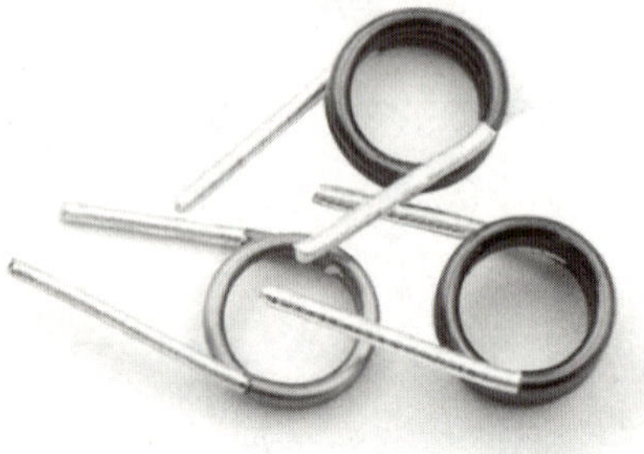

图 2-2-10　空心电感器

2）绕　组

绕组是指具有规定功能的一组线圈，它是电感器的基本组成部分，如图 2-2-11 所示。绕组有单层和多层之分。单层绕组又有密绕（绕制时导线一圈挨一圈）和间绕（绕制时每圈导线之间均隔一定的距离）两种形式；多层绕组有分层平绕、乱绕、蜂房式绕法等多种。

图 2-2-11　电感器绕组

3）磁心与磁棒

磁心与磁棒一般采用镍锌铁氧体（NX 系列）或锰锌铁氧体（MX 系列）等材料制成，它有“工”字形、柱形、帽形、“E”形、罐形等多种形状，如图 2-2-12 所示。

图 2-2-12　电感器磁心

4）铁　心

铁心材料主要有硅钢片、坡莫合金等，其外形多为“E”形，如图 2-2-13 所示。

图 2-2-13　电感器铁心

5）屏蔽罩

为避免有些电感器在工作时产生的磁场影响其他电路及元器件正常工作，就为其增加了金属屏幕罩，如半导体收音机的振荡线圈等。采用屏蔽罩的电感器，会增加线圈的损耗，使 Q 值降低。

6）封装材料

有些电感器，如色码电感器、色环电感器等，在绕制好后，用封装材料将线圈和磁心等密封起来。封装材料采用塑料或环氧树脂等。

3. 相关参数

电感的重要参数有 5 个：电感量、允许偏差、品质因数、分布电容及额定电流等。

1）电感量

电感量是衡量产生自感应能力的一个物理量。电感器电感量的大小与主线圈的圈数（匝数）、绕制方式、有无磁心及磁心的材料等有关。通常，线圈圈数越多、绕制的线圈越密集，电感量就越大。有磁心的线圈比无磁心的线圈电感量大；磁心导磁率越大的线圈，电感量也越大。

2）允许偏差

允许偏差是指电感器上标称的电感量与实际电感的允许误差值。一般用于振荡或滤波等电路中的电感器要求精度较高，允许偏差为±0.2%～±0.5%；而用于耦合、高频阻流等线圈的精度要求不高，允许偏差为±10%～15%。

3）品质因数

品质因数也称为 Q 值或优值，是衡量电感器质量的主要参数。它是指电感器在某一频率的交流电压下工作时，所呈现的感抗与其等效损耗电阻之比。电感器的 Q 值越高，其损耗越小，效率越高。电感器品质因数的高低与线圈导线的直流电阻、线圈骨架的介质损耗及铁心、屏蔽罩等引起的损耗等有关。

4）分布电容

分布电容是指线圈的匝与匝之间、线圈与磁心之间存在的电容。电感器的分布电容越小，其稳定性越好。

5）额定电流

额定电流是指电感器在正常工作时所允许通过的最大电流值。若工作电流超过额定电流，则电感器就会因发热而使性能参数发生改变，甚至还会因过流而烧毁。

三、二极管、三极管、IGBT/MOS

（一）PN 结

1. 物质导电性

在自然界的各种物质，根据其导电能力的差别，可分为导体、绝缘体和半导体三大类。通常将电阻率小于 $10^{-4}\ \Omega\cdot \mathrm{cm}$ 的物质称为导体，如铜、银和铝等金属材料都是良好的导体。电阻率大于 $10^{9}\ \Omega\cdot \mathrm{cm}$ 的物质称为绝缘体，如塑胶、塑料等。导电性能介于导体和绝缘体之间的一大类物质统称为半导体。常用的半导体有硅（Si）、锗（Ge）和大多数金属氧化物等。

半导体之所以引起人们注意并得到广泛应用，是因为它的导电能力在不同条件下有很大的差异，如半导体的导电能力随温度升高而显著增强，而大多数导体的导电能力，均随温度升高而有所下降。此外，半导体的导电能力还随它所掺入的有用杂质、光线照射、电场、磁场等作用而发生显著的变化。总之，半导体是一种在外界条件影响下有时能导电，有时几乎不能导电，容易受到热、光、电、磁和杂质等作用而改变其导电能力的一种固体材料。

2. 本征半导体

纯净的半导体叫作本征半导体。锗和硅是两种常用的半导体材料，它们最外层都有 4 个价电子，称为四价元素，它们的原子结构如图 2-2-14 所示。

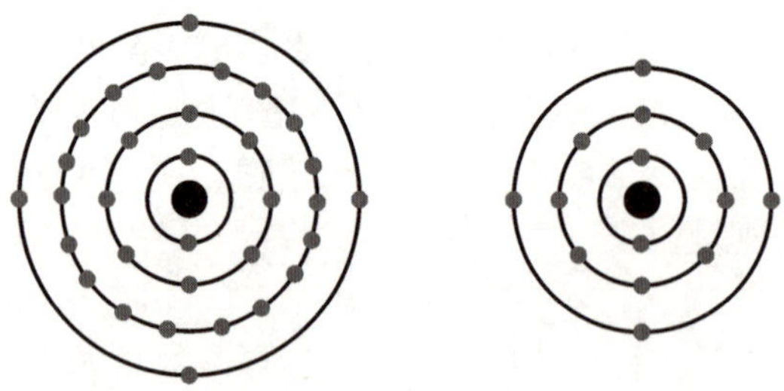

（a）锗（Ge）　　（b）硅（Si）

图 2-2-14　锗和硅的原子结构

在本征半导体中的晶体结构中，每个原子与相邻的 4 个原子形成共价键结构。这样，每个原子的每一个价电子除了受到自身原子核的束缚外，还受到共价键的束缚。因此，每个价电子都处于较为稳定的状态，但是共价键中的电子不像绝缘体中的电子被束缚得那样紧，会有少量的电子在获得一定的能量（光照或温升）后，即可挣脱束缚成为自由电子。值得注意的是共价键中的电子在挣脱束缚成为自由电子后，就在它原来的位置上留下一个空位（称为空穴），以等待其他的电子来补充。因此，自由电子和空穴总是成对产生，同时又不断复合，二者数量始终相等。在一定温度条件下，电子空穴对的产生和复合达到动态平衡。

半导体中维持一定数目的载流子。当温度升高时，电子空穴对的数目增多，导电性能增强。所以温度对半导体器件性能影响极大。

在正常情况下，原子是电中性的。当价电子成为自由电子后，原子的电中性被破坏而显出带正电。因此，可以把空穴想象成一个带正电荷的粒子。当相邻共价键中的电子来填补这个空穴时，这个空穴便消失，同时在相邻共价键中出现了一个新的空穴，这个新空穴又可能被别的共价键中的电子所填补，这种价电子接连不断地填补空穴的运动，相当于空穴自身的运动。空穴的运动与自由电子的运动相似，但方向相反。

由此可见，半导体中存在两种载流子：带负电荷的自由电子和带正电的空穴。这是半导体导电方式的最大特点，也是半导体与金属导体在导电原理上的本质区别。

3. 杂质半导体

本征半导体虽然有两种载流子，但在常温下其数量极少，导电能力很差。如果在其中掺入某种微量杂质元素，将使掺杂后的半导体的导电能力大大增强。根据掺入的杂质不同，杂质半导体可分为两类：N 型半导体和 P 型半导体。

1）N 型半导体。

在四价元素硅和锗中掺入微量磷（或其他五价元素），磷原子最外层有 5 个价电子，即五价元素。当硅晶体中某些位置上的硅原子被磷原子代替后，只需要 4 个价电子参与共价键结构，多余的 1 个价电子很容易挣脱磷原子核的束缚而成为自由电子，如图 2-2-15（a）所示。于是杂质半导体中的自由电子数目大大增加，自由电子导电成为这种杂质半导体的主要导电方式，故称其为电子型半导体或 N 型半导体。在 N 型半导体中自由电子是多数载流子，而空穴是少数载流子。

2）P 型半导体。

在四价元素硅和锗中掺入微量硼（或其他三价元素），硼原子最外层有 3 个价电子。当其构成共价键时，将因缺少 1 个电子而形成 1 个空穴，如图 2-2-15（b）所示。这样，在杂质半导体中形成大量空穴，空穴导电成为其主要导电方式，故称这种杂质半导体为空穴型半导体或 P 型半导体。在 P 型半导体中，空穴是多数载流子，而自由电子是少数载流子。

（a）N 型

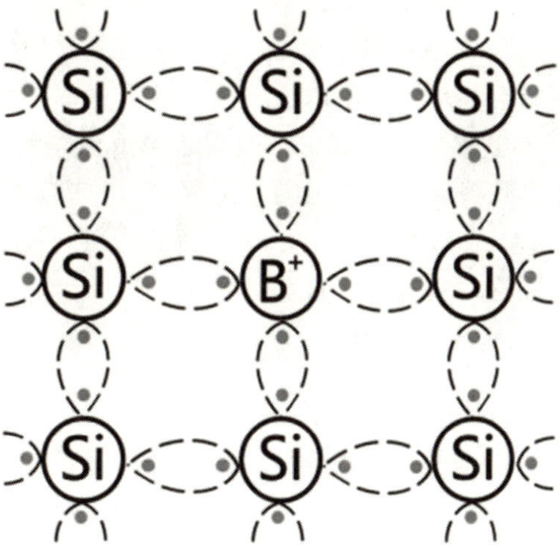

（b）P 型

图 2-2-15　P 型和 N 型半导体结构示意

值得注意的是，无论是 N 型还是 P 型半导体，虽然它们都有一种载流子占多数，但由于掺入的杂质也是原子，而原子均为中性，因此整体上仍然呈电中性。

（二）二极管

二极管是一种具有单向导电性的半导体元件，它可以用在电路中完成不同功能需求。二极管的主要作用有整流、限幅、开关、稳压、续流、变容、显示、触发和检波。

1. 二极管的结构

二极管的核心结构是 1 个 PN 结，它实际上是将 1 个 PN 结封装在管壳内，并从两端各引出 1 个电极而构成的，如图 2-2-16（a）所示。如图 2-2-16（b）所示，二极管的 P 区引出端为正极，N 区引出端为负极，电路中常用 VD 表示，箭头指向表示 PN 结正向电流的方向。

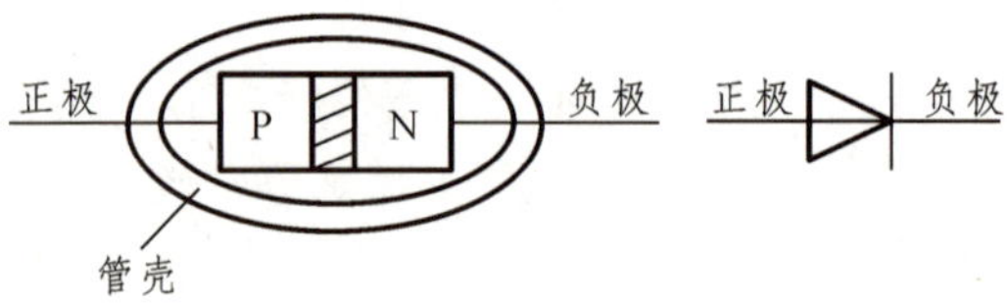

（a）结构　　（b）符号

图 2-2-16　二极管的结构及电路符号

2. 二极管的类型

（1）按半导体材料分，有硅二极管、锗二极管等。

（2）按 PN 结结构分，有点接触型、面接触型和平面型二极管。

① 点接触型二极管（一般为锗管）PN 结的结面积很小，不能通过较大电流，但高频性能好，适用于高频和小功率的工作场合，也用作数字电路中的开关元件，如国产的 2AP 型、2AK 型。

② 面接触型二极管（一般为硅管）PN 结面积大，能允许通过较大的电流，但由于其结电容也大，所以一般用于较低频率的整流电路中。如国产的 2CZ 型、2CP 型。

③ 平面型二极管一般用于集成电路制造工艺中。它的 PN 结面积可大可小，可用在高频整流和开关电路中。

（3）按用途划分，有整流二极管、检波二极管、稳压二极管、开关二极管、发光二极管、变容二极管等。

3. 二极管的伏安特性

所谓晶体二极管的伏安特性是指加在二极管两端的电压 U 与流过二极管的电流 I 之间的关系。在直角坐标系中，二极管的伏安特性可用一条曲线表示。图 2-2-17 所示为典型的锗二极管和硅二极管的伏安特性曲线。二极管具有正向导通性、反向截止特性、反向击穿特性。

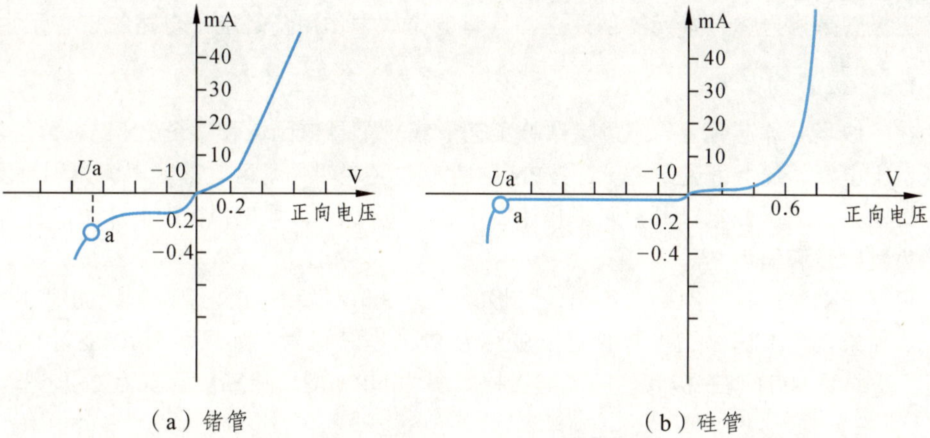

图 2-2-17　二极管的典型伏安特性曲线

1）正向导通性

图 2-2-17 中，第一象限的图形为二极管的正向特性。当给二极管加上正向电压时，二极管电流从阳极流向阴极。当正向电压小于某一数值时，电流很小，近似为零，这一电压称为死区电压，这段区域称为二极管的死区。锗管的死区电压为 0～0.2 V，硅管的死区电压为 0～0.5 V。

当正向电压超过死区电压时，二极管开始导通，正向电流随电压增大而迅速增大。二极管导通后，电流在一定范围内变化，阳极与阴极间的电压几乎维持不变，该电压称为二极管的正向压降。常温下，硅管的正向压降约为 0.7 V，锗管约为 0.3 V。

2）反向截止特性

图 2-2-17 中，第三象限的图形为二极管的反向特性。当二极管在小于某一数值的反向电压作用下，反向电流基本不随外加反向电压的变化而变化，反向电流数值极小，通常称其为反向漏电流或饱和电流，二极管的反向饱和电流受温度影响很大。

3）反向击穿特性

当加在二极管两端的反向电压大于某一数值（击穿电压）后，反向电流突然急剧增大，此时称二极管被反向击穿。二极管的反向击穿分为齐纳击穿和雪崩击穿两种。

齐纳击穿：在高掺杂浓度的情况下，反向电压较大时，使价电子脱离共价键束缚，产生电子-空穴对，致使电流急剧增大，这种击穿称为齐纳击穿。如果掺杂浓度较低，不容易产生齐纳击穿。

雪崩击穿：当反向电压增加到较大数值时，外加电场使电子漂移速度加快，从而与共价键中的价电子相碰撞，把价电子撞出共价键，产生新的电子-空穴对。新产生的电子-空穴对被电场加速后又撞出其他价电子，载流子雪崩式地增加，致使电流急剧增加，这种击穿称为雪崩击穿。

（三）三极管

三极管，全称为半导体三极管，也称为双极型晶体管或晶体三极管，是一种控制电流的半导体器件。

三极管是半导体基本元器件之一，具有电流放大作用，是电子电路的核心元件。

1. 三极管的结构

在一块半导体芯片上，通过掺杂等工艺形成 3 个导电区域和 2 个 PN 结，分别从 3 个区引出电极，加上管壳封装。2 个 PN 结的公共区域叫作基区，基区两侧分别是发射区和集电区，引出的电极分别叫基极（B）、发射极（E）、集电极（C），2 个 PN 结分别称为发射结和集电结。

根据 PN 结的排列顺序的不同，三极管分为 PNP 型和 NPN 型两类，如图 2-1-18 所示。如果两个 P 区中间夹着 N 区，就称为 PNP 型三极管；如果两个 NP 区中间夹着 P 区，就称为 NPN 型三极管。国产硅三极管多为 NPN 型，锗三极管多为 PNP 型。

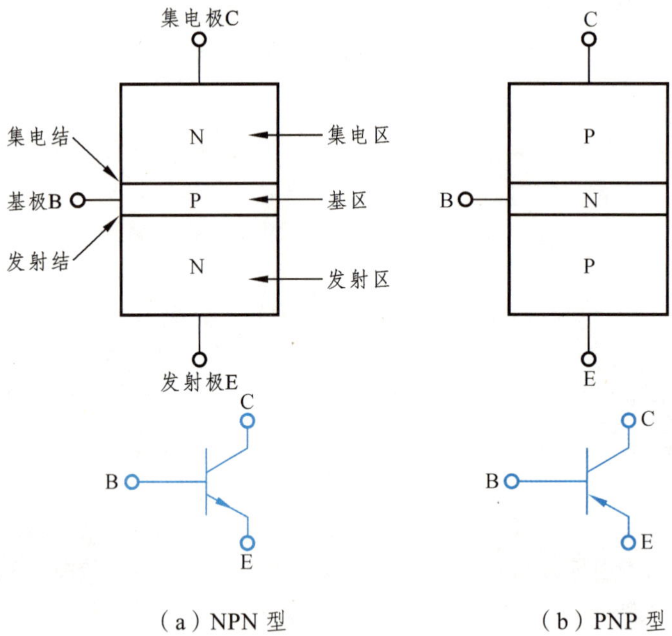

图 2-2-18 三极管的结构示意图和符号

2. 三极管的类型

（1）按材质分：硅管、锗管。

（2）按结构分：NPN、PNP。

（3）按功能分：开关管、功率管、达林顿管、光敏管。

（4）按功率分：小功率管、中功率管、大功率管。

（5）按工作频率分：低频管、高频管、超频管。

（6）按结构工艺分：合金管、平面管。

（7）按安装方式：插件三极管、贴片三极管。

3. 三极管的特性曲线

三极管的特性曲线包括输入特性曲线和输出特性曲线，它反映了三极管各极电流与极间电压的关系。

1）输入特性曲线

输入特性曲线是指集电极和发射极间的电压 U_{CE} 为常数时，输入回路中基极电流 I_B 与加在基电极和发射极间的电压 U_{BE} 之间的关系曲线如图 2-2-19（a）所示，即

$$I_B = f(U_{BE})|\ U_{BE} = \text{常数}$$

其特点如下。

（1）当 U_{CE}=0 时，三极管的输入特性曲线与二极管的正向伏安特性曲线相似，I_B 与 U_{BE} 比也是非线性关系。

（2）当 U_{BE} =1 V 时，曲线右移。可见，U_{CE} 对 I_B 有一定的影响。

（3）当 U_{CE}>1 V 以后，其曲线与 U_{CE}=1 V 时的曲线很接近，因此一般用 U_{CE}=1 V 时的输入特性曲线代替 U_{CE}>1 V 时的特性曲线。

三极管的输入特性曲线与二极管伏安特性曲线一样，也有死区电压（硅管约 0.5 V，锗管约 0.2 V），只有 U_{BE} 大于死区电压时三极管中才会出现 I_B。当硅管的 U_{BE} 接近 0.7V，锗管的 U_{BE} 接近 0.3 V 时，电压稍有增高，电流就会增大很多。为避免 U_{BE} 过大导致 I_B 剧增而损坏管子，所以常在输入回路中串接限流电阻 R_b。

2）输出特性曲线

输出特性曲线是指基极电流 I_B 为常数时，输出电路中集电极电流 I_C 与集-射极间电压 U_{CE} 之间的关系曲线，即

$$I_C = f(U_{BE})|\ I_B = \text{常数}$$

对一个确定的 I_B 值，可得一条 I_C-U_{CE} 曲线，如图 2-2-19（b）所示。

在 I_B 取不同值时，分别描绘曲线就得到一组曲线，每条曲线形状相似，随 I_B 的不同取值上下移动。不论 I_B 取值多少，当 U_{CE} 很小时，I_C 随 U_{CE} 的增加而迅速增加，此时 I_C 受 U_{CE} 控制。当 U_{CE} 增加到约 8 V 以上时，I_C 基本保持恒定，曲线接近水平。这一阶段，I_C 的大小主要取决于 I_B，I_B 值越大，I_C 曲线越高。三极管在正常放大时，工作在曲线的水平部分。

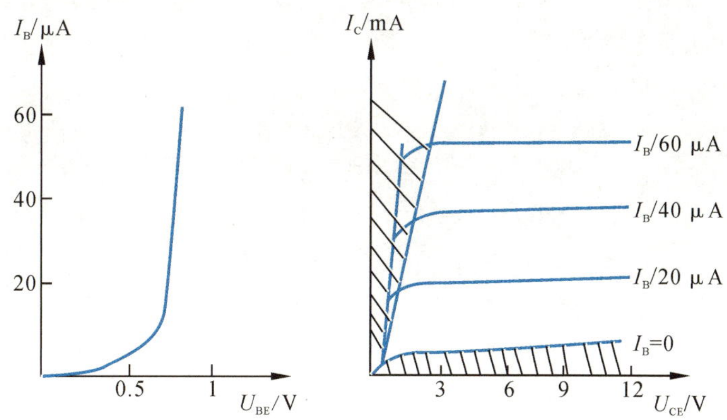

（a）输入特性曲线　　（b）输出特性曲线

图 2-2-19　三极管的结构示意图和符号

四、互感器

（一）定　义

互感器又称为仪用变压器（见图 2-2-20），是电流互感器和电压互感器的统称。其功能主要是将高电压或大电流按比例变换成标准低电压（100 V）或标准小电流（5 A 或 1 A，均指额定值），以便实现测量仪表、保护设备及自动控制设备的标准化、小型化。同时，互感器还可用来隔开高电压系统，以保证人身和设备的安全。

图 2-2-20　互感器

（二）工作原理

在供电用电线路中，电流相差从几安培到几万安培，电压相差从几伏特到几百万伏特。线路中电流电压都比较高，如直接测量是非常危险的。显示仪表大部分是指针式的电流电压表，为便于二次仪表测量，需要转换为比较统一的电流、电压，使用互感器起到变流变压和电气隔离的作用。

目前，电量测量大多已经实现数字化，而计算机采样的信号一般为毫安级（0 ~ 5 V、4 ~ 20 mA 等）。微型电流互感器二次电流为毫安级，主要起到互感器与采样之间的桥梁作用。微型电流互感器称之为“仪用电流互感器”。“仪用电流互感器”有一层含义是在实验室使用的精密电流互感器，一般用于扩大仪表量程。

电流互感器原理线路图与微型电流互感器与变压器类似，也是根据电磁感应原理工作的，只不过变压器变换的是电压，而微型电流互感器变换的是电流罢了。绕组 N_1 接被测电流，称为一次绕组或原边绕组、初级绕组；绕组 N_2 接测量仪表，称为二次绕组或副边绕组、次级绕组。电流互感器的工作原理如图 2-2-21 所示。

微型电流互感器一次绕组电流 I_1 与二次绕组 I_2 的电流比，叫作实际电流比 K。微型电流互感器在额定工作电流下工作时的电流比叫作电流互感器额定电流比，用 K_n 表示。$K_n=\dfrac{I_1n}{I_2n}$

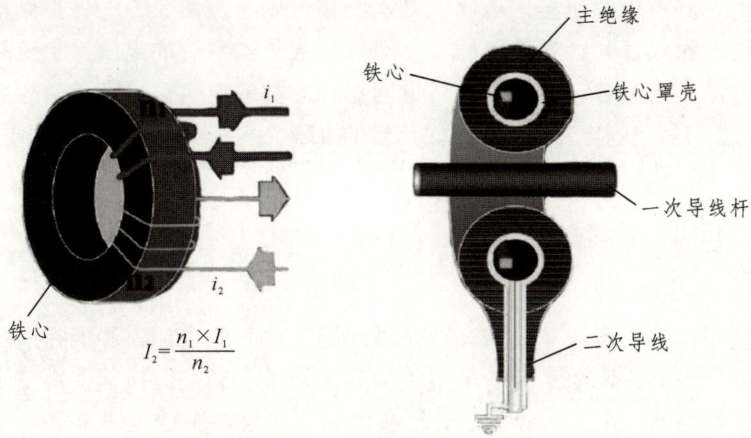

图 2-2-21　电流互感器工作原理

（三）结构组成

电流互感器的结构较为简单，由相互绝缘的一次绕组、二次绕组、铁心以及构架、壳体、接线端子等组成。

其原理与变压器基本相同，一次绕组的匝数（N_1）较少，直接串联于电源线路中，一次负荷电流（I_1）通过一次绕组时，产生的交变磁通感应产生按比例减小的二次电流（I_2）；二次绕组的匝数（N_2）较多，与仪表、继电器、变送器等电流线圈的二次负荷（Z）串联形成闭合回路，由于一次绕组与二次绕组有相等的安培匝数，$I_1N_1=I_2N_2$，电流互感器实际运行中负荷阻抗很小，二次绕组接近于短路状态，相当于一个短路运行的变压器。普通电流互感器结构原理，如图 2-2-22 所示。

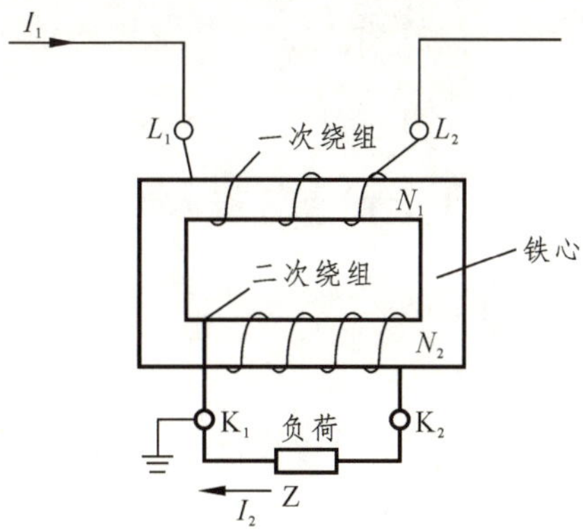

图 2-2-22　普通电流互感器结构原理

（四）作　用

电力系统往往采用交流电压、大电流回路把电能送往用户，无法用仪表进行直接测量。电力系统用互感器是将电网高电压、大电流的信息传递到低电压、小电流二次侧的计量、测量仪表及继电保护、自动装置的一种特殊变压器，是一次系统和二次系统的联络元件，其一次绕组接入电网，二次绕组分别与测量仪表、保护装置等互相连接。互感器与测量仪表和计量装置配合，可以测量一次系统的电压、电流和电能；与继电保护和自动装置配合，可以构成对电网各种故障的电气保护和自动控制。互感器性能的好坏，直接影响到电力系统测量、计量的准确性和继电器保护装置动作的可靠性。

五、断路器

（一）定　义

断路器是指能够关合、承载和开断正常回路条件下的电流，并能在规定的时间内关合、承载和开断异常回路条件下的电流的开关装置。断路器按其使用范围分为高压断路器与低压断路器，高低压界线划分比较模糊，一般将 3 kV 以上的称为高压电器。

断路器可用来分配电能，不频繁地启动异步电动机，对电源线路及电动机等实行保护，当线路发生严重的过载或者短路及欠压等故障时能自动切断电路，其功能相当于熔断器式开关与过欠热继电器等的组合。而且在分断故障电流后一般不需要变更零部件。

电的产生、输送、使用中，配电是一个极其重要的环节。配电系统包括变压器和各种高低压电器设备，低压断路器则是一种使用量大面广的电器，如图 2-2-23 所示。

图 2-2-23　断路器

（二）工作原理

断路器一般由触头系统、灭弧系统、操作机构、脱扣器、外壳等构成。

当短路时，大电流（一般是额定电流的 10 ~ 12 倍）产生的磁场克服反力弹簧，脱扣器拉动操作机构动作，开关瞬时跳闸。当过载时，电流变大，发热量加大，双金属片变形到一定程度推动机构动作。电流越大，动作时间越短。

电子型断路器使用互感器采集各相电流大小，与设定值比较，当电流异常时微处理器发出信号，使电子脱扣器带动操作机构动作。

断路器的作用是切断和接通负荷电路，以及切断故障电路，防止事故扩大，保证安全运行。而高压断路器要开断电压 1 500 V、电流 1 500 ~ 2 000 A 的电弧，这些电弧可拉长至 2 m 仍然继续燃烧不熄灭。故灭弧是高压断路器必须解决的问题。

吹弧熄弧的原理主要是冷却电弧减弱热游离，另外通过吹弧拉长电弧加强带电粒子的复合和扩散，同时把弧隙中的带电粒子吹散，迅速恢复介质的绝缘强度。

低压断路器也称为自动空气开关（见图 2-2-24），可用来接通和分断负载电路，也可用来控制不频繁启动的电动机。它功能相当于闸刀开关、过电流继电器、失压继电器、热继电器及漏电保护器等电器部分或全部的功能总和，是低压配电网中一种重要的保护电器。

图 2-2-24　空气开关

低压断路器具有多种保护功能、动作值可调、分断能力高、操作方便、安全等优点，所以被广泛应用。低压断路器由操作机构、触点、保护装置（各种脱扣器）、灭弧系统等组成。

低压断路器的主触点是靠手动操作或电动合闸的。主触点闭合后，自由脱扣机构将主触点锁在合闸位置上。过电流脱扣器的线圈和热脱扣器的热元件与主电路串联，欠电压脱扣器的线圈和电源并联。当电路发生短路或严重过载时，过电流脱扣器的衔铁吸合，使自由脱扣机构动作，主触点断开主电路。当电路过载时，热脱扣器的热元件发热使双金属片上弯曲，推动自由脱扣机构动作。当电路欠电压时，欠电压脱扣器的衔铁释放，也使自由脱扣机构动作。

分励脱扣器则作为远距离控制用，在正常工作时，其线圈是断电的，在需要距离控制时，按下起动按钮，使线圈通电。

（三）主要特性

断路器的特性主要有：额定电压 U_e；额定电流 I_n；过载保护（I_r 或 I_{rth}）和短路保护（I_m）的脱扣电流整定范围；额定短路分断电流（工业用断路器 I_{cu}；家用断路器 I_{cn}）。

额定工作电压（U_e）：断路器在正常（不间断的）的情况下工作的电压。

额定电流（I_n）：配有专门的过电流脱扣继电器的断路器在制造厂家规定的环境温度下所能无限承受的最大电流值。在此电流下工作时，不会超过电流承受部件规定的温度限值。

短路继电器脱扣电流整定值（I_m）：短路脱扣继电器（瞬时或短延时）用于高故障

电流值出现时，使断路器快速跳闸，其跳闸极限为 I_m。

额定短路分断能力（I_{cu} 或 I_{cn}）：断路器的额定短路分断电流是断路器能够分断而不被损害的最高（预期的）电流值。标准中提供的电流值为故障电流交流分量的均方根值，计算标准值时直流暂态分量（总在最坏的情况短路下出现）假定为零。工业用断路器额定值（I_{cu}）和家用断路器额定值（I_{cn}）通常以单位为千安的电流值的均方根的形式给出。

断路器自由脱扣：断路器在合闸过程中的任何时刻，若是保护动作接通跳闸回路，断路器完全能可靠地断开，这就叫自由脱扣。带有自由脱扣的断路器，可以保证断路器合闸短路故障时，能迅速断开，可以避免事故范围的扩大。

工作计划

进行电子元件可变电阻、二极管、三极管的测量，并填写表 2-2-3。

表 2-2-3　工作计划方案表

步骤	作业内容	负责人
1		
2		
3		
4		
5		
6		
7		
8		

进行决策

1. 各组派代表阐述资料查询结果。
2. 各组就各自的查询结果进行交流，并分享技巧。
3. 教师结合各组完成情况进行点评，选出最佳方案。

实训任务

电子元件可变电阻、二极管、三极管的测量

一、任务准备

（一）设备及工具准备

按表 2-2-4 准备设备及工具。

表 2-2-4　设备及工具准备

序号	设备及工具名称	数量
1	智能电学套装	1 套
2	导线	若干
3	绝缘台	1 台

（二）场地设备准备

任务实施前需要做好场地防护准备，检查实训场地和设备设施是否存在安全隐患，如不正常进行处理后方可实施任务。

（三）安全防护准备

（1）绝缘桌面无多余物品。

（2）检测智能电学套装外表是否完好。

二、实施步骤

（一）可变电阻的调节

（1）打开智能电学套装。

（2）在电箱上找到电阻板的位置，智能电学箱断电，将万用表调至电阻挡，较零。表笔连接在可调电阻的 1 与 2 两个端口，记录可调电阻此时的静态阻值，如图 2-2-25 和图 2-1-26 所示。

（3）使用合适的螺丝刀调节可变电阻的阻值，顺时针旋转时，记录端口 1 与 2 之间的阻值变化情况。逆时针旋转时，记录端口 1 与 2 之间的阻值变化情况，如图 2-2-27 所示。

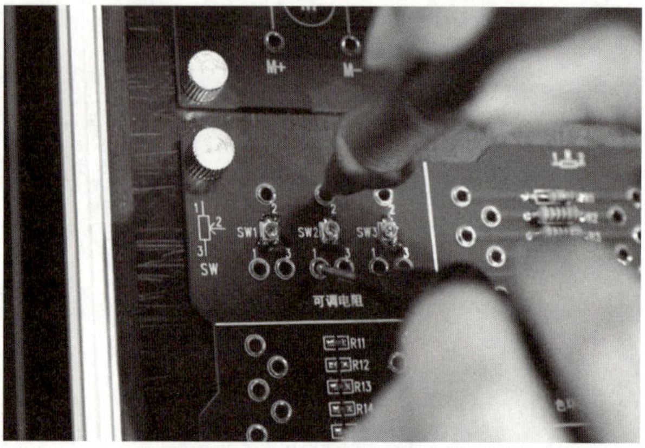

图 2-2-25　表笔连接可调电阻的端口

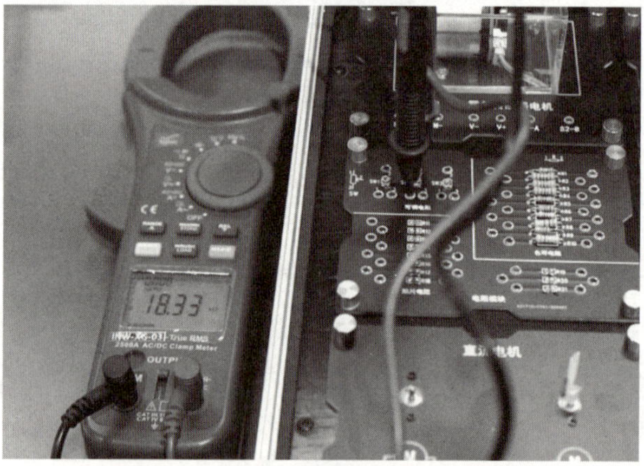

图 2-2-26　可调电阻的静态阻值

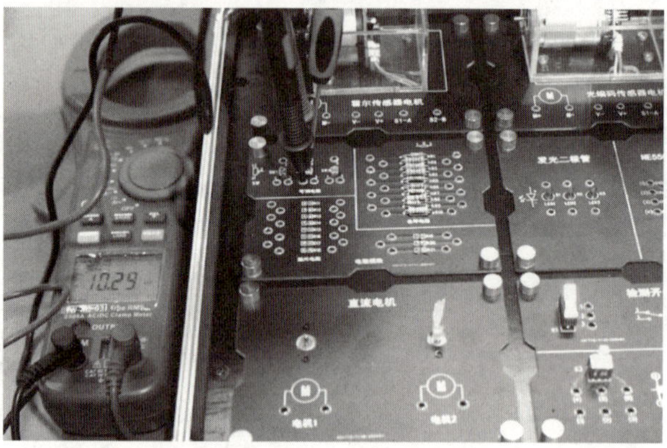

图 2-2-27　调节可变电阻的阻值

（二）二极管的测量

（1）打开智能电学套装。

（2）打开智能电学套装的电源，直流电压挡调至最小值。电源正极接发光二极管的正极，负极接发光二极管负极，如图 2-2-28 所示。

图 2-2-28　开始接电路

（3）缓慢调节增大电压，发光二极管较未调节前变亮，如图 2-2-29 所示。

图 2-2-29　缓慢调节增大电压

（4）将直流可调稳压电源调至最小值，将电源正极接发光二极管负极，电源负极接发光二极管正极，如图 2-2-30 所示。

图 2-2-30　反接二极管

（5）缓慢调节增大直流电压，发光二极管一直不发光，如图 2-2-31 所示。

图 2-2-31　调节增大直流电压

（6）得出结论，发光二极管具有单方向导电性。

（三）三极管的测量

（1）打开智能电学套装，找到三极管小面板，如图 2-2-32 所示。

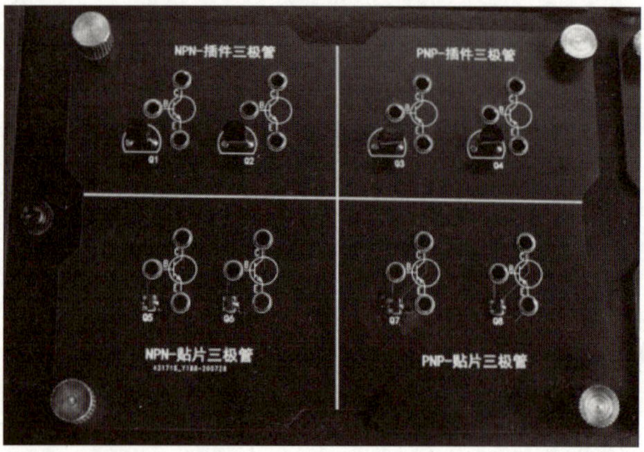

图 2-2-32　三极管小面板

（2）万用表调至二极管挡位，将红表笔搭在 E 端口，黑表笔搭在 B 端口，记录万用表上的数值，如图 2-2-33 所示。

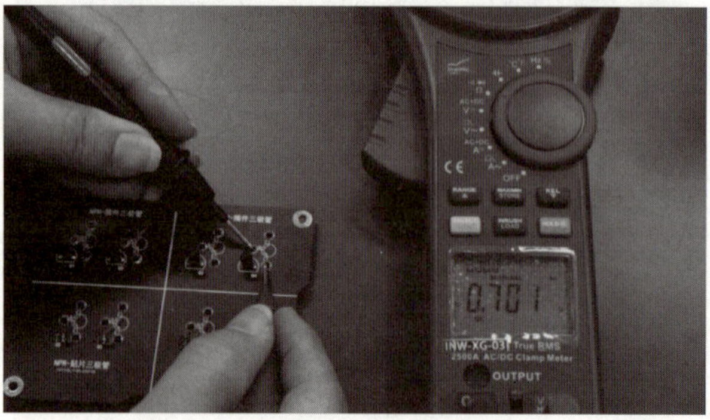

图 2-2-33　红表笔搭在 E 端口、黑表笔搭在 B 端口

（3）保持黑表笔搭在 B 端口，将红表笔搭在 C 端口，记录万用表上显示的数值，如图 2-2-34 所示。

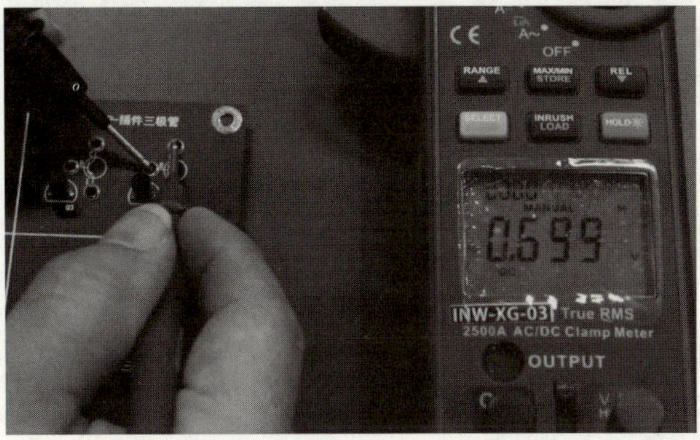

图 2-2-34　黑表笔搭在 B 端口、红表笔搭在 C 端口

（4）将红表笔搭在 B 端口，黑表笔搭在 E 端口，记录万用表上的数值，如图 2-2-35 所示。

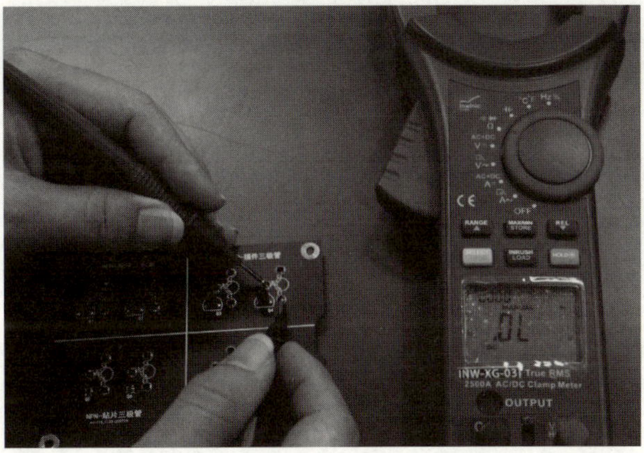

图 2-2-35　红表笔搭在 B 端口、黑表笔搭在 E 端口

（5）将红表笔搭在 B 端口，黑表笔搭在 C 端口，记录万用表上的数值，如图 2-2-36 所示。

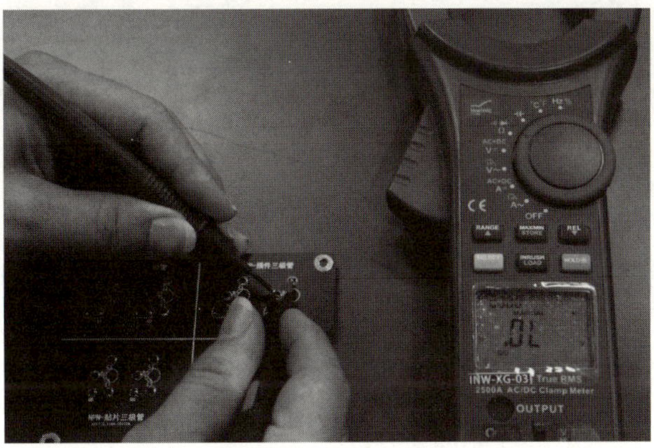

图 2-2-36　红表笔搭在 B 端口、黑表笔搭在 C 端口

（6）正常情况下，B、E 极之间的电压应该和 B、C 极之间的电压接近，一般相差 0.6～0.7 V，且 B、E 极之间的电压比 B、C 极之间的电压略高。反接 B、E 和 B、C 极时，应是不导通的。根据测量的情况，判断三极管的好坏。

评价与反馈

一、学生自评与互评

学生以小组为单位，就实训操作过程与操作结果进行自评及组内互评，并将结果填入表 2-2-5 中。

表 2-2-5　学生评价表

自我评价	1. 实训任务关键技能及基本技能有没有掌握？ 评价情况： 2. 实训任务的目标有没有实现？效果如何？ 评价情况： 3. 100 分的任务，你给自己打多少分？ 得分：
小组评价	1. 实训任务的关键技能及基本技能有没有掌握？ 评价情况： 参评人员： 2. 实训任务的目标有没有实现？效果如何？ 评价情况： 参评人员： 3. 100 分的任务，你给他（她）打多少分？ 得分：

二、教师评价及综合评价

请教师给出综合评价，并将结果填入表 2-2-6 中。

表 2-2-6　综合评价表

<table>
<tr><td rowspan="2">综合评价</td><td>自我评价（10%）</td><td>小组评价（10%）</td><td>教师评价（80%）</td><td>综合得分</td></tr>
<tr><td></td><td></td><td></td><td></td></tr>
<tr><td>综合评语</td><td colspan="4">（作业过程中存在的问题及改进建议）</td></tr>
</table>

拓展知识

电子元器件的发展史

在 20 世纪出现并得到飞速发展的电子元器件工业使人们的工作、生活习惯发生了翻天覆地的变化。电子元器件的发展历史实际上就是电子工业的发展史。

1906 年，美国人德福雷斯特发明了真空三极管，用来放大电话的声音电流。此后，人们强烈地期待着能够诞生一种固体器件，用来作为质轻、价廉和寿命长的放大器和电子开关。1947 年，点接触型锗晶体管的诞生，在电子器件的发展史上翻开了新的一页。但是，这种点接触型晶体管在构造上存在着接触点不稳定的致命弱点。在点接触型晶体管开发成功的同时，结型晶体管理论就已经提出，但是直至人们能够制备超高纯度的单晶以及能够任意控制晶体的导电类型以后，结型晶体才真正得以出现。1950 年，具有使用价值的最早的锗合金型晶体管诞生。1954 年，结型硅晶体管诞生。此后，人们提出了场效应晶体管的构想。随着无缺陷结晶和缺陷控制等材料技术、晶体外延生长技术和扩散掺杂技术、耐压氧化膜的制备技术、腐蚀和光刻技术的出现和发展，各种性能优良的电子器件相继出现，电子元器件逐步从真空管时代进入晶体管时代和大规模、超大规模集成电路时代。

由于社会发展的需要，电子装置变得越来越复杂，这就要求了电子装置必须具有可靠性、速度快、消耗功率小以及质量轻、小型化、成本低等特点。自 20 世纪 50 年代提出集成电路的设想后，由于材料技术、器件技术和电路设计等综合技术的进步，在 20 世纪 60 年代成功研制了第一代集成电路。在半导体发展史上。集成电路的出现具有划时代的意义：它的诞生和发展推动了通信技术和计算机技术的进步，使科学研究的各个领域以及工业社会的结构发生了历史性变革。集成电路使研究者有了更先进的工具，进而产生了许多更为先进的技术。这些先进的技术又进一步促使更高性能、更廉价的集成电路的出现。对电子器件来说，体积越小，集成度越高，响应时间越短，计算处理的速度就越快，传送频率就越高，传送的信息量就越大。半导体工业和半导体技术被称为现代工业的基础，同时也已经发展成为一个相对独立的高科技产业。

每种事物都有其自身的发展历史和发展规律，电子元器件行业也不例外，它历经了经典电子元器件、小型化电子元器件、一般微电子元器件、智能微电子元器件时代，未来正迈向量子电子元器件时代。

任务三　常见电控元件认知及测量

任务目标

知识目标

1. 能够了解 PCB 板的定义。
2. 能够掌握霍尔电流传感器的基本原理。
3. 能够掌握接触器的装置作用。
4. 能够掌握变压器的定义。
5. 能够掌握变流器的构成原理。
6. 能够掌握继电器的作用。

技能目标

1. 能够通过万用表检测判断接触器好坏。
2. 能够独立进行继电器的检测。

素养目标

1. 遵守职业道德，树立正确的价值观。
2. 引导崇尚劳动精神，逐步提升服务社会的意识。
3. 弘扬工匠精神，塑造精益求精的品质。
4. 培养协同合作的团队精神，自觉遵守组织纪律。

任务导入

PCB 板是一切电子产品的基础设施，它除了固定各种小电子元器件的基本功能外，更主要的功能是提供其上各电子元器件的连接通道。随着电子设备越来越复杂，需要的配件越来越多，从而导致 PCB 上面的线路与配件也越来越密集了。小张对电工很感兴趣，你能帮助小张来认识 PCB 板吗？

任务分组

学生任务分配如表 2-3-1 所示。

表 2-3-1　学生任务分配

班级		组号		指导老师	
组长		学号			
组员	姓名：________	学号：________	姓名：________	学号：________	
	姓名：________	学号：________	姓名：________	学号：________	
	姓名：________	学号：________	姓名：________	学号：________	
	姓名：________	学号：________	姓名：________	学号：________	
任务分工					

获取信息

一、PCB 板（印制电路板）

（一）定　义

印制电路板，又称印刷电路板、印刷线路板，常使用英文缩写 PCB（Printed Circuit Board）或 PWB（Printed Wire Board），以绝缘板为基材，切成一定尺寸，其上至少附有一个导电图形，并布有孔（如元件孔、紧固孔、金属化孔等），用来代替以往装置电子元器件的底盘，并实现电子元器件之间的相互连接，如图 2-3-1 所示。由于这种板是采用电子印刷术制作的，故被称为“印刷”电路板。

几乎每种电子设备，小到电子手表、计算器，大到计算机、通信电子设备、军用武器系统，只要有集成电路等电子元件，为了使各个元件之间的电气互连，都要使用印制板。印制线路板由绝缘底板、连接导线和装配焊接电子元件的焊盘组成，具有导电线路和绝缘底板的双重作用。它可以代替复杂的布线，实现电路中各元件之间的电气连接，不仅简化了电子产品的装配、焊接工作，减少传统方式下的接线工作量，大大减轻工人的劳动强度；而且缩小了整机体积，降低产品成本，提高电子设备的质量和可靠性。

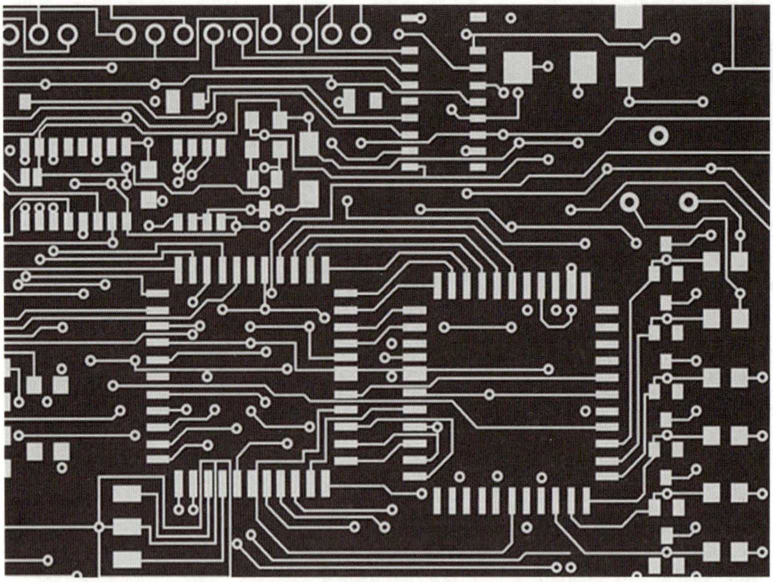

图 2-3-1　印刷电路板

印制线路板具有良好的产品一致性，它可以采用标准化设计，有利于在生产过程中实现机械化和自动化。同时，整块经过装配调试的印制线路板可以作为一个独立的备件，便于整机产品的互换与维修。目前，印制线路板已经广泛地应用在电子产品的生产制造中。

集成电路的迅速发展及广泛应用，使电子设备的体积越来越小，电路布线密度和难度越来越大，这就要求印制板要不断更新。

目前，印制板的品种已从单面板发展到双层板、多层板和挠性板（见图 2-3-2）；结构和质量也已发展到超高密度、微型化和高可靠性；新的设计方法、设计用品、制板材料、制板工艺不断涌现。

近年来，各种计算机辅助设计（CAD）印制线路板的应用软件已经在行业内普及与推广，在专门化的印制板生产厂家中，机械化、自动化生产已经完全取代了手工操作。

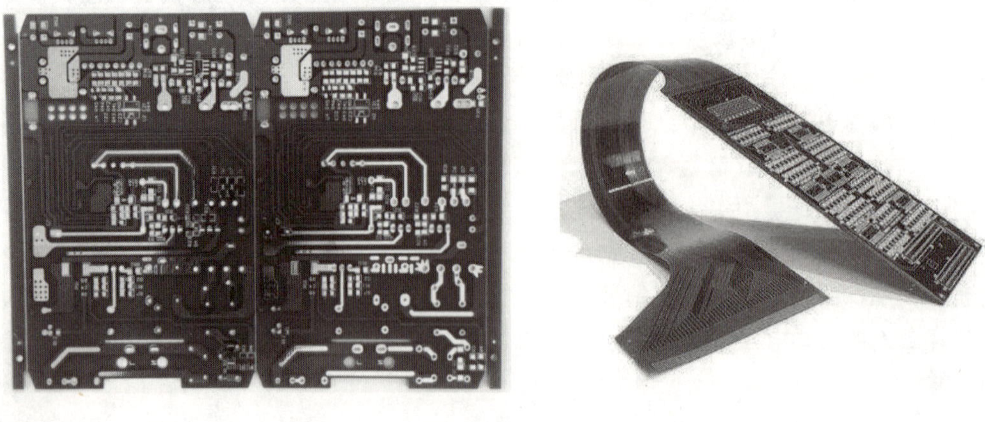

图 2-3-2　PCB 双层板和 PCB 挠性板

（二）特　点

PCB 之所以能受到越来越广泛的应用，是因为它有很多独特的优点，大致如下。

1. 可高密度化

多年来，印制板的高密度一直能够随着集成电路集成度的提高和安装技术的进步而相应发展。

2. 高可靠性

通过一系列检查、测试和老化试验等技术手段，可以保证 PCB 长期（使用期一般为 20 年）可靠地工作。

3. 可设计性

对 PCB 各种性能的电气、物理、化学、机械等要求，可以通过设计标准化、规范化等来实现。这样设计时间短、效率高。

4. 可生产性

PCB 采用现代化管理，可实现标准化、规模（量）化、自动化生产，从而保证产品质量的一致性。

5. 可测试性

建立了比较完整的测试方法、测试标准，可以通过各种测试设备与仪器等来检测并鉴定 PCB 产品的合格性和使用寿命。

6. 可组装性

PCB 产品既便于各种元件进行标准化组装，又可以进行自动化、规模化的批量生产。另外，将 PCB 与其他各种元件进行整体组装，还可形成更大的部件、系统，直至整机。

7. 可维护性

PCB 产品与各种元件整体组装的部件是以标准化设计与规模化生产的，因而，这些部件也是标准化的。所以，一旦系统发生故障，可以快速、方便、灵活地进行更换，迅速恢复系统的工作。

PCB 还有其他的一些优点，如使系统小型化、轻量化，信号传输高速化等。

（三）功　能

PCB 在电子设备中具有如下功能。

（1）提供集成电路等各种电子元器件固定、装配的机械支承，实现集成电路等各种电子元器件之间的布线和电气连接或电绝缘，提供所要求的电气特性。

（2）为自动焊接提供组焊图形，为元器件插装、检查、维修提供识别字符和图形。

（3）电子设备采用印制板后，由于同类印制板的一致性，避免了人工接线的差错，并可实现电子元器件自动插装或贴装、自动焊锡、自动检测，保证了电子产品的质量，提高了劳动生产率、降低了成本，并便于维修。

（4）在高速或高频电路中为电路提供所需的电气特性、特性阻抗和电磁兼容特性。

（5）内部嵌入无源元器件的印制板，提供了一定的电气功能，简化了电子安装程序，提高了产品的可靠性。

（6）在大规模和超大规模的电子封装元器件中，为电子元器件小型化的芯片封装提供了有效的芯片载体。

二、霍尔电流传感器

（一）定　义

霍尔电流传感器（见图 2-3-3）基于磁平衡式霍尔原理制成的。根据霍尔效应原理，从霍尔元件的控制电流端通入电流 I_c，并在霍尔元件平面的法线方向上施加磁感应强度为 B 的磁场，那么在垂直于电流和磁场方向（即霍尔输出端之间），将产生一个电势 V_H，称其为霍尔电势，其大小正比于控制电流 I 与磁感应强度 B 的乘积。即有

$$V_H=KIB$$

式中　K——霍尔系数，由霍尔元件的材料决定；

I——控制电流；

B——磁感应强度；

V_H——霍尔电势。

通过测量霍尔电势的大小间接测量载流导体电流的大小。因此，电流传感器经过了电-磁-电的绝缘隔离转换。

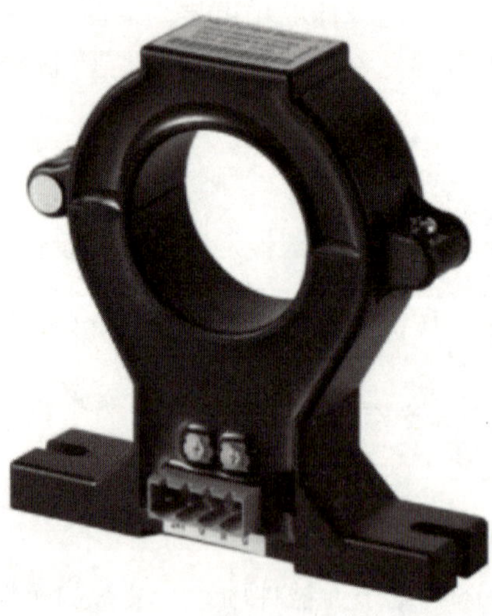

图 2-3-3　霍尔电流传感器

（二）基本原理

霍尔电流传感器是根据霍尔效应制作的一种磁场传感器。它有两种工作方式，即

开环（直放式）和闭环（磁平衡式）。直放式霍尔传感器的优点是电路形式简单，成本相对较低；其缺点是精度、线性度较差，响应时间较慢，温度漂移较大。为了克服它的不足，人们发明了闭环（磁平衡式）霍尔电流传感器。

闭环式霍尔电流传感器又称零磁通式霍尔电流传感器，如图 2-3-4 所示，它是由原边电路、聚磁环、霍尔元件次级线圈、放大器等组成。当原边电流 I_P 产生的磁通通过高品质磁芯集中在磁路中，霍尔元件固定在气隙中检测磁通，通过绕在磁芯上的多匝线圈输出反向的补偿电流，用于抵消原边 I_P 产生的磁通，使得磁路中磁通始终保持为零。经过特殊电路的处理，传感器的输出端能够输出精确反映原边电流的电流变化。

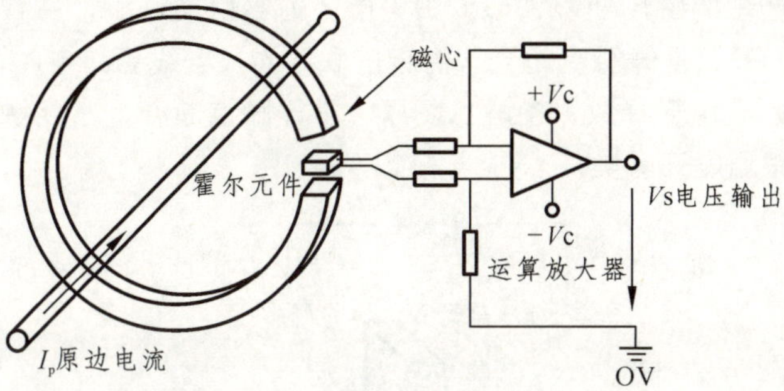

图 2-3-4　霍尔电流传感器结构原理

三、接触器

（一）定　义

接触器（见图 2-3-5）分为交流接触器和直流接触器，它应用于电力、配电与用电场合。接触器广义上是指工业电中利用线圈流过电流产生磁场，使触头闭合，以达到控制负载的电器。

图 2-3-5　接触器

（二）装置作用

在电工学上，接触器可快速切断交流与直流主回路和可频繁地接通与关断大电流

（达 800 A）控制电路的装置，它经常以电动机为控制对象，也可用作控制工厂设备、电热器、工作母机和各种电力机组等电力负载。接触器不仅能接通和切断电路，而且还具有低电压释放保护作用。接触器控制容量大，适用于频繁操作和远距离控制，是自动控制系统中的重要元件之一。

在工业电气中，接触器的型号很多，工作电流在 5 ~ 1 000 A 不等，其用途相当广泛。

（三）工作原理

接触器结构，如图 2-3-6 所示。接触器的工作原理是当接触器线圈通电后，线圈电流会产生磁场，产生的磁场使静铁心产生电磁吸力吸引动铁心，并带动交流接触器点动作，常闭触点断开，常开触点闭合，两者是联动的。当线圈断电时，电磁吸力消失，衔铁在释放弹簧的作用下释放，使触点复原，常开触点断开，常闭触点闭合。直流接触器的工作原理跟温度开关类似。

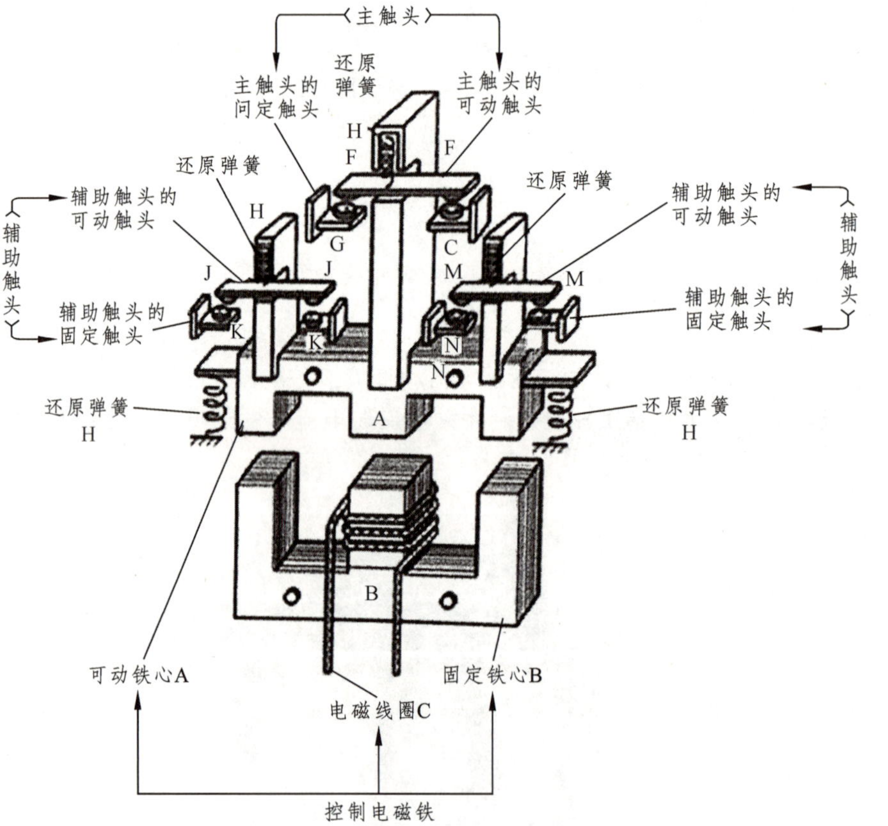

图 2-3-6　接触器结构

四、变压器

变压器是一种将某一等级的电压（或电流）转换成另一等级的电压（或电流）的装置，如图 2-3-7 所示。它的基本结构是由铁心及柱的线圈（也叫作绕组）组成。通常将接于电源的绕组称为二次绕组（也称为原绕组或初级绕组）；将负载侧的绕组称为二次绕组（也称为副绕级或次级绕组）。

根据电磁感应定律，当变压器的一次绕组接入电源时，交流电源电压就为一次绕组中感应出变化的磁通，称为主磁通。主磁通以铁心为闭合回路既穿过一次绕组又穿过二次绕组，通过交流电后就在二次绕组中感应出交变电动势。

如果次绕组次级输出端接入负载，将会在负载中流过交流电流。二次侧输出的电压（或电流）和一次侧输入的电压（或电流）之间的比例，与一二次绕组之间的匝数比有着对应的关系。如果将变压器本身的损耗忽略不计，那么向变压器输入的功率就等于变压器向负载提供的功率。这说明变压器是一种功率传递装置。

图 2-3-7　变压器

五、变流器

（一）定　义

变流器是指使电源系统的电压、频率、相数和其他电量或特性发生变化的电气设备。

在实际应用场合中，有些场合需要将交流电源变成直流电源，这就是整流电路。在另外一些场合则需要将直流电源变成交流电源，这种对应于整流的逆向过程，定义为逆变电路。在一定条件下，一套晶闸管电路既可以作整流电路又可作逆变电路，这种装置称为变流器。

（二）构成原理

变流器除主电路外，还需有控制功率开关元件通断的触发电路和实现对电能调节、控制的控制电路。变流器的触发电路包括脉冲发生器和脉冲输出器两部分。前者根据控制信号的要求产生一定频率、一定宽度或一定相位的脉冲；后者将此脉冲的电平放大为适合变流器中功率开关元件需要的驱动信号。

触发电路按控制功能可分为相控触发电路、斩控触发电路和频控触发电路。采用正弦波的频控电路不仅能控制逆变器的输出电压，还能改善输出电压的质量。

变流器的控制电路按控制方式分开环控制电路和闭环控制电路。前者主要用在要求不高的一些专用设备；后者具有自动控制和调节的作用，广泛应用在各种工作机械上。

变流器按控制信号性质分模拟控制电路和数字控制电路。模拟信号最常采用的是直流电压和电流，便于采用电的方法加以处理和变换；数字信号是一组信息参量具有离散值的不连续变化的信号。数字控制精度高，但电路较为复杂，价格昂贵。因此，实际上广泛应用的是数字模拟混合式控制电路。

六、继电器

（一）定　义

继电器（见图 2-3-8）是用于小开关功率的电磁驱动开关。汽车上常用的继电器按使用情况，可分为功能继电器和电路控制继电器两种。常见的功能继电器如闪光继电器、雨刮器间歇继电器、液位报警继电器等。电路控制继电器是指单纯实现电路通断与转换的继电器。它通过流经开关和继电器电磁线圈的小电流，控制用电装置的大电流，起到减小流经开关的电流，保护开关触点不被烧蚀的作用。常见的电路控制继电器有电源继电器（又称卸荷继电器）、启动继电器、前照灯继电器、雾灯继电器、喇叭继电器、空调继电器、电子风扇继电器等。

图 2-3-8　继电器

继电器由电磁线圈、触点、支架和续流二极管或电阻等组成，如图 2-3-9 所示。为防止线圈断电时产生的自感电势对车上某些电子设备的影响，有的继电器在线圈的两端，并联有泄放自感电势的电阻或二极管。

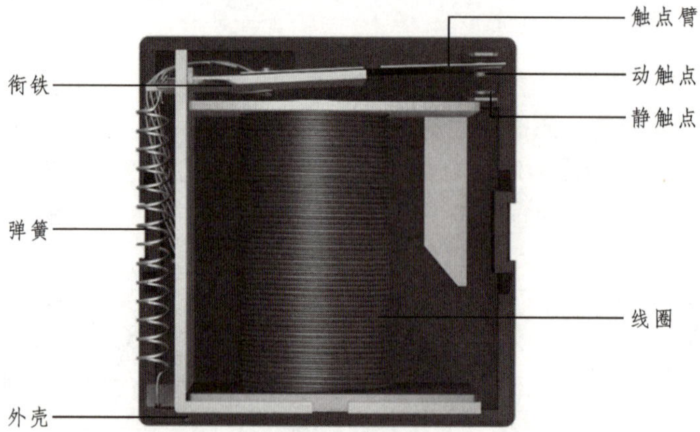

图 2-3-9　继电器结构

（二）作　用

继电器是具有隔离功能的自动开关元件，广泛应用于遥控、遥测、通信、自动控制、机电一体化及电力电子设备中，是最重要的控制元件之一。

继电器一般都有能反映一定输入变量（如电流、电压、功率、阻抗、频率、温度、压力、速度、光等）的感应机构（输入部分）；有能对被控电路实现“通”“断”控制的执行机构（输出部分）；在继电器的输入部分和输出部分之间，还有对输入量进行耦合隔离，功能处理和对输出部分进行驱动的中间机构（驱动部分）。

作为控制元件，概括起来，继电器有以下几种作用。

1. 扩大控制范围

例如，多触点继电器控制信号达到某一定值时，可以按触点组的不同形式，同时换接、开断、接通多路电路。

2. 放　大

例如，灵敏型继电器、中间继电器等，用一个很微小的控制量，可以控制很大功率的电路。

3. 综合信号

例如，当多个控制信号按规定的形式输入多绕组继电器时，经过比较、综合，达到预定的控制效果。

4. 自动、遥控、监测

例如，自动装置上的继电器与其他电器一起，可以组成程序控制线路，从而实现自动化运行。

（三）类　型

继电器按触点的不同，可分为常开、常闭、开闭混合三种。常开型继电器通电动作后接通控制电路；常闭型继电器通电动作后切断控制电路；混合型继电器平时常闭触点接通、常开触点断开，如果继电器线圈通电，则变成相反的状态。

继电器与电路连接的方式，可分为接柱式和插接式。一般接柱式继电器的容量（负荷）较大，常见于老式车的起动、喇叭电路中，该类继电器的安全、可靠性低于插接式的继电器，所以目前正逐渐被插接式继电器取代。插接式继电器因安装方便、体积小，在新型汽车上得到了广泛的应用。

七、集成电路

（一）概　述

集成电路（Integrated Circuit，IC），顾名思义，就是把一定数量的常用电子元件，如电阻、电容、晶体管等，以及这些元件之间的连线，通过半导体工艺集成在一起的具有特定功能的电路。它是 20 世纪 50 年代后期到 60 年代发展起来的一种新型半导体器件。集成电路封装外壳有圆壳式、扁平式或双列直插式等多种形式。集成电路技术包括芯片制造技术与设计技术，主要体现在加工设备、加工工艺、封装测试、批量生产及设计创新的能力上。

（二）特　点

集成电路具有体积小、质量轻、引出线和焊接点少、寿命长、可靠性高、性能好等优点，同时成本低，便于大规模生产。它不仅在工业、民用电子设备如收录机、电视机、计算机等方面得到了广泛的应用，同时在军事、通信、遥控等方面也得到了广泛的应用。用集成电路来装配电子设备，其装配密度比晶体管可提高几十倍至几千倍，设备的稳定工作时间也可大大提高。

集成电路的缺点是修理成本增加、故障判断不便、电路拆卸困难等，但整体来说，优点远远超过了缺点。

（三）类　型

1. 按功能分

按其功能不同，集成电路可分为模拟集成电路和数字集成电路两大类。前者用来产生、放大和处理各种模拟电信号；后者则用来产生、放大和处理各种数字电信号。所谓模拟信号，是指幅度随时间连续变化的信号。例如，人对着话筒讲话，话筒输出的音频电信号就是模拟信号，收音机、收录机、音响设备及电视机中接收/放大的音频信号、电视信号，也是模拟信号。所谓数字信号，是指在时间上和幅度上离散取值的信号。例如，电报电码信号，按一下电键，产生一个电信号，而产生的电信号是不连续的。这种不连续的电信号，一般叫作电脉冲或脉冲信号。计算机中运行的信号是脉冲信号，但这些脉冲信号均代表着确切的数字，因而又叫作数字信号。在电子技术中，通常又把模拟信号以外的非连续变化的信号，统称为数字信号。

2. 按制作工艺分

集成电路按其制作工艺不同，集成电路可分为半导体集成电路、膜集成电路和混合集成电路三类。半导体集成电路是采用半导体工艺技术，在硅基片上制作包括电阻、电容、三极管、二极管等元器件并具有某种电路功能的集成电路；膜集成电路是在玻璃或陶瓷片等绝缘物体上，以“膜”的形式制作电阻、电容等无源器件。无源元件的数值范围可以做得很宽，精度可以做得很高。但目前的技术水平尚无法用“膜”的形式制作晶体二极管、三极管等有源器件，因而使膜集成电路的应用范围受到很大的限制。在实际应用中，多半是在无源膜电路上外加半导体集成电路或分立元件的二极管、三极管等有源器件，使之构成一个整体，这便是混合集成电路。

3. 按集成高低分

按集成度高低不同，集成电路可分为小规模、中规模、大规模及超大规模集成电路四类。对模拟集成电路，由于工艺要求较高、电路又较复杂，所以一般认为集成 50 个以下元器件为小规模集成电路，集成 50 ~ 100 个元器件为中规模集成电路，集成 100

个以上的元器件为大规模集成电路；对数字集成电路，一般认为集成 1～10 等效门/片或 10～100 个元件/片为小规模集成电路，集成 10～100 个等效门/片或 100～1 000 元件/片为中规模集成电路，集成 100～10 000 个等效门/片或 1 000～100 000 个元件/片为大规模集成电路，集成 10 000 以上个等效门/片或 100 000 以上个元件/片为超大规模集成电路。

4. 按导电类型分

按导电类型不同，分为双极型集成电路和单极型集成电路两类。前者频率特性好，但功耗较大，而且制作工艺复杂，绝大多数模拟集成电路以及数字集成电路中的 TTL、ECL、HTL、LSTTL、STTL 型属于这一类。后者工作速度低，但输入阻抗高、功耗小、制作工艺简单、易于大规模集成，其主要产品为 MOS 型集成电路。MOS 电路又分为 NMOS、PMOS、CMOS 型。

工作计划

进行电控元件继电器的测量，并填写表 2-3-2。

表 2-3-2　工作计划方案

步骤	作业内容	负责人
1		
2		
3		
4		
5		
6		
7		
8		

进行决策

1. 各组派代表阐述资料查询结果。
2. 各组就各自的查询结果进行交流，并分享技巧。
3. 教师结合各组完成情况进行点评，选出最佳方案。

实训任务

新集成继电器的测量

一、任务准备

（一）设备及工具准备

按表 2-3-3 准备设备及工具。

表 2-3-3　设备及工具准备

序号	设备及工具名称	数量
1	新集成继电器	1 套
2	万用表	1 台
3	绝缘台	1 张

（二）场地设备准备

任务实施前需要做好场地防护准备，检查实训场地和设备设施是否存在安全隐患，如不正常需进行处理方可实施任务。

（三）安全防护准备

（1）绝缘桌面无多余物品。

（2）检测万用表功能是否正常。

二、实施步骤

（1）检查和确认集成继电器零件号是否正确，如图 2-3-10 所示。

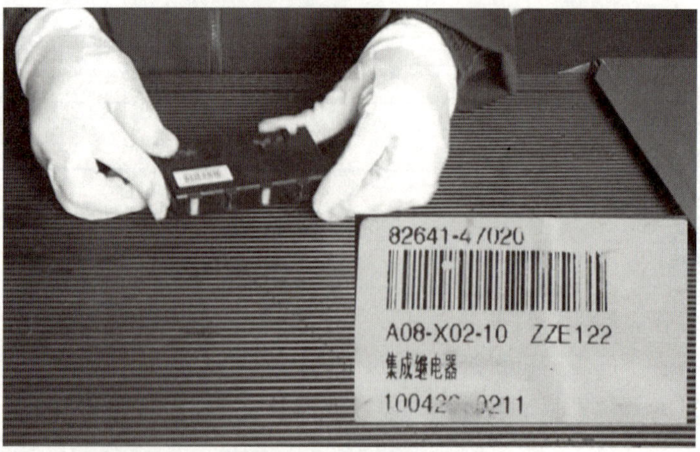

图 2-3-10　检查集成继电器零件号

（2）检查集成继电器的外观针脚是否完好，如图 2-3-11 所示。

图 2-3-11　检查集成继电器针脚

（3）根据维修手册选用数字式万用表，选择数字式万用表合适挡位并检查测量误差，如图 2-3-12 所示。

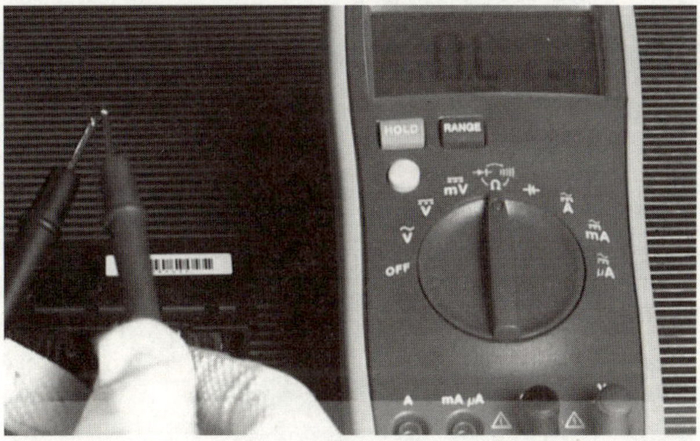

图 2-3-12　万用表调试

（4）检查集成继电器各端针脚之间的电阻，读取数值和维修手册中的规定值对比，如果不存在正常范围内则更换集成继电器，如图 2-3-13 所示。

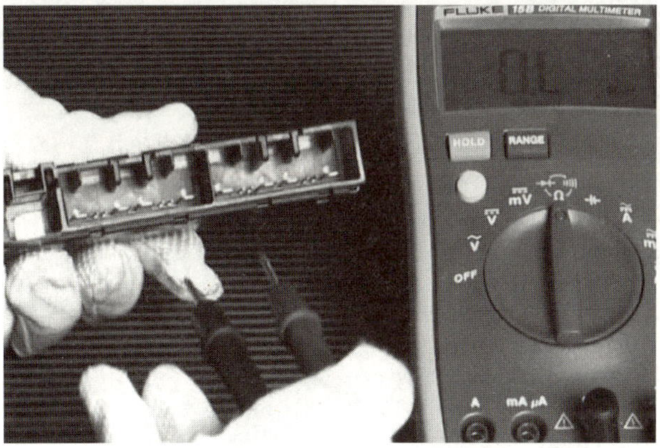

图 2-3-13　检查集成继电器各端针脚之间的电阻

评价与反馈

一、学生自评与互评

学生以小组为单位，就实训操作过程与操作结果进行自评及组内互评，并将结果填入表 2-3-4 中。

表 2-3-4　学生评价表

自我评价	1. 实训任务关键技能及基本技能有没有掌握? 评价情况: 2. 实训任务的目标有没有实现? 效果如何? 评价情况: 3. 100 分的任务，你给自己打多少分? 得分:
小组评价	1. 实训任务的关键技能及基本技能有没有掌握? 评价情况: 参评人员: 2. 实训任务的目标有没有实现? 效果如何? 评价情况: 参评人员: 3. 100 分的任务，你给他（她）打多少分? 得分:

二、教师评价及综合评价

请教师给出综合评价，并将结果填入表 2-3-5 中。

表 2-3-5　综合评价表

<table>
<tr><td rowspan="2">综合评价</td><td>自我评价（10%）</td><td>小组评价（10%）</td><td>教师评价（80%）</td><td>综合得分</td></tr>
<tr><td></td><td></td><td></td><td></td></tr>
<tr><td>综合评语</td><td colspan="4">（作业过程中存在的问题及改进建议）</td></tr>
</table>

拓展知识

风电变流器

1986 年 5 月，我国第一座陆上风电场成功并网发电，揭开了我国风电从无到有的发展大幕。在逐渐走向成熟的同时，我国风电技术也在突破创新，关键设备方面国产化的水平明显提高。

在发展早期，因技术及工艺设计难度大，可靠性要求高等因素，风电变流器等变频技术被国外电气巨头所垄断，设备主要依靠国外厂家供应。

据了解，早期国外供应商变流器单台售价 100 万元以上，质保期 3 年。此外，质保后续烦琐的售后条款和高昂的售后费用等问题日益凸显，极大制约了我国风电的健康发展。

为此“十一五”“十二五”期间，我国重点支持了风电变流器的国产化，在政策指引和行业鼓励下，国产化风电变流器品牌实现了华丽转身。

2009 年左右，风电变流器开始进入国产化替代阶段，部分风电整机商龙头设立自己的变流器子公司，同时独立变流器生产厂商也广泛参与市场竞争，这期间，以禾望电气、阳光电源、海得控制、日风电气等为代表的一批企业脱颖而出。

时间来到 2021 年，历经十几年发展创新，中国风电变流器产品平台已经实现了双馈机型 1.xMW-6.XMW，全功率机型 2.XMW-12.XMW 的全覆盖，国产品牌风电变流器伴随着中国风电行业也迈入了大功率时代。

能源技术革命驱动着大型以及重大的新能源设备国产化。在风电产业上，国内变流器技术不断升级突破，陆上风电变流器已基本实现国产化。随着海上风电规模化开发，大兆瓦风电变流器实现“中国芯”也指日可待。从进口品牌垄断到国产品牌崛起引领，国产风电变流器实现了市场跃迁。

在“双碳”目标的大背景下，新型电力系统的建设对新能源无疑提出了更高的要求，而国产设备也必须紧跟发展潮流，在坚持质量标准的前提下，持续合理降本增效。

项目三
典型电路认知及检测

任务一　整流电路认知及测量

任务目标

知识目标

1. 能够了解整流电路的概念。
2. 能够掌握整流电路的作用原理。
3. 能够掌握整流电路用到的元件选择。
4. 能够掌握相控整流电路的单相和三相方式。

技能目标

1. 能够正确使用二极管和三极管进行电路整流。
2. 能够正确搭建半波整流柜电路、全波整流电路、桥式整流电路并对这些电路进行测量。
3. 能够正确搭建单相整流电路、三相整流电路并对这两种电路进行测量。
4. 在认识元件的基础上，能熟练地进行电路搭建。

素养目标

1. 遵守职业道德，树立正确的价值观。
2. 引导崇尚劳动精神，逐步提升服务社会的意识。
3. 弘扬工匠精神，塑造精益求精的品质。
4. 培养协同合作的团队精神，自觉遵守组织纪律。

任务导入

小张对整流有很浓厚的兴趣，目前已经认识了电路基础元件、常见的电子元器件和常见的电控元件以及一些电学基础理论。他想进一步了解关于整流电路的内容，你知道整流电路的哪些知识，可以给小张提供一些帮助吗？

任务分组

学生任务分配如表 3-1-1 所示。

表 3-1-1　学生任务分配

<table>
<tr><td>班级</td><td colspan="2"></td><td>组号</td><td colspan="2"></td><td>指导老师</td><td></td></tr>
<tr><td>组长</td><td colspan="2"></td><td>学号</td><td colspan="4"></td></tr>
<tr><td rowspan="4">组员</td><td>姓名：</td><td>学号：</td><td colspan="2"></td><td>姓名：</td><td>学号：</td><td></td></tr>
<tr><td>姓名：</td><td>学号：</td><td colspan="2"></td><td>姓名：</td><td>学号：</td><td></td></tr>
<tr><td>姓名：</td><td>学号：</td><td colspan="2"></td><td>姓名：</td><td>学号：</td><td></td></tr>
<tr><td>姓名：</td><td>学号：</td><td colspan="2"></td><td>姓名：</td><td>学号：</td><td></td></tr>
<tr><td colspan="8">任务分工</td></tr>
<tr><td colspan="8"></td></tr>
</table>

获取信息

一、整流电路的定义

整流电路（rectifying circuit）是利用整流器将交流电压转换为直流电压的一种电路。整流器由多个互联的二极管构成，二极管控制交流电压的各个半波进入一个共同的方向，这样就会产生间歇式的直流电压。大多数整流电路由变压器、整流主电路和滤波器等组成。

20 世纪 70 年代后，主电路多由硅整流二极管和晶闸管组成。滤波器接在主电路与负载之间，用于滤除脉动直流电压中的交流成分。

二、作用原理

整流电路按整流方式分全波整流和半波整流；从所用器件分二极管整流和晶闸管整流。

以二极管全波整流为例，通过二极管的单相导通性，对输入交流整流，形成脉动直流，最后经过电容滤波平滑为稳定的直流。

下面介绍利用晶体二极管组成的各种整流电路。

（一）半波整流电路

1. 组　成

半波整流电路是一种最简单的整流电路，一般情况下只需要一个二极管。如图 3-1-1 所示，变压器把市电电压（多为 220 V）变换为所需要的交变电压 E_2，在交流电正半周时 D 导通，负半周时 D 截止，负载 R_{fz} 上得到的是脉动的直流电（整流二极管 D、负载电阻 R_{fz}）。

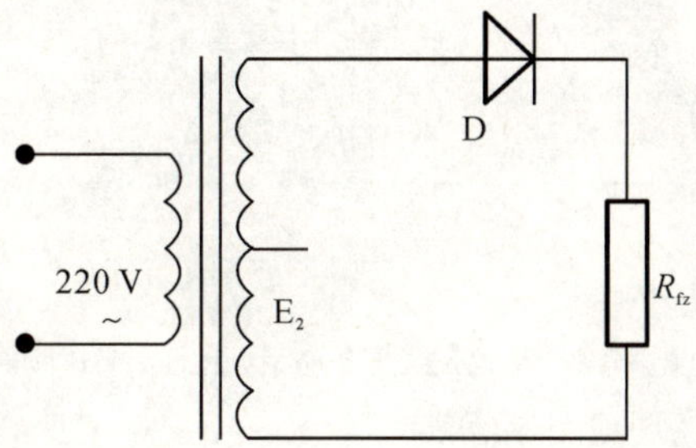

图 3-1-1　半波整流电路（一）

2. 工作原理

（1）当输入电压为正半周时，二极管正向导通，则负载上的电压、流过负载的电流和流过二极管的电流分别为（见图 3-1-2）

$$u_L = u_2$$

$$i_1 = i_D = \frac{u_2}{R_L}$$

（2）当输入电压为负半周时，二极管反向截止，则负载上的电压、流过负载的电流和流过二极管的电流分别为

$$u_L = 0$$

$$i_1 = i_D = 0$$

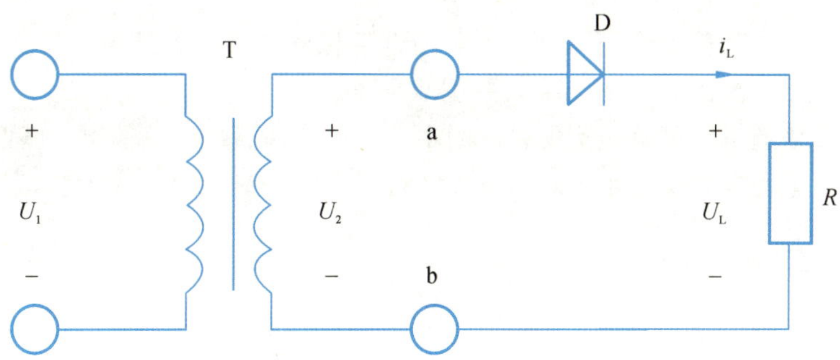

图 3-1-2　半波整流电路（二）

整流波形如图 3-1-3 所示。由于这种电路只在交流的半个周期内才导通，也只有在正半周时才有电流流过负载，故称为单相半波整流电路。

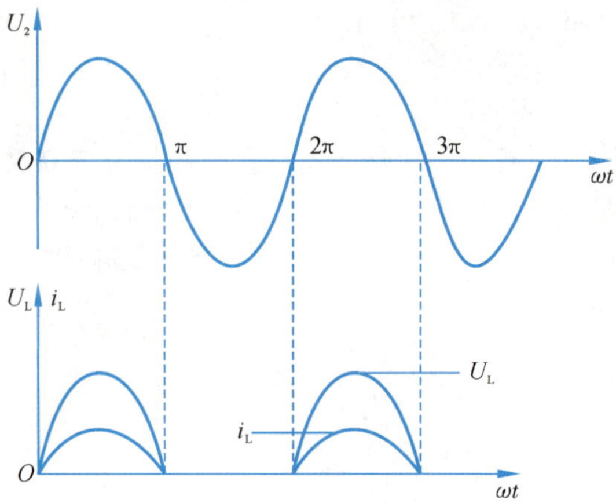

图 3-1-3　单相半波整流波形

（3）负载上的电压和电流经整流后，负载电压在一个周期内的平均值叫作负载的直流电压，用 U_0 表示。经理论分析可得

$$U_0 = 0.45u_2$$

流过负载 R_L 的直流电流为

$$I_0 = \frac{U_0}{R_L} = 0.45\frac{u_2}{R_L}$$

（4）整流二极管的选择由于二极管 V 与负载 R_L 是串联的，所以流过二极管电流的平均值为

$$I_V = I_0 = 0.45\frac{u_2}{R_L}$$

二极管在反向截止时，所承受的反向电压为变压器的二次电压 u_2。因此，u_2 的最大值就是二极管截止时所承受的最高反向电压，即

$$U_{Vm} = \sqrt{2}u_2$$

为了保证二极管能安全可靠地工作，所选二极管的最大整流电流和最高反向工作电压应分别大于计算出的 I_V 和 U_{Vm}，并留有余量。

单相半波整流电路虽然能实现整流的功用，但其缺点是直流输出电压低，脉动大，整流效率低。这种电路仅适用于对电压平滑程度要求不高的小功率场合。

（二）全波整流电路

1. 组　成

全波整流电路是由次级具有中心抽头的电源变压器、两个整流二极管和负载电阻组成，如图 3-1-4 所示。图中电源变压器 T 的次级绕组有中心抽头，可得到两个大小相等而相位相反的交流电压。全波整流电路的变压器为次级绕组是两端对称的中心抽头，两个整流二极管要能够承受较高的反向电压的二极管，一般每只整流二极管承受的最大反向电压是变压器次级电压最大值的两倍。

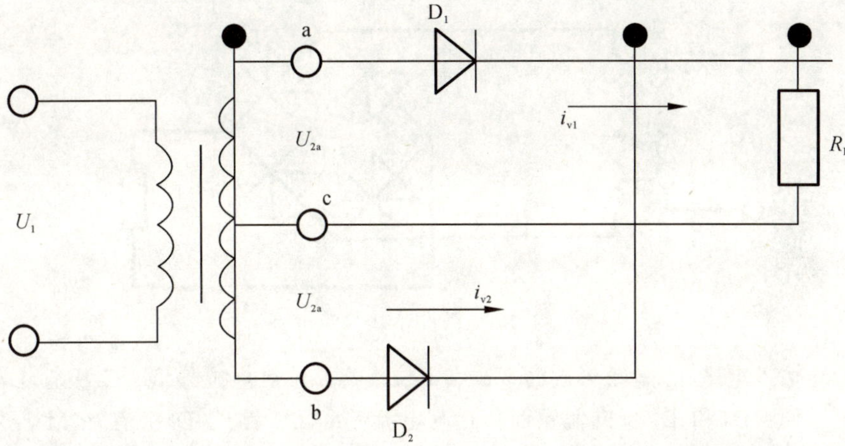

图 3-1-4　全波整流电路

2. 工作原理

设 u_1 为正半周时，图中 a 端为正，b 端为负，则 a 端电位高于中心插头 c 处电位，b 端要低于 c 处。二极管 D_1 导通，D_2 截止，电流 i_{v1} 自 a 端经二极管 D_1 流过负载 R_L 到 c 端。

当 u_1 为负半周时，正好相反，D_2 导通，D_1 截止，电流 i_{v2} 自 b 端经二极管 D_2 流过负载 R_L 到 c 处，电流 i_{v1} 和 i_{v2} 叠加形成全波脉动直流电流 i_L，在负载上得到全波脉动直流电压 u_L，如图 3-1-5 所示。

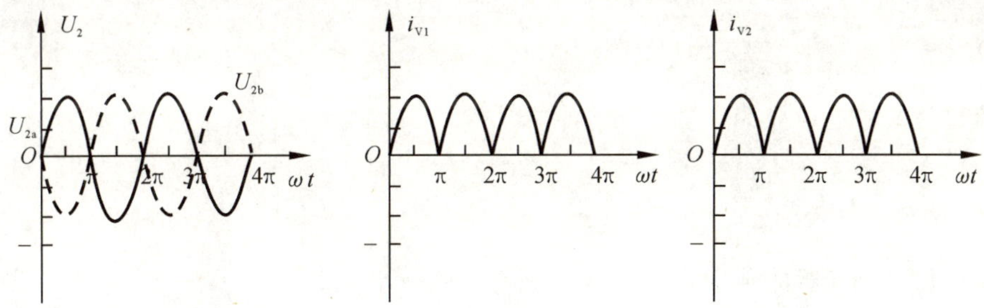

图 3-1-5　全波整流电路波型

（三）桥式整流电路

单相桥式整流电路可以看成是全波整流电路迭代更新或改进升级，它是在全波整流电路的基础上增加两只二极管连接成“桥”式结构形成的。它使用的整流器件较全波整流时多一倍，整流电压脉动与全波整流相同，每个器件所承受的反向电压为电源电压峰值。

1. 组成与工作原理

单相桥式整流电路由变压器、4 只接成电桥形式的二极管和负载电阻组成，如图 3-1-6 所示。

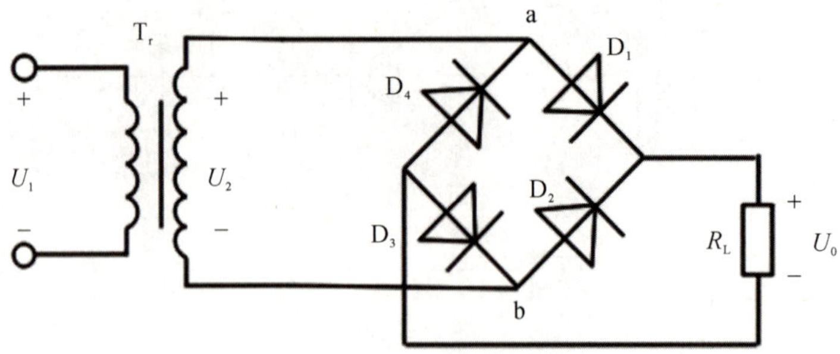

图 3-1-6　单向桥式整流电路

（1）当输入电压 u_1 是正半周时，a 点电位最高，b 点电位最低，二极管 D_1 和 D_3 正向偏置导通；D_2 和 D_4 反向偏置而截止。电流流经 D_1、R_L、D_3 并在 R_L 上产生压降 u_0。

（2）当输入电压 u_1 为负半周时，b 点电位最高，a 点电压最低，二极管 D_2 和 D_4 正向偏置导通；D_1 和 D_3 反向偏置而截止。电流流经 D_2、R_L、D_4 并在 R_L 上产生压降 u_0。

由此可见，在输入电压的一个周期内，负载上均有电流通过，方向始终从上向下，所以负载上得到同一方向的电压 u_0。

2. 输出电压与输出电流

负载上得到的电压 u_0 是输出电压在一个周期中的平均值，即

$$u_0 = \frac{2\sqrt{2}}{\pi}u_2 = 0.9u_2$$

流过负载的电流 i_0 为

$$i_0 = \frac{u_0}{R_L}$$

流过每个二极管的平均电流 i_D 是负载电流的一半，即

$$i_D = \frac{1}{2}i_0$$

每个二极管承受的反向电压 u_{RM} 最大值为变压器二次电压的峰值，即

$$u_{RM} = \sqrt{2}u_2$$

（四）三相整流电路

1. 组　成

三相桥式整流电路是由一组共阴极电路和一组共阳极电路串联组成的，电路如图 3-1-7 所示。二极管 D_1、D_3、D_5 是共阴极接法，二极管 D_2、D_4、D_6 是共阳极接法。

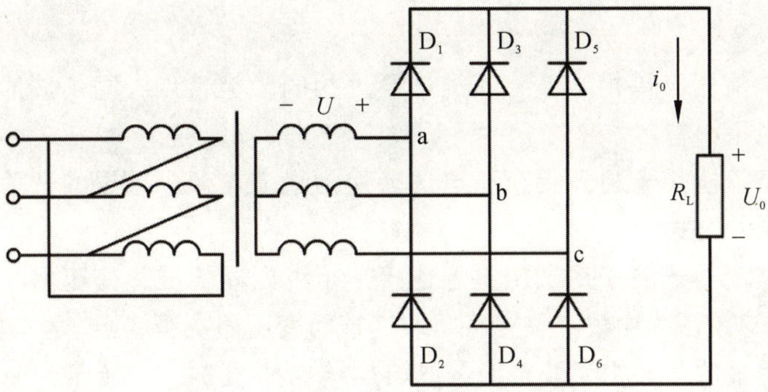

图 3-1-7　三相桥式整流电路

三相整流桥是将数个整流管封在一个壳内，从而构成的一个完整整流电路。

2. 三相全波整流

通过 6 线圈桥式电路也可以对三相电流进行整流，如图 3-1-8 所示。通过所采用的 6 个二极管可以充分使用三相导线上的所有半波。经过整流的直流电流仅具有较小的波纹。这种电路可以在车辆发电机电压的整流中使用。

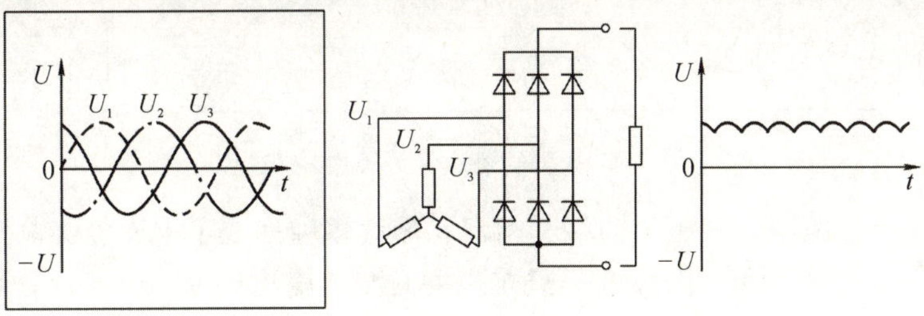

图 3-1-8　三相全波整流

图 3-1-9 所示为三相交流电压波形与三相全波整流电压波形的对比。

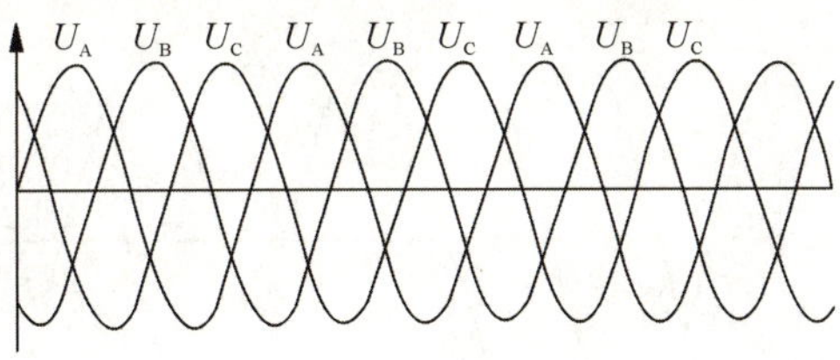

（a）三相交流电压波形

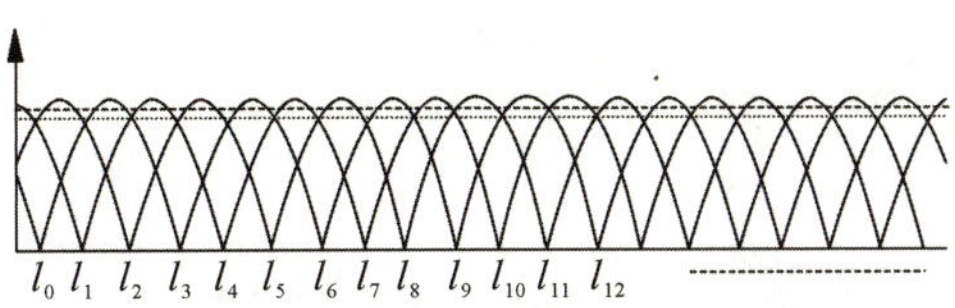

（b）三相全波整流电压波形

图 3-1-9　三相交流电压波形与三相全波整流电压波形

在输出波形图中，N 相平直虚线是整流滤波后的平均输出电压值。虚线以下和各正弦波的交点以上（细虚线以上）的小脉动波是整流后未经滤波的输出电压波形。

3. 三相半波整流

三相半波整流器与单相半波整流虽然原理相同，但特点不同，波形、纹波因子、效率和有效值也不一样。

三相半波整流器用于将三相交流电源转换为直流电源。这里的开关是二极管，但它们是不受控制的开关。

三相半波整流器一般采用三相电源连接三相变压器构成，变压器的二次绕组始终通过星形连接。这是因为中性点需要将负载连接回变压器次级绕组，为电力流提供回路。

提供纯电阻负载的三相半波整流器的典型结构如图 3-1-10 所示。

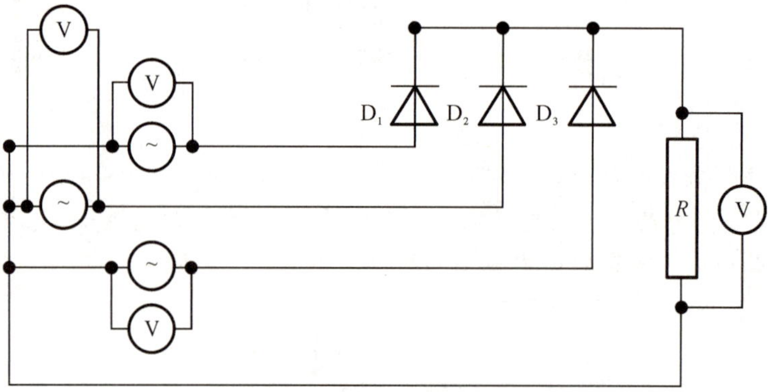

图 3-1-10　三相半波整流桥的电路

在半波整流电路中，三相中的每一相都和零线单独形成了半波整流电路，其整流出的 3 个电压半波在时间上依次相差叠加，并且整流输出波形不过点，其最低点电压 $u_{min}=u_p\times\sin[(1/2)\times(180°-120°)]=(1/2)u_p$。式中的 u_p 是交流电压输入幅值。图 3-1-11 所示为三相半波整流电压波形与三相交流电压波形的对比。

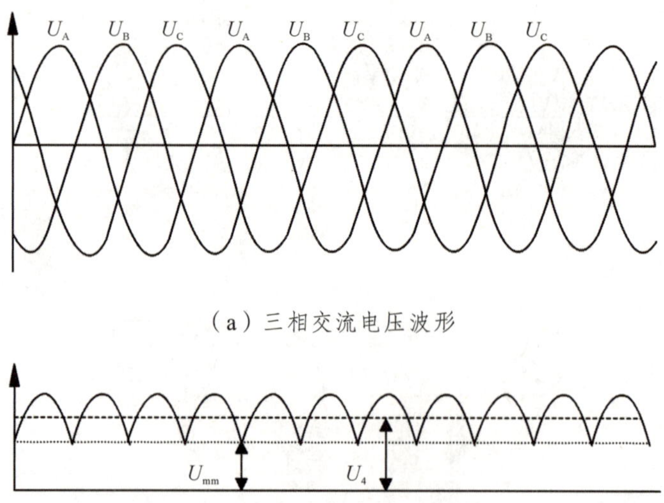

（a）三相交流电压波形

（b）三相半波整流电压波形

图 3-1-11　三相半波整流电压波形与三相交流电压波形

由于三相半波整流在一个周期中有三个宽度为 120°的整流半波，因此它的滤波电容器的容量可以比三相中的每一相的单相半波整流和单相全波整流时的电容量都小。

三、元件选择

二极管作为整流元件，需根据不同的整流方式和负载大小加以选择。若选择不当，会导致无正常工作，更严重的是烧管子。

另外，在高电压或大电流的情况下，如果临时没有承受高电压或整定大电流的整流元件，可以把二极管串联或并联起来使用。

（一）二极管并联

如图 3-1-12 所示，2 只二极管并联时，每只分担电路总电流的一半；3 只二极管并联时，每只分担电路总电流的 1/3。

若将两二极管并联看成一条支路，两二极管的正向压降相差较大，支路的总伏安特性就被先导通的二极管约束了，使得电流再增大，电压上升较小。通常情况下并联二极管，特别是整流二极管，并不会动态均流。虽然它确是正阻特性，但是考虑正向压降的负温度特性，导通大电流的温度高，正向压降低，就会让更多电流流过。这种情况是正反馈。电流越大，*R* 应选得越小。

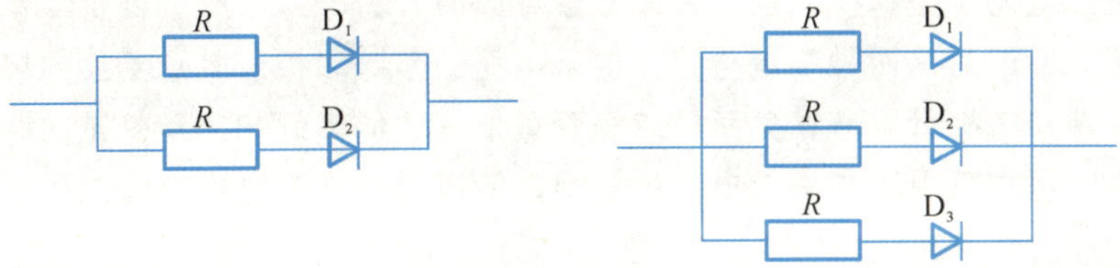

图 3-1-12　二极管并联运用

（二）二极管串联

如图 3-1-13 所示，二极管串联。显然，有几只管子串联，每只管子承受的反向电压就等于总电压的几分之一。但因为每只二极管的反向电阻不尽相同，会造成电压分配不均。内阻大的二极管，有可能由于电压过高而被击穿，并由此引起连锁反应，二极管被逐个击穿。因此，串联使用要有耐压富余和并联匀压电阻。

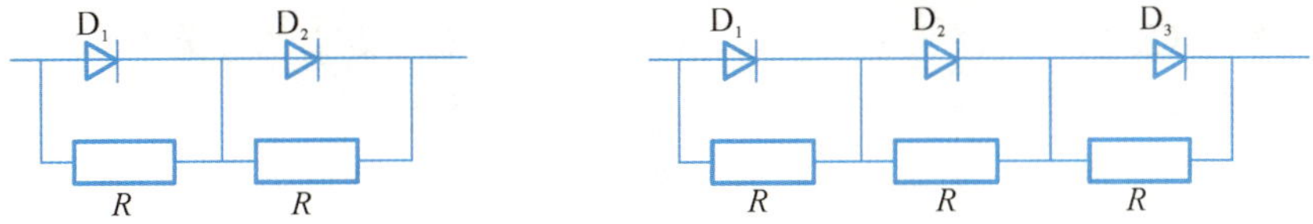

图 3-1-13　二极管串联运用

四、整流电路的意义

（1）电源电路中的整流电路主要有半波整流电路、全波整流电路和桥式整流三种，倍压整流电路用于其他交流信号的整流。

（2）前三种整流电路输出的单向脉动性直流电特性有所不同，半波整流电路输出的电压只有半周，所以这种单向脉动性直流电主要成分仍然是 50 Hz；全波和桥式整流电路相同，用到了输入交流电压的正、负半周，使频率扩大一倍为 100 Hz，所以这种单向脉动性直流电的交流成分主要成分是 100 Hz 的，这是因为整流电路将输入交流电压的一个半周转换了极性，使输出的直流脉动性电压的频率比输入交流电压提高了一倍，这一频率的提高有利于滤波电路的滤波。整流主要是把交流电变换成近似直流电的电路。

（3）在电源电路的三种整流电路中，只有全波整流电路要求电源变压器的次级线圈设有中心抽头，其他两种电路对电源变压器没有抽头要求。另外，半波整流电路中只用 1 只二极管，全波整流电路中要用 2 只二极管，而桥式整流电路中则要用 4 只二极管。根据上述两个特点，可以方便地分辨出三种整流电路的类型，但要注意以电源变压器有无抽头来分辨三种整流电路比较准确。

（4）在半波整流电路中，当整流二极管截止时，交流电压峰值全部加到二极管两端。全波整流电路也是这样，当一只二极管导通时，另一只二极管截止，承受全部交流峰值电压。所以对这两种整流电路，要求电路的整流二极管其承受反向峰值电压的能力较强；两只二极管导通，另两只二极管截止，它们串联起来承受正向峰值电压，在每只二极管两端只有正向峰值电压的一半，所以对这一电路中整流二极管承受反向峰值电压的能力要求较低。

（5）在要求直流电压相同的情况下，对全波整流电路而言，电源变压器次级线圈抽头到上下端交流电压相等；且等于桥式整流电路中电源变压器次级线圈的输出电压，这样在全波整流电路中的电源变压器相当于绕了两组次级线圈。

（6）在全波和桥式整流电路中，都将输入交流电压的负半周转到正半周或将正半周转到负半周，这一点与半波整流电路不同，在半波整流电路中，将输入交流电压一个半周切除。

（7）在整流电路中，输入交流电压的幅值远大于二极管导通的管压降，所以可将整流二极管的管压降忽略不计。

（8）对于倍压整流电路，它能够输出比输入交流电压更高的直流电压，但这种电路输出电流的能力较差，所以具有高电压、小电流的输出特性。

（9）分析上述整流电路时，主要用二极管的单向导电特性，整流二极管的导通电压由输入交流电压提供。

工作计划

进行整流电路的搭建与测量，并填写表 3-1-2。

表 3-1-2　工作计划方案

步骤	作业内容	负责人
1		
2		
3		
4		
5		
6		
7		
8		

进行决策

1. 各组派代表阐述资料查询结果。
2. 各组就各自的查询结果进行交流，并分享技巧。
3. 教师结合各组完成情况进行点评，选出最佳方案。

实训任务

整流电路的搭建与测量

一、任务准备

（一）设备及工具准备

按表 3-1-3 准备设备及工具。

表 3-1-3　设备及工具准备

序号	设备及工具名称	数量
1	智能电学套装	1 套
2	导线	若干
3	绝缘台	1 张

（二）场地设备准备

任务实施前需要做好场地防护准备，检查实训场地和设备设施是否存在安全隐患，如不正常需进行处理方可实施任务。

（三）安全防护准备

（1）绝缘桌面无多余物品。

（2）检测智能电学套装外表是否完好。

二、实施步骤

（1）打开智能电学套装，连接电源，但先不打开电箱的接电开关，如图 3-1-14 所示。

图 3-1-14　连接电源

（2）按照事先准定好的电路图，开始连接电路。注意，整流电路的连接时，需要使用到交流电连接，如图 3-1-15 所示。

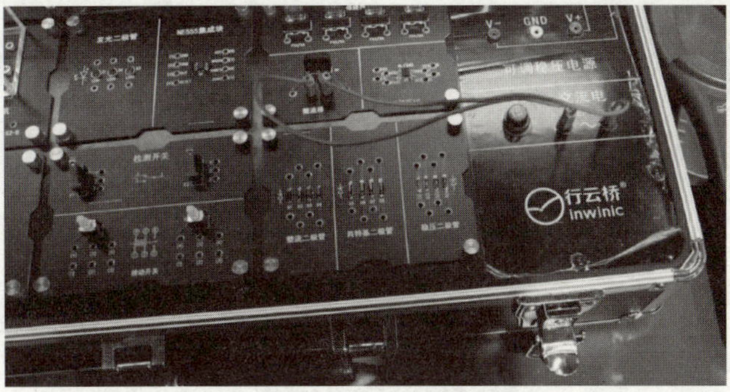

图 3-1-15　连接电路

（3）电路连接完毕，检查电路的连接是否准确。确认连接正确后，打开智能电学箱开关，旋转交流电按钮通电。将万用表调至交流电压挡，测量输出的交流电电压数值并记录下来，如图 3-1-16 所示。

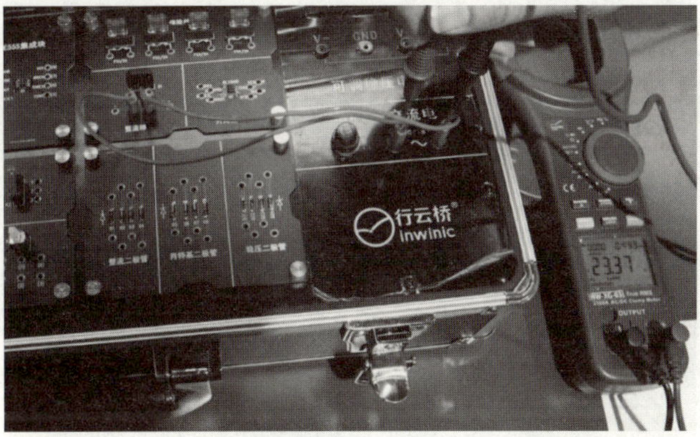

图 3-1-16　测量输出的交流电电压

（4）由于交流电通过整流桥的整流后，输出的为直流电压，所以我们测试整流桥整流后的电压时，要使用直流挡。测量整流后的电压并记录，如图 3-1-17 所示。

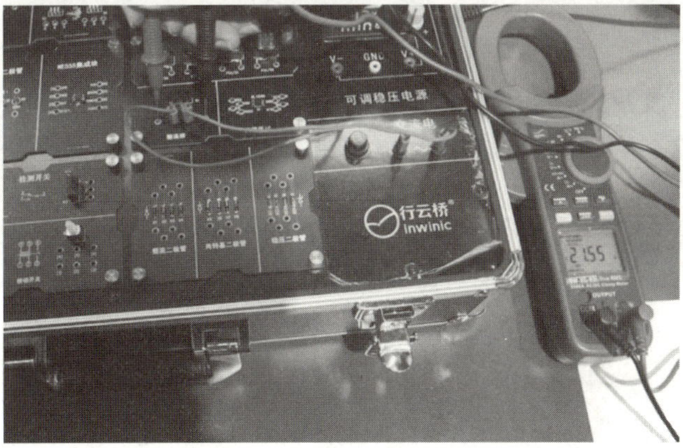

图 3-1-17　测量整流后的电压并记录

（5）测试完成后，断电、整理电箱并放到规定位置。

评价与反馈

一、学生自评与互评

学生以小组为单位，就实训操作过程与操作结果进行自评及组内互评，并将结果填入表 3-1-4 中。

表 3-1-4　学生评价表

自我评价	1. 实训任务关键技能及基本技能有没有掌握? 评价情况: 2. 实训任务的目标有没有实现? 效果如何? 评价情况: 3. 100 分的任务，你给自己打多少分? 得分:
小组评价	1. 实训任务的关键技能及基本技能有没有掌握? 评价情况: 参评人员: 2. 实训任务的目标有没有实现? 效果如何? 评价情况: 参评人员: 3. 100 分的任务，你给他（她）打多少分? 得分:

二、教师评价及综合评价

请教师给出综合评价，并将结果填入表 3-1-5 中。

表 3-1-5　综合评价表

综合评价	自我评价（10%）	小组评价（10%）	教师评价（80%）	综合得分
综合评语	（作业过程中存在的问题及改进建议）			

拓展知识

激光二极管

激光二极管（LD）是一种激光发生器，其工作物质是半导体，属于固体激光发生器，大部分激光二极管在结构上与一般二极管相似。由于激光二极管的运作中，电子的能量转变过程只涉及两个能阶，没有间接带隙造成的能量损失，所以效率相对较高。

这种电子元件早在 1962 年出现，早期只能够发出低光度的红光，被惠普买下专利后当作指示灯利用。后续发展出其他单色光的版本，时至今日，能够发出的光已经遍及可见光、红外线及紫外线，光度也提高到相当高的程度。用途由初时的指示灯及显示板等，近年逐渐发展至被普遍用作照明。

任务二　控制互锁电路认知及测量

任务目标

知识目标

1. 能够掌握高压互锁的定义。
2. 能够掌握高压互锁回路的组成。
3. 能够掌握高压互锁的类别及作用。

技能目标

1. 能够正确使用高压防护设备。
2. 能够正确进行高压断电及检测。

素养目标

1. 遵守职业道德，树立正确的价值观。
2. 引导崇尚劳动精神，逐步提升服务社会的意识。
3. 弘扬工匠精神，塑造精益求精的品质。
4. 培养协同合作的团队精神，自觉遵守组织纪律。

任务导入

相对于传统汽车而言，电动汽车的一个重要特点就是车内装有能保证足够动力性能的高压系统。其高达 300 V 的电压以及可能达到数十，甚至数百安培的电流随时考验着车载高压用电器的使用安全。那么电动汽车用电安全有哪些措施呢?

任务分组

学生任务分配如表 3-2-1 所示。

获取信息

一、高压互锁

高压互锁（HVIL），也叫作危险电压互锁回路，是指通过使用低压信号来检查电动汽车上所有与高压母线相连的各分路，包括整个电池系统、导线、连接器、DC/DC、电机控制器、高压盒及保护盖等系统回路的电气连接完整性（连续性）。当整个动力系统高压回路连接断开或者完整性受到破坏时，就需要启动安全措施，如报警或断开高压回路等。由于电动车动力系统是由多个子系统组成的，它们两两之间都是靠高压连接器相互连接，同时运行的环境十分恶劣，大多数工况处在振动与冲击条件下，因此高压互锁设计是确保人员安全和车辆设备安全运行的关键。在电动汽车高压回路中，要求具备 HVIL 功能的电气元件主要是高压连接器、手动维修开关(MSD)等。ISO6469 国际标准规定，电动车（包括 BEV、PHEV 等车型）的高压部件（及其接插件）都应具有高压互锁装置。

表 3-2-1　学生任务分配

<table>
<tr><td>班级</td><td colspan="2"></td><td>组号</td><td colspan="2"></td><td>指导老师</td><td></td></tr>
<tr><td>组长</td><td colspan="2"></td><td>学号</td><td colspan="4"></td></tr>
<tr><td rowspan="4">组员</td><td>姓名：________</td><td colspan="2">学号：________</td><td colspan="2">姓名：________</td><td colspan="2">学号：________</td></tr>
<tr><td>姓名：________</td><td colspan="2">学号：________</td><td colspan="2">姓名：________</td><td colspan="2">学号：________</td></tr>
<tr><td>姓名：________</td><td colspan="2">学号：________</td><td colspan="2">姓名：________</td><td colspan="2">学号：________</td></tr>
<tr><td>姓名：________</td><td colspan="2">学号：________</td><td colspan="2">姓名：________</td><td colspan="2">学号：________</td></tr>
<tr><td colspan="8">任务分工</td></tr>
<tr><td colspan="8"></td></tr>
</table>

二、高压互锁回路的组成

高压互锁功能是新能源汽车安全中非常重要的部分，高压互锁主要由互锁信号回路、互锁监控、自动断路器等部分组成。

（一）互锁信号回路

高压互锁信号回路包括两部分，一部分用于监测高压供电回路的完整性，一部分用来监测所有高压部件保护盖是否非法开启，如图 3-2-1 所示。

高压互锁信号线与高压电源线并联，将所有的连接串接起来组成一个完整的回路，高压部件保护盖与盒盖开关联动，盒盖开关串联在高压互锁信号回路中。

若高压回路内某一部位未连接到位，则互锁信号送入整车控制器内，整车控制器就不使动力电池对外供电。

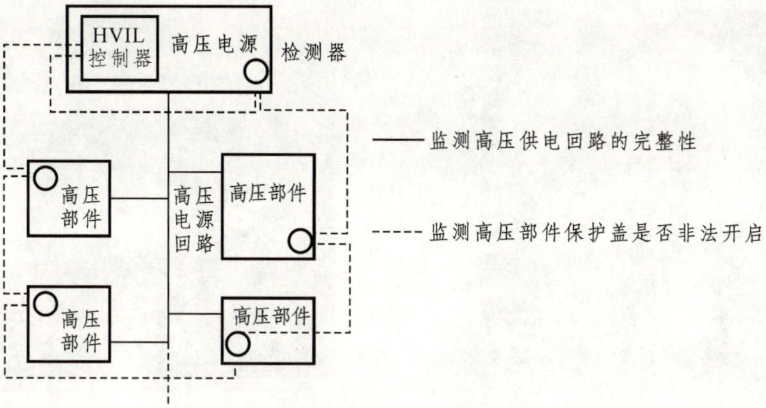

图 3-2-1　高压互锁回路示意图

（二）互锁监测器

监测器分为两类，一种用于监测高压连接器连接是否完好，另外一种用于监测高压部件的保护盖是否开启。

（1）高压连接器监测器如图 3-2-2 所示，图 3-2-2（a）所示为将监测器设置在连接器上的一体式的设计，图 3-2-2（b）所示为通用的最新专利设计。

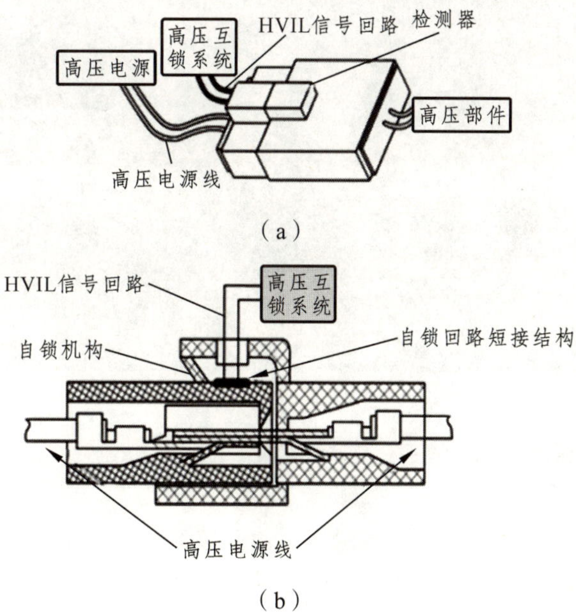

图 3-2-2　高压连接器监测器

通用监测器的设计是利用压接方法在连接器自锁结构上增加电气连接作为自锁回路短接信号，这种设计既保证了连接器防水等级又能不增加冗余的空间。图 3-2-3 中方框区为某车型动力电池动力母线互锁监测器，在动力母线插头拔出时，其也会随之断开，因高压互锁回路被断开，所以触发整车高压断电，从而保障用户的操作安全。

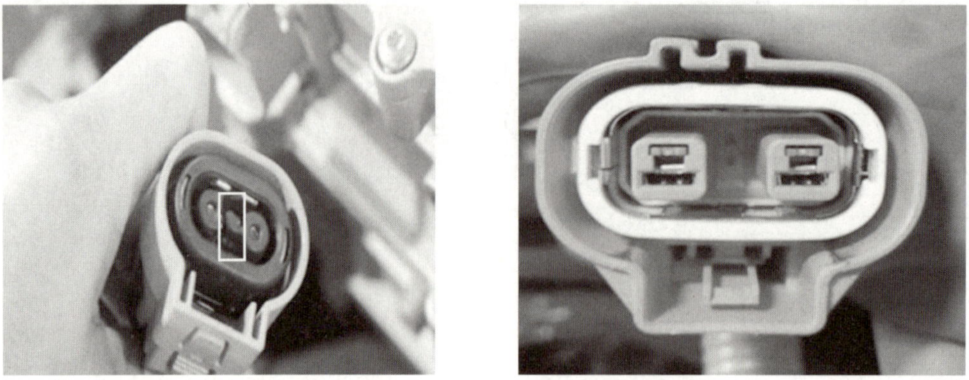

图 3-2-3　动力电池动力母线互锁监测器

（2）高压部件开盖监测器如图 3-2-4 所示。它的结构类似连接器，一端安装于高压部件保护盖上，另外一端安装于高压部件主体内部，当保护盖开启时连接器也断开，HVIL 信号中断。通常需要设置监测器的部件包括驱动电机控制器、DC/DC 变换器、高压配电箱、车载充电器、空调驱动器和电池管理器。

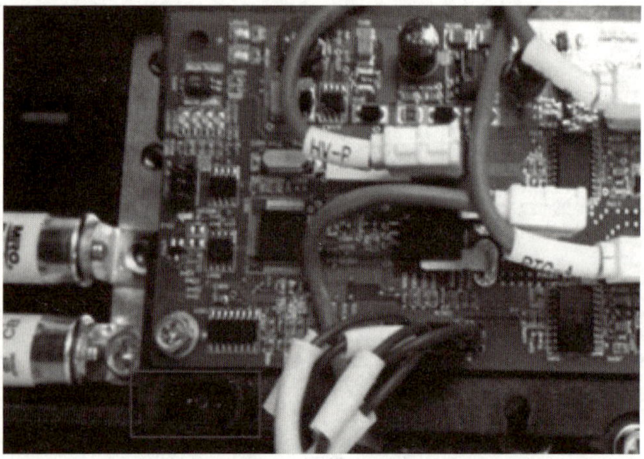

图 3-2-4　高压配电箱开盖保护监测器

（三）自动断路器

自动断路器（也称正极、负极接触器）为互锁系统切断高压源的执行部件，形式类似于继电器。在高压互锁系统识别到危险情况时，能否正确断开高压源是非常关键的，所以自动断路器对高压互锁的作用影响相当大，具体如何设置需参照以下原则。

（1）自动断路器需要尽可能接近电池包（高压源），以减少在断电时候继续蓄能的电路。

（2）自动断路器的初始状态应该是常开的状态，需要控制器给予安全信号方能闭合，以避免高压线路误接通。

（3）复位自动断路器应要求操作者施加额外的信号，需确认已消除高压危险的情况，此时方能复位。

（4）自动断路器应具有自诊断的能力，将其内部的故障检测出来并予以显示，如果不能正常工作，则整车需要特殊处理（停车或报警）。

（5）自动断路器即使是在出现供电电压过低的情况下也应能操作。

（6）自动断路器需要提供一个输出信号，提前通知其他用电负载，使之能在断电之前有提前响应的时间。

（7）行驶过程中等特殊情况不能强行断开。

三、高压互锁的类别及作用

一般来讲，高压互锁主要有以下几种：

（1）电池管理器向外发送一个信号，信号经过多个插头以及用电负载后还要返回到电池管理器内。

（2）互锁线经过用电设备及高压插接件后直接在用电设备内搭铁而不再返回到电池管理器内。电池管理器只检测该线束是否一直处于拉低状态即可检测该线路是否正常。

（3）有些用电设备上没有可插拔的高压插接件，电池管理器只通过 CAN 线与该设备通信，当检测到高压用电设备没有高压电压时电池管理器也会报高压互锁或其他故障。

高压互锁其作用主要是使用 12 V 的小电流来确认整个高压电气系统的完整性，整车所有的高压部件和线束接插件都必须安装到位，无短路或断路的情况。当控制器检测到 HVIL 回路断开或是完整性受到破坏时，需要启动必要的安全措施。具体作用如下：

（1）检测高压回路松动并在高压断电之前给整车控制器提供报警信息，预留整车系统采取应对措施的时间。

（2）在车辆上电之前，若检测到电路不完整，则系统无法上电，避免因为虚接等问题造成事故。

（3）防止人为误操作引发的安全事故。在高压系统工作过程中，如果没有高压互锁设计的存在，则手动断开高压连接点时。在断开的瞬间，整个回路电压将会全部加在断点两端，电压击穿空气在两个器件之间拉弧，时间虽短，但能量很高，可能对断点周围的人员和设备造成伤害。

四、高压互锁的原理

高压互锁的原理如图 3-2-5 中粗线条所示，由电池管理器向外发送一个低电平信号，该信号经过所有的高压线束插头的互锁线之后，返回电池管理器。如果接收不到此信号，电池管理器就默认车辆的高压插接件被人为地拔出或者存在插接不牢的情况。为避免危险情况发生，此时电池管理器会将电池的高压接触器断开，从而使车辆无法上高压电。

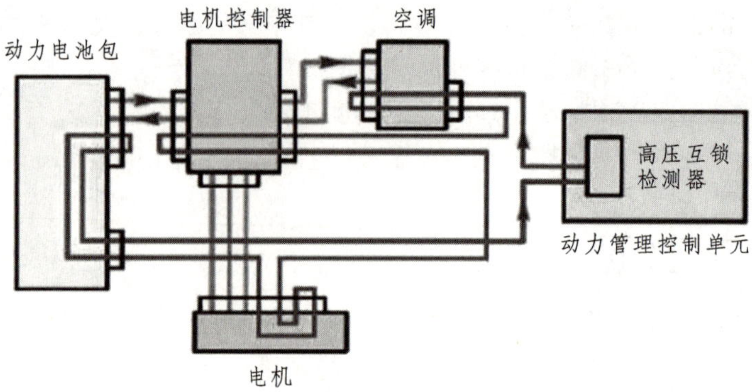

图 3-2-5　高压互锁原理

工作计划

进行控制互锁电路的测量，并填写表 3-2-2。

表 3-2-2　工作计划方案

步骤	作业内容	负责人
1		
2		
3		
4		
5		
6		
7		
8		

进行决策

1. 各组派代表阐述资料查询结果。
2. 各组就各自的查询结果进行交流，并分享技巧。
3. 教师结合各组完成情况进行点评，选出最佳方案。

实训任务

高压断路与检测

一、任务准备

（一）设备及工具准备

按表 3-2-3 准备设备及工具。

表 3-2-3 设备及工具准备

序号	设备及工具名称	数量
1	比亚迪秦汽车	1 辆
2	标准高压维修场地工位	1 个
3	绝缘工具	1 套
4	安全防护用品	1 套

（二）场地设备准备

任务实施前需要做好场地防护准备，检查实训场地和设备设施是否存在安全隐患，如不正常需进行处理方可实施任务。

（三）安全防护准备

（1）为了防止未经授权进入工位以及无法确保高电压本质安全或出现不明状态时，应使用隔离带，竖立发光黄色警告提示。

（2）在高低压断电操作时，如果使用按钮起动，把钥匙拿到离车至少 5 m 远的地方，或锁入维修柜，防止汽车意外被起动。

二、实施步骤

（1）拉开隔离带，放置安全警示牌。

（2）关闭车辆点火开关，确认点火开关置于“LOCK”位置，将钥匙放到一个安全的区域，通常应远离被维护的汽车。

（3）所有充电口应用绝缘胶布封住，防止车辆作业时被误充电，如图 3-2-6 所示。

（4）断开低压蓄电池负极。切断低压控制系统，防止在进行高压系统维护时误操作接通导致高压上电，造成危险，对低压蓄电池负极桩绝缘处理，并等待 5 min 以上，如图 3-2-7 所示。

图 3-2-6　充电口防护

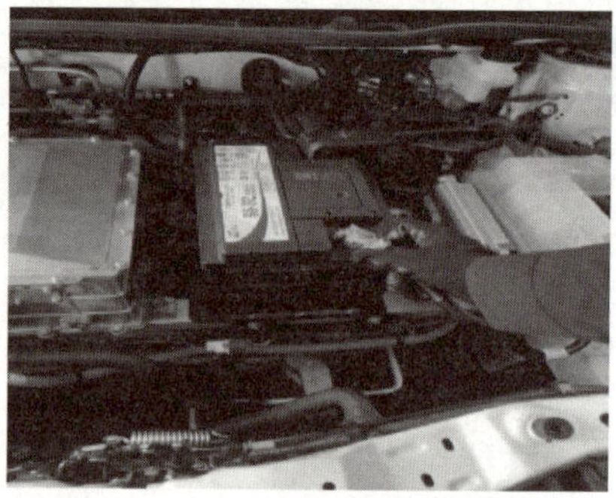

图 3-2-7　断开低压蓄电池负极电缆

（5）断开 PDU（高压配电盒）低压插头等待 5 min，如图 3-2-8 所示。

（6）断开高压维修开关，确保切断高压电，如图 3-2-9 所示。

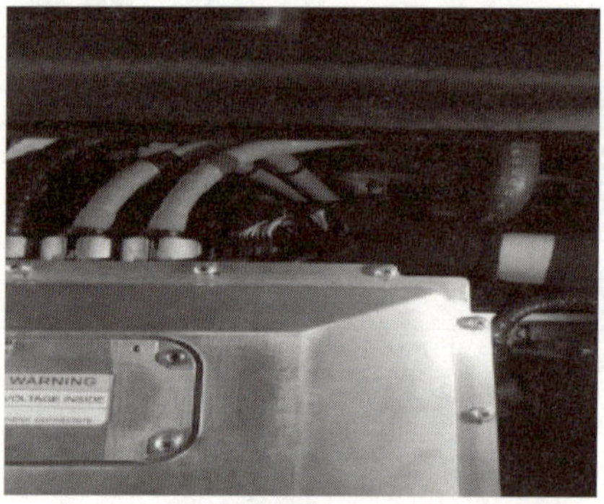

图 3-2-8　断开 PDU 低压插头

图 3-2-9　断开维修开关

（7）检查慢充接插器线束连接是否可靠，如图 3-2-10 所示。

图 3-2-10　慢充接插器线束检查

（8）检查慢充接插器线束互锁端子是否有缺失，接口处是否有异物、烧蚀等情况，如图 3-2-11 所示。

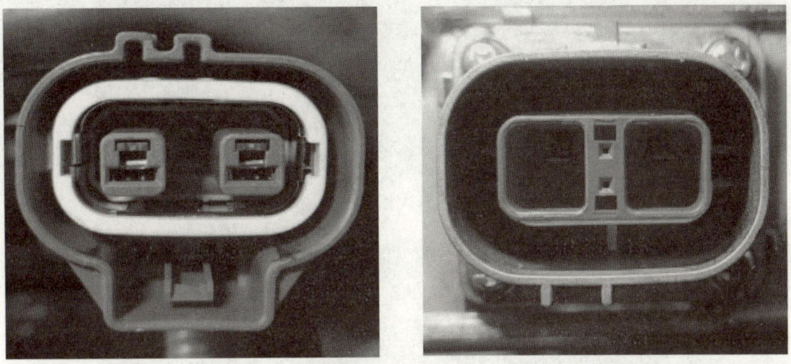

图 3-2-11　慢充连接器互锁端子检查

（9）检查空调压缩机接插器线束连接是否可靠，如图 3-2-12 所示。

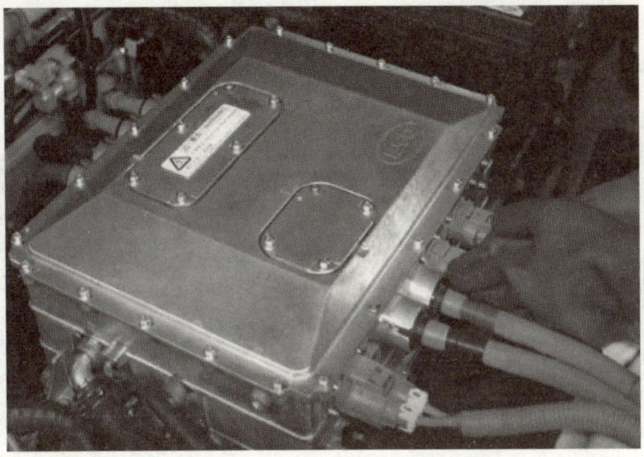

图 3-2-12　空调连接器插接器检查

（10）检查空调压缩机接插器线束互锁端子是否有缺失，接口处是否有异物、烧蚀等情况，如图 3-2-13 所示。

图 3-2-13　空调连接器互锁端子检查

（11）检查 PTC 加热器接插器线束连接是否可靠，如图 3-2-14 所示。

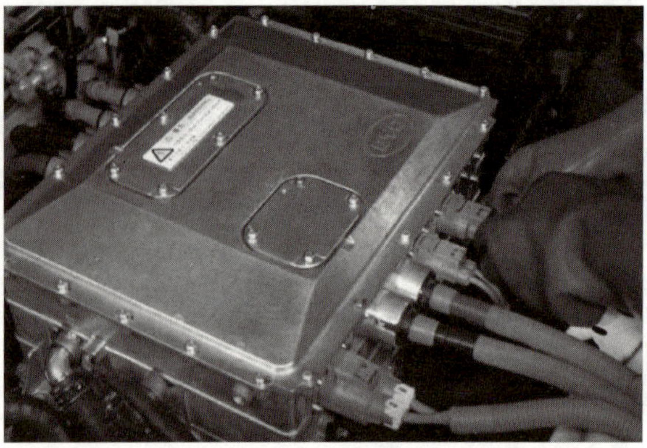

图 3-2-14　加热器接器插接器检查

（12）检查 PTC 加热器接插器线束互锁端子是否有缺失，接口处是否有异物、烧蚀等情况，如图 3-2-15 所示。

图 3-2-15　PTC 加热器互锁端子检查

评价与反馈

一、学生自评与互评

学生以小组为单位，就实训操作过程与操作结果进行自评及组内互评，并将结果填入表 3-2-4 中。

表 3-2-4　学生评价表

自我评价	1. 实训任务关键技能及基本技能有没有掌握? 评价情况: 2. 实训任务的目标有没有实现? 效果如何? 评价情况: 3. 100 分的任务，你给自己打多少分? 得分:
小组评价	1. 实训任务的关键技能及基本技能有没有掌握? 评价情况: 参评人员: 2. 实训任务的目标有没有实现? 效果如何? 评价情况: 参评人员: 3. 100 分的任务，你给他（她）打多少分? 得分:

二、教师评价及综合评价

请教师给出综合评价，并将结果填入表 3-2-5 中。

表 3-2-5　综合评价表

综合评价	自我评价（10%）	小组评价（10%）	教师评价（80%）	综合得分
综合评语	（作业过程中存在的问题及改进建议）			

拓展知识

新能源汽车高压部件

在电动汽车上，整车带有高压电的零部件有动力电池、驱动电机、电机控制器MCU、高压配电箱 PDU、电动压缩机、DC/DC、OBC、PTC 以及高压线束等，这些部件组成了整车的高压系统。其中，充电系统、电源系统、动力系统为纯电动汽车上的核心部件。

1. 动力电池

新能源电动车的整车动力来源是动力电池。动力电池的电压一般为 100 ~ 400 V 的高压，其输出电流能达到 300 A。动力电池的容量的大小直接影响整车的续航里程，同时也直接影响充电时间与充电效率。目前，受技术条件的影响，绝大多数的汽车均采用锂离子动力电池。

2. 驱动电机

驱动电机以车载电源为动力，将电能转换为机械能，通过传动装置或直接驱动汽车车轮行驶。与传统燃油车的发动机将燃料燃烧的化学能转为机械能不同，其工作效率更高，能达到 85%以上，故相比传统汽车，其能量利用率更高，能够减少资源的浪费。

3. 电机控制器 MCU

电机控制器 MCU 是电动车辆的关键零部件之一，其功能是根据挡位、油门、制动等指令，将动力电池所存储的电能转化为驱动电机所需的电能，来控制电动车辆的启动运行、进退速度、爬坡力度等行驶状态，或者将帮助电动车辆制动，并将部分制动能量存储到动力电池中。总的来讲，电机控制器 MCU 将高压直流电转为交流电，并与整车上其他模块进行信号交互，实现对驱动电机的有效控制。

4. 高压配电箱 PDU

高压配电箱是整车高压电的一个电源分配的装置，类似于低压电路系统中的电器保险盒。高压保险盒 PDU 是由很多高压继电器，高压保险丝组成，它内部还有相关的芯片，以便同相关模块实现信号通信，确保整车高压用电安全。

5. 电动压缩机

传统车的压缩机是通过压缩机电磁离合器的吸合，促使发动机带动压缩机运转。电动车没有发动机，它的压缩机是通过高压电源直接驱动的。

6. PTC 加热器

传统车上空调暖风系统的热源引至发动机冷却后的冷却液，而在纯电动车上没有发动机，因此需要专门的制热装置，这个装置被称为空调 PTC。当低温的时候，电池包需要一定的热量才能正常工作，这时候需要电池包 PTC 给电池包进行预热。

7. 车载充电器 OBC

OBC 是一个将交流电转为直流电的装置。电池包是一个高压直流电源，当使用交流电进行充电的时候，交流电不能直接被电池包储存，因此需要 OBC 装置，将高压交流电转为高压直流电，从而给动力电池进行充电。

8. DC/DC 转换器

在新能源汽车上，DC/DC 转换器是一个将高压直流电转为低压直流电的装置。新能源汽车上没有发动机，整车用电的来源也不再是发电机和蓄电池，而是动力电池和蓄电池。由于整车用电器的额定电压是低压，因此需要 DC/DC 装置来将高压直流电转为低压直流电，这样才能够保持整车用电平衡。

9. 高压维修开关

新能源车上的高压维修塞，也称为高压维修开关。它可以为纯电动及混合动力汽车的高压电力系统在维修时提供安全的维修环境，也可以对电力系统起到安全保护作用。一般在新能源汽车保养及维修时，都要先断开高压维修塞，可以在维修时起到防短路的保护作用。

10. 高压线束

高压线束是高压电源传输的媒介，可以将高压系统上各个部件相连。高压线束与低压线束的区别是带有高压电，它的输电能力对整车的高压系统的稳定性影响很大。

11. 充电接口

充电接口是指用于连接活动电缆和电动汽车的充电部件，由充电插座和充电插头两部分构成。充电插头用与充电插座的结构耦合，并与活动电缆装配连接；充电插座是安装在电动汽车上用于耦合充电插头的部件。

任务三　电机正反转控制电路认知及检测

任务目标

知识目标

1. 能够了解电机的定义、基本信息。
2. 能够掌握不同电机正反转控制的控制电路方式。
3. 能够掌握永磁同步电机、异步电机的特点。

技能目标

1. 能够正确根据电路图搭建电机正反转控制电路，能根据实物电路，画出电机控制电路。
2. 能够区分永磁同步电机和异步电机。
3. 能独立完成电机正反转电路的搭建和测量。

素养目标

1. 遵守职业道德，树立正确的价值观。
2. 引导崇尚劳动，逐步提升服务社会的意识。
3. 弘扬工匠精神，塑造精益求精的品质。
4. 培养协同合作的团队精神，自觉遵守组织纪律。

任务导入

小张是一名高职学校的学生，他已经学过了一些电学基础的知识并了解一些基本电路的搭建。他现在想搞清楚电机正反转控制电路的工作原理以及如何进行电机正反转控制电路的搭建。你能帮助一下他吗?

任务分组

学生任务分配如表 3-3-1 所示。

获取信息

一、电机正反转控制

(一) 定　义

电机顺时针转动是电机正转，电机逆时针转动是电机反转。根据正反转控制电路图及其原理分析，要实现电动机的正反转，对三相交流电机而言只要将接至电动机三相电源进线中的任意两相对调接线，即可达到反转的目的。对直流电机而言，只需对调电机输入直流电源的正负极即可。图 3-3-1 所示为智能电学套装中的直流电机面板。

表 3-3-1　学生任务分配

<table>
<tr><td>班级</td><td></td><td>组号</td><td></td><td>指导老师</td><td></td></tr>
<tr><td>组长</td><td></td><td>学号</td><td colspan="3"></td></tr>
<tr><td rowspan="4">组员</td><td>姓名：</td><td>学号：</td><td>姓名：</td><td colspan="2">学号：</td></tr>
<tr><td>姓名：</td><td>学号：</td><td>姓名：</td><td colspan="2">学号：</td></tr>
<tr><td>姓名：</td><td>学号：</td><td>姓名：</td><td colspan="2">学号：</td></tr>
<tr><td>姓名：</td><td>学号：</td><td>姓名：</td><td colspan="2">学号：</td></tr>
<tr><td colspan="6">任务分工</td></tr>
<tr><td colspan="6"></td></tr>
</table>

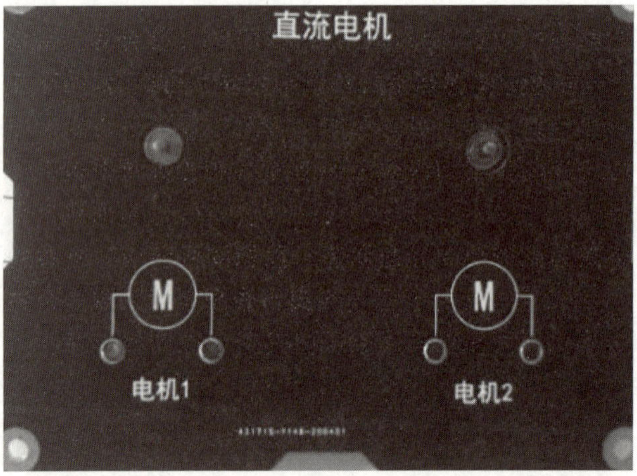

图 3-3-1　直流电机面板

（二）基本信息

电机在日常使用中需要实现正反转，如电动车、电刨床、台钻、刻丝机、甩干机和车床等。

最初人们实现某种设备反转需要将电机导线拆换，但这种方法在实际使用中太过烦琐。后来，有人安装了两个闸刀通过切换闸刀来改变电机的正反转。过了一段时间出现了倒顺开关，这种接线比较简单且体积也减小。由于受到触点的限制，只能在小型的电机上得到广泛使用，如图 3-3-2 所示。

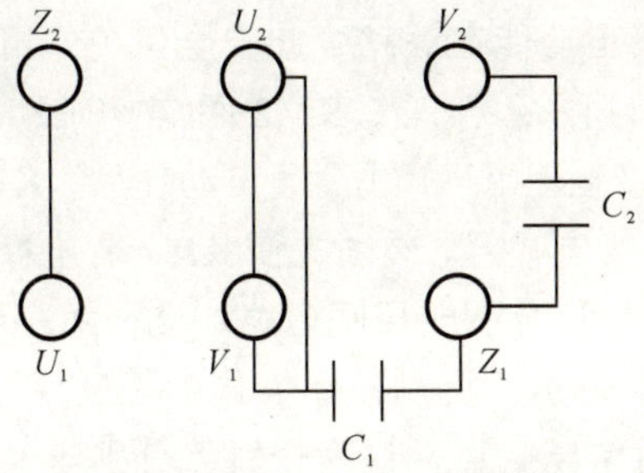

图 3-3-2　倒顺开关接线图（运转电容 40 μF）

伴随着接触器的诞生，电机的正反转电路也有了进一步的发展，可以更加灵活方便地控制电机的正反转，并且在电路中增加了保护电路——互锁和双重互锁，可以实现低电压和远距离频繁控制。

随着电子技术的发展，相继出现了 PLC、单片机等控制电机的正反转，并且在实际应用电路中增加了一些接近开关、光电开关等实现了双向自动控制，为工业机器人的发展奠定了基础。

二、常见电机正反转控制电路分析

（一）电机正反转控制

常见的电机正反转控制电路如图 3-3-3 所示。

（1）正向启动：① 合上空气开关 QS 接通三相电源；② 按下正向启动按钮 SB3，KM1 通电吸合并自锁，主触头闭合接通电动机，电动机这时的相序是 A、B、C，即正向运行。

（2）反向启动：① 合上空气开关 QS 接通三相电源；② 按下反向启动按钮 SB2，KM2 通电吸合并通过辅助触点自锁，常开主触头闭合换接了电动机三相的电源相序，这时电动机的相序是 A、B、C，即反向运行。

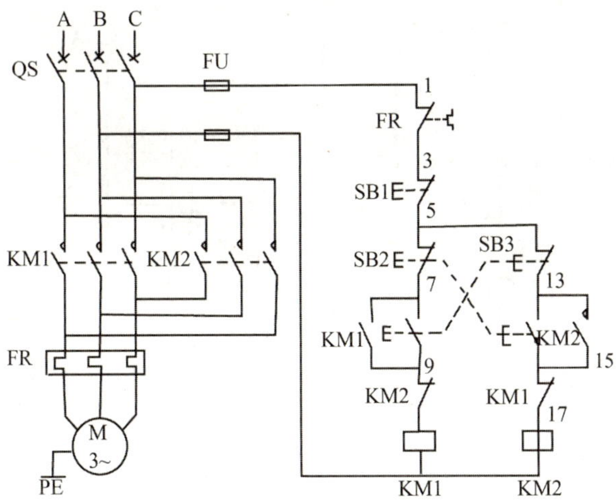

图 3-3-3　电机正反转控制电路

（3）互锁环节：具有禁止功能在线路中起安全保护作用。

① 接触器互锁：KM1 线圈回路串入 KM2 的常闭辅助触点，KM2 线圈回路串入 KM1 的常闭触点。当正转接触器 KM1 线圈通电动作后，KM1 的辅助常闭触点断开了 KM2 线圈回路，若使 KM1 得电吸合，必须先使 KM2 断电释放，其辅助常闭触头复位，这就防止了 KM1、KM2 同时吸合造成相间短路，这一线路环节称为互锁环节。

② 按钮互锁：在电路中采用了控制按钮操作的正反传控制电路，按钮 SB2、SB3 都具有一对常开触点，一对常闭触点，这两个触点分别与 KM1、KM2 线圈回路连接。例如，按钮 SB2 的常开触点与接触器 KM2 线圈串联，而常闭触点与接触器 KM1 线圈回路串联。按钮 SB3 的常开触点与接触器 KM1 线圈串联，而常闭触点与接触器 KM2 线圈回路串联。这样当按下 SB2 时只能有接触器 KM2 的线圈可以通电而 KM1 断电，按下 SB3 时只能有接触器 KM1 的线圈可以通电而 KM2 断电，如果同时按下 SB2 和 SB3 则两只接触器线圈都不能通电。这样就起到了互锁的作用。

（4）电动机正向（或反向）启动运转后，不必先按停止按钮使电动机停止，可以直接按反向（或正向）启动按钮，使电动机变为反方向运行。

（5）电动机的过载保护由热继电器 FR 完成。

（二）可逆正反转启动，接近开关控制电动机到行程自动停止电路

图 3-3-4 所示是一款电动机可控制正反转启动方向，接近开关用作自动停止的一种具备行程控制的电路。接近开关是一种非接触式的开关装置，只要当运动的金属物体接近它到一定距离时，它就能发出接近信号，接近开关内的触点就会动作，以控制运动物体的位置，而不用直接碰撞它。由于它采用了晶体管接近开关（无触点开关），因此它比机械式的行程开关可靠而且寿命长。

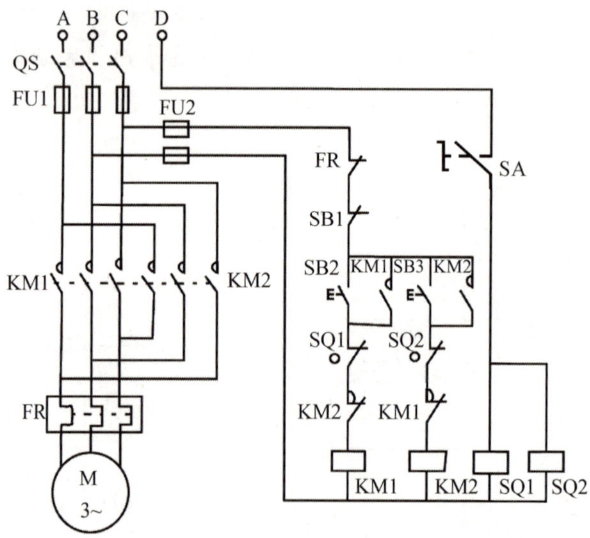

图 3-3-4　可逆正反转启动，接近开关控制电动机到行程自动停止电路

（1）电动机正向转动：合上电源开关 QS，扳合旋转开关 SA，接近开关 SQ1、SQ2 线圈得电。按下起动按钮 SB2，接触器 KM1 得电并吸合，电动机正向运转并带动金属

体向下、向前或向右运动，当金属体接近到规定的位置时，接近开关 SQ1 的常闭触点 SQ1 动作，切断了正向控制电路，使电动机停止。

（2）电动机反向转动：按下反向起动按钮 SB3，接触器 KM2 得电并吸合，电动机反向运转，并带动金属体向下、向后或向左运动，当金属体接近到规定的位置时，接近开关内常闭触点 SQ2 动作，切断了反向控制电路，使电动机停止。

本电路的特点：具有控制可靠、准确和安全等特点，适用于需进退、上下、左右移动，并能按规定位置停止的各种生产机械。

（三）按钮互锁的电动机正反转控制电路

图 3-3-5 所示是一款按钮互锁正反转控制电路，实际上它是将图 3-3-3 所示电路中两个接触器的常闭触点去掉，换上复合按钮的常闭触点，来实现正反转互锁控制的。复合按钮的特点是，同一个按钮上的常开触点和常闭触点联动，并且操作时常闭触点先断开，常开触点后闭合，复位时，常开触点先断开，常闭触点闭合。

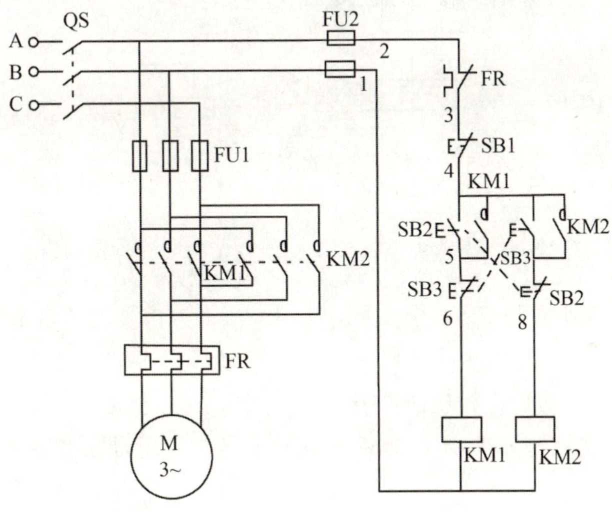

图 3-3-5 按钮互锁的电动机正反转控制电路

（1）正转控制：合上电源开关 QS，按下正转按钮 SB2，接触器 KM1 线圈通电并吸合，其主触点闭合、常开辅助触点闭合并自锁，电动机正转。这时电动机所接电源相序为 A-B-C。

（2）反转控制：按下反向起动按钮 SB3，此时 SB3 的常闭触点先断开正转接触器 KM1 的线圈电源，按钮 SB3 的常开触点才闭合，接通反转接触器 KM2 线圈的电源，使 KM2 吸合，辅助常开触点闭合并自锁，主触点闭合，电动机反转。这时电动机所接电源相序为 C-B-A。如需要电动机停止，按下停止按钮 SB1 即可。

本电路的特点：在电动机正转时，可直接按下反转按钮，使电动机反转。同样，在反转时，可直接按下正转按钮，使电动机正转，操作比较方便。另外，由于两个起动按钮的常闭辅助触点相互联锁，保证了两个接触器不能同时通电，从而避免了相间短路事故。本电路常适用于需正反转连续运转且不频烦操作的各种生产机械。

（四）转换开关预选电动机正反转的启停控制电路

图 3-3-6 所示的电路可实现电动机的正反转控制。启动电动机之前，先用转换开关 SA 预选电动机的旋转方向，然后由启动按钮控制接触器，再由接触器主触点来接通和断开电动机三相电源，实现电动机的启动和停止。

实际上该电路是在电动机单向旋转控制电路的基础上，将转换开关接入主电路以改变电动机三相绕组接入电源的相序，来实现电动机的正反转。

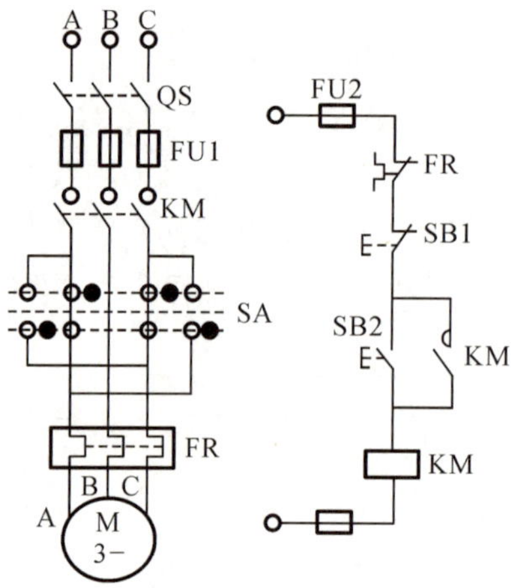

图 3-3-6　转换开关预选电动机正反转的起停控制电路

转换开关 SA 有 4 对触点、3 个位置，当 SA 在上方位置时，合上电源开关 QS，电动机三相绕组按 A-B-C 的相序接入电源，按下启动按钮 SB2，可实现电动机正转；当 SA 在中间位置时，电动机三相电源断开，操作 SB2 时，电动机不转；当 SA 在下方位置时，电动机三相绕组按 C-B-A 的相序接入电源，按下起动按钮 SB2，可实现电动机反转。

本电路的特点是：控制电路简单，适用于不经常改变电动机方向的生产机械。

（五）防止相间短路的电动机正反转控制电路

图 3-3-7 所示电路是利用联锁继电器延长转换时间来防止相间短路的。按下按钮 SB3 时，正转接触器 KM1 得电吸合并自锁，电动机正向启动运转；同时，KM1 的常开辅助触点 KM1（1-2）闭合，使联锁继电器 K 得电吸合并自锁，串联在 KM1、KM2 电路中的常闭触点 K（3-4）、K（5-6）断开，使 KM2 不能得电，实现互锁。按下反转按钮 SB2 时，首先断开 KM1 控制电路，KM1 断电释放，当其主触点断开，待电弧完全熄灭后，联锁继电器 K 断电释放，这时 K 的常闭触点 K（5-6）闭合，KM2 才能得电吸合并自锁，电动机才能反向转动。

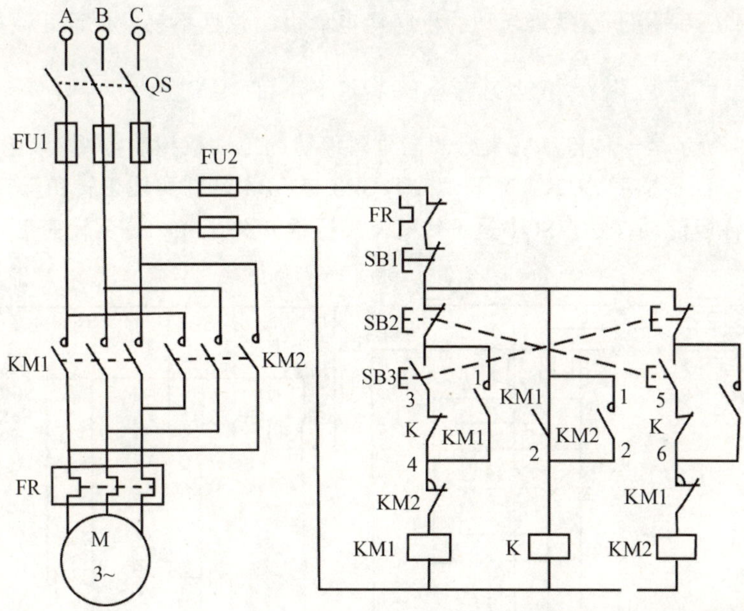

图 3-3-7　防止相间短路的电动机正反转控制电路

这种电路能完全防止正反转转换过程中的电弧短路，适用于转换时间小于灭弧时间的场合。

（六）刀开关控制电动机启动单向旋转电路

刀开关主要用在照明电路和三相动力电路以及 7.5 kW 以下电动机启动电路中。刀开关接有熔断器，它不仅能起开关作用，还能起到短路保护作用。图 3-3-8 所示为刀开关控制电动机启动单向旋转电路。

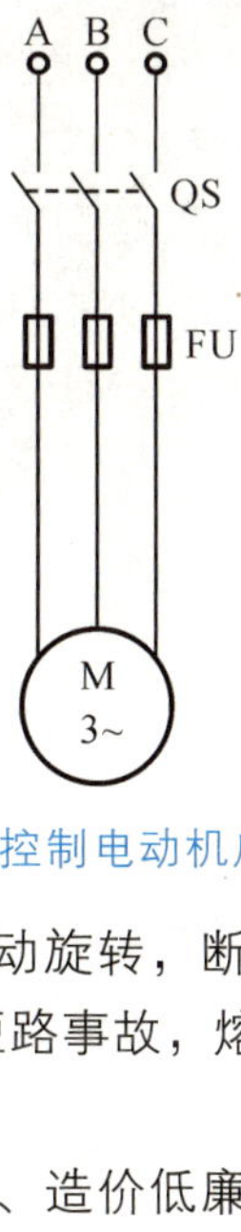

图 3-3-8　刀开关控制电动机启动单向旋转电路

当合上刀开关时，电动机单向起动旋转，断开刀开关时，电动机停止转动。刀开关上接有熔断器 FU，一旦发生电路短路事故，熔断丝会熔断，切断电动机电源，防止电动机烧坏，从而起到保护作用。

此电路具有结构简单，维修方便、造价低廉的优点。但是它带电拉合闸的灭弧能力较弱，因此只适用于不频繁起动的小容量电动机，并且不易实现远距离控制。

（七）自动往复带双向延时停留的电动机控制电路

图 3-3-9 所示是一种自动往复带双向延时停留的电动机控制电路。该电路还具有点动控制功能。在不按下 SB2 情况下，按下 SB3 或 SB4 分别实现正转和反转点动操作。SB2 是自动往复起动按钮。SQ1 是正转变反转行程开关，SQ2 是反转变正转行程开关。

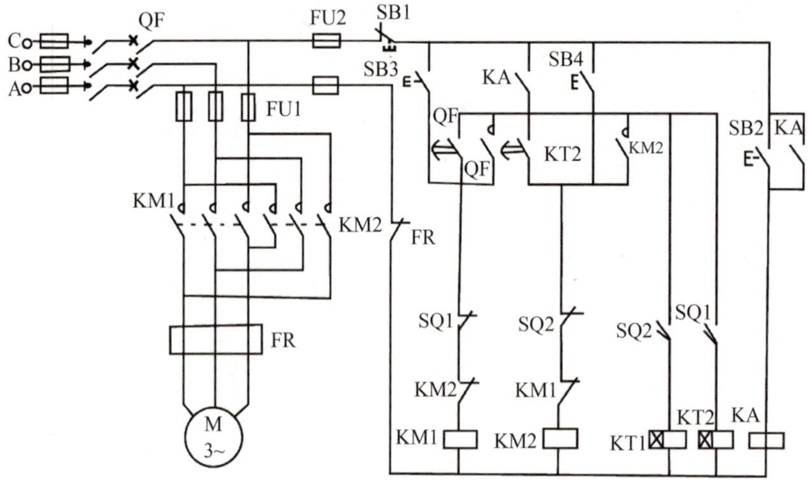

图 3-3-9　自动往复带双向延时停留的电动机控制电路

当按下 SB2，使中间继电器 KA 得电并自锁，其接于接触器线圈回路的常开触点闭合，为自动循环做好准备。然后按下 SB3，KM1 得电吸合并自锁，电动机正转。当工作台正向到达极限位置，压下行程开关 SQ1，使其常闭触点断开，KM1 失电，切断电动机正向电源，电动机停转。同时，SQ1 常开触点闭合，KT2 得电，经一段延时停留，KT2 常开延时闭合触点闭合，KM2 得电吸合并自锁，电动机反向启动运转。行程开关 SQ1 复位，其常开触点断开，使 KT2 失电，常闭触点闭合，为 KM1 得电做准备。

当工作台反向运行到极限位置，压下行程开关 SQ2，使其常闭触点断开，KM2 失电，切断电动机反向电源，电动机停转。同时 SQ2 常开触点闭合，KT1 得电，经一段延时停留，KT1 常开延时闭合触点闭合，KM1 又得电吸合并自锁，电动机又开始正向起动运转。如此周而复始，实现自动往复循环工作。

三、永磁同步电机正反转控制原理

（一）定　义

永磁同步电动机以永磁体提供励磁，使电动机结构较为简单，降低了加工和装配费用，且省去了容易出问题的集电环和电刷，提高了电动机运行的可靠性；又因无需励磁电流，没有励磁损耗，提高了电动机的效率和功率密度。永磁同步电动机由定子、转子和端盖等部件构成。定子与普通感应电动机基本相同，采用叠片结构以减小电动机运行时的铁耗。转子可做成实心，也可用叠片叠压。电枢绕组可采用集中整距绕组的，也可采用分布短距绕组和非常规绕组。

（二）工作原理

当三相电流通入永磁同步电机定子的三相对称绕组中时，电流产生的磁动势合成一个幅值大小不变的旋转磁动势。由于其幅值大小不变，这个旋转磁动势的轨迹便形成一个圆，称为圆形旋转磁动势。其大小正好为单相磁动势最大幅值的 1.5 倍，即

$$F=\frac{3}{2}F_{\varphi}=\frac{3}{2}\cdot 0.9k\cdot\frac{NI}{p}$$

式中 F——圆形旋转磁动势，T·m；

F_{φ}——单相磁动势的最大幅值，T·m；

k——基波绕组系数；

p——电机极对数；

N——每一线圈的串联匝数；

I——线圈中流过电流的有效值。

由于永磁同步电机的转速恒为同步转速，因此转子主磁场和定子圆形旋转磁动势产生的旋转磁场保持相对静止。两个磁场相互作用，在定子与转子之间的气隙中形成一个合成磁场，它与转子主磁场发生相互作用，产生了一个推动或者阻碍电机旋转的电磁转矩 T_e，即

$$T_e=kB_RB_{net}\cdot\sin\theta$$

式中 T_e——电磁转矩，N·m；

θ——功率角，rad；

B_R——转子主磁场，T；

B_{net}——气隙合成磁场，T。

由于气隙合成磁场与转子主磁场位置关系的不同，永磁同步电机既可以运行于电动机状态也可以运行于发电机状态，永磁同步电机的三种运行状态，如图 3-3-10 所示。当气隙合成磁场滞后于转子主磁场时，产生的电磁转矩与转子旋转方向相反，这时电机处于发电状态；相反，当气隙合成磁场超前于转子主磁场时，产生的电磁转矩与转子旋转方向相同，这时电机处于电动状态。转子主磁场与气隙合成磁场之间的夹角称为功率角。

永磁同步电机由两个关键部件组成，即一个多极化永磁转子和带有适当设计绕组的定子。在操作过程中，旋转的多极化永磁转子在转子与定子的气隙形成一个随时间变化的磁通。这个通量在定子绕组端子上产生交流电压，从而形成用于发电的基础。在此处所讨论的永磁同步电机使用一个安装在铁磁心上的环形永磁铁。内部永磁同步电机不在这里考虑。因磁铁嵌入到一个电镀的铁磁心内是非常困难的，通过使用适当厚度的磁铁（500 μm）以及在转子和定子铁心的高性能磁材料，气隙可以做得非常大（300 ~ 500 μm）而没有明显的性能损失，这使得定子绕组在气隙中占据一定的空间，从而大大简化了永磁同步电动机的制造。

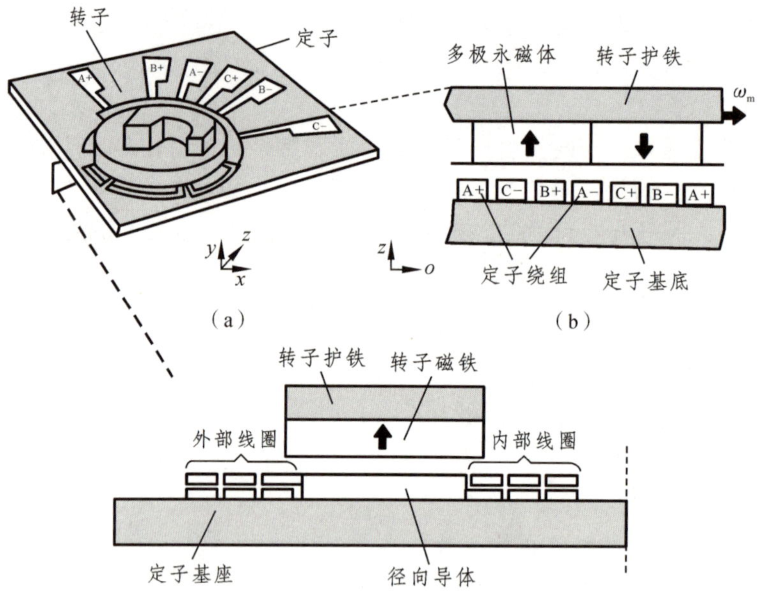

图 3-3-10　永磁同步电机概念图

（三）控制技术

1. 永磁同步电机恒压频比控制方法

永磁同步电机的恒压频比控制方法与交流感应电机的恒压频比控制方法相似，控制电机输入电压的幅值和频率同时变化，从而使电机磁通恒定，恒压频比控制方法可以适应大范围调速系统的要求。

恒压频比控制方法的最大优点是在不反馈电流、电压或位置等物理信号的前提下，仍能达到一定的控制精度。恒压频比控制方法控制算法简单、硬件成本低廉，在通用变频器领域得到了广泛应用。恒压频比控制方法的缺点也显而易见，由于在控制过程中没有反馈速度、位置或任何其他的信号，所以几乎不能获得电机的运行状态信息，更无法精确控制转速或电磁转矩，系统性能一般，动态响应较差，尤其在给定目标速度发生变化或者负载突变时，容易产生失步和振荡等问题。显然，这种控制方法不能分别控制转矩和励磁电流，在控制过程中容易存在较大的励磁电流，影响电机的效率。因此，此种控制方法常用于性能需求较低的通用变频器中，如空调、流水线的传送带驱动控制、水泵和风机的节能运行等。

2. 永磁同步电机直接转矩控制技术

直接转矩控制（Direct Self-Control，DSC）在定子静止坐标系上构建磁链和电磁转矩模型，通过施加不同的电压矢量实现电磁转矩和定子磁链的控制。直接转矩控制方法有着算法简单、转矩响应好等优点，因此，在要求高瞬态转矩响应的场合，此种方法得到了广泛应用。

由于控制存在固有的缺点使得直接转矩控制方法在速度较低时控制频率低，转矩脉动较大。因此减小低速时的转矩脉动也成了直接转矩控制方法中的研究热点，一些专业人士通过优化电压矢量作用时间来减小低速时的转矩脉动，效果较好。也有人基于离散空间矢量调制技术将直接转矩控制方法应用于交流感应电机的控制中，减小了转矩脉动。

3. 永磁同步电机矢量控制技术

矢量控制技术诞生于 20 世纪 70 年代初，永磁同步电机的矢量控制系统是参照直流电机的控制策略，利用坐标变换将采集到的电机三相定子电流、磁链等矢量按照转子磁链这一旋转矢量的方向分解成两个分量，一个沿着转子磁链方向，称为直轴励磁电流；另一个正交于转子磁链方向，称为交轴转矩电流。根据不同的控制目标调节励磁电流和转矩电流，进而实现对速度和转矩的精确控制，使控制系统获得良好的稳态和动态响应特性。

根据不同的控制目标，永磁同步电机矢量控制算法可以分为以下几种：id=0 控制、最大转矩/电流控制、弱磁控制等。这些性能指标均可以通过对直轴励磁电流和交轴转矩电流的独立控制来实现。

工作计划

进行电机正反转电路搭建与测量，并填写表 3-3-2。

表 3-3-2　工作计划方案

步骤	作业内容	负责人
1		
2		
3		
4		
5		
6		
7		
8		

进行决策

1. 各组派代表阐述资料查询结果。
2. 各组就各自的查询结果进行交流，并分享技巧。
3. 教师结合各组完成情况进行点评，选出最佳方案。

实训任务

电机正反转电路搭建与测量

一、任务准备

（一）设备及工具准备

按表 3-3-3 准备设备及工具。

表 3-3-3　设备及工具准备

序号	设备及工具名称	数量
1	智能电学套装	1 套
2	导线	若干
3	绝缘台	1 台

（二）场地设备准备

任务实施前需要做好场地防护准备，检查实训场地和设备设施是否存在安全隐患，如不正常需进行处理方可实施任务。

（三）安全防护准备

（1）绝缘桌面无多余物品。

（2）检测智能电学套装外表是否完好。

二、实施步骤

（1）打开智能电学套装，连接电源，但先不打开电箱的接电开关，如图 3-3-11 所示。

图 3-3-11　连接电源

（2）按照事先准定好的电路图，开始连接电路，如图 3-3-12 所示。

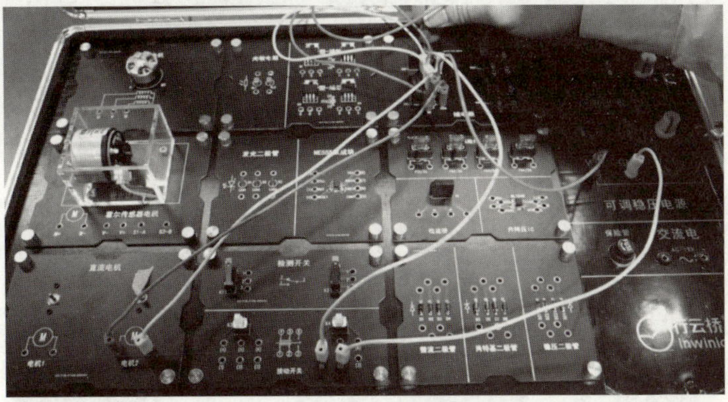

图 3-3-12　连接电路

（3）电路连接完成后，要先进行电路检查，确认电路连接正确，避免错误的连接造成短路，如图 3-3-13 所示。

图 3-3-13　电路检查

（4）确认电路连接正确后，打开电箱的开关，调整电压至 7.8 V，启动开关按钮开关 K4，此时电机是逆时针转动的，如图 3-3-14 所示。

图 3-3-14　调整电压至 7.8 V

（5）开始对电路进行测试，按下检测开关 K2，可以发现电机由原来的逆时针转动，变成顺时针转动。松开检测开关 K2 时，电机转动由顺时针转动，变成逆时针转动，如图 3-3-15 所示。

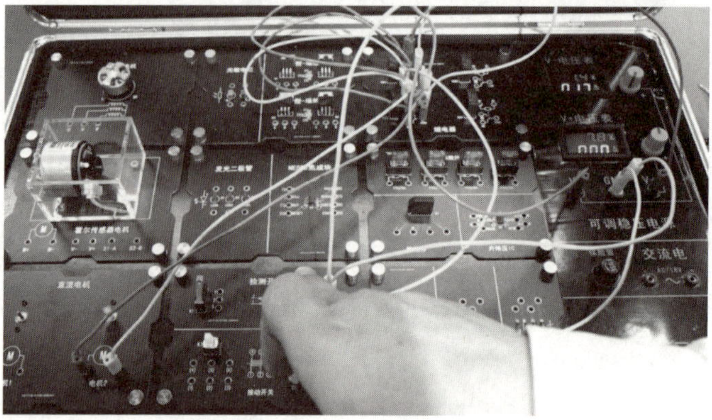

图 3-3-15　对电路进行测试

（6）打开万用表，将万用表调至电压挡，用万用表的两个表笔分别接在电机的两端口，读取万用表上的示数，看其示数为正还是负，如图 3-3-16 和图 3-3-17 所示。

图 3-3-16　用万用表的两个表笔分别接在电机的两端口

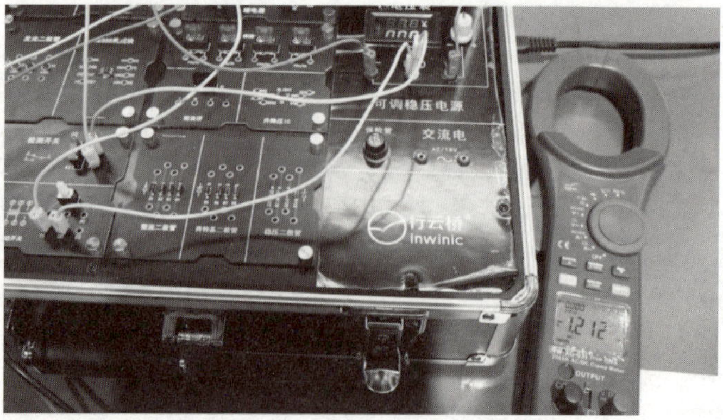

图 3-3-17　读取万用表上的示数

（7）继续保持万用表连接电机两端口的状态，此时按下检测开关 K2，观察万用表示数的变化。正常情况下，如果上一个步骤中，万用表的示数为负，则此步骤中，万用表的示数应该为正，反之亦然。无论正负，它们示数的绝对值会基本接近，如图 3-3-18 所示。

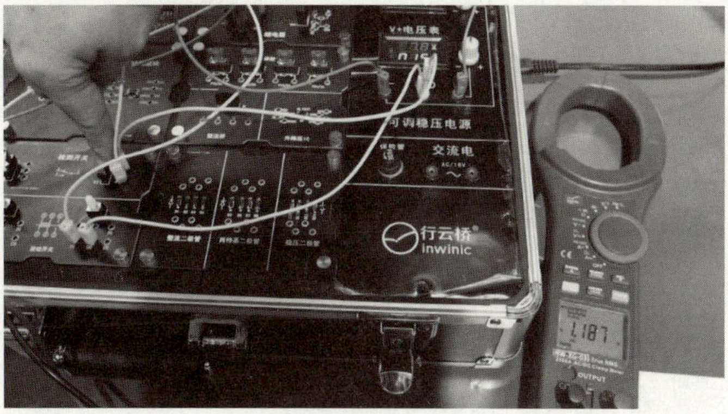

图 3-3-18 观察万用表示数的变化

评价与反馈

一、学生自评与互评

学生以小组为单位，就实训操作过程与操作结果进行自评及组内互评，并将结果填入表 3-3-4 中。

表 3-3-4　学生评价表

自我评价	1. 实训任务关键技能及基本技能有没有掌握? 评价情况: 20 实训任务的目标有没有实现? 效果如何? 评价情况: 3. 100 分的任务，你给自己打多少分? 得分:
小组评价	1. 实训任务的关键技能及基本技能有没有掌握? 评价情况: 参评人员: 2. 实训任务的目标有没有实现? 效果如何? 评价情况: 参评人员: 3. 100 分的任务，你给他（她）打多少分? 得分:

二、教师评价及综合评价

请教师给出综合评价，并将结果填入表 3-3-5 中。

表 3-3-5 综合评价表

<table>
<tr><td rowspan="2">综合评价</td><td>自我评价（10%）</td><td>小组评价（10%）</td><td>教师评价（80%）</td><td>综合得分</td></tr>
<tr><td></td><td></td><td></td><td></td></tr>
<tr><td>综合评语</td><td colspan="4">（作业过程中存在的问题及改进建议）</td></tr>
</table>

拓展知识

电机常见故障

1. 发电机过热

（1）发电机没有按规定的技术条件运行，如定子电压过高，铁损增大；负荷电流过大，定子绕组铜损增大；频率过低，使冷却风扇转速变慢，影响发电机散热；功率因数太低，使转子励磁电流增大，造成转子发热。应检查监视仪表的指示是否正常。如不正常，要进行必要的调节和处理，使发电机按照规定的技术条件运行。

（2）发电机的三相负荷电流不平衡，过载的一相绕组会过热；若三相电流之差超过额定电流的 10%，即属于严重相电流不平衡，三相电流不平衡会产生负序磁场，从而增加损耗，引起磁极绕组及套箍等部件发热。应调整三相负荷，使各相电流尽量保持平衡。

（3）风道被积尘堵塞，通风不良，造成发电机散热困难。应清除风道积尘、油垢，使风道保持畅通。

（4）进风温度过高或进水温度过高，冷却器有堵塞现象。应降低进风或进水温度清除冷却器内的堵塞物。在故障未排除前，应限制发电机负荷，以降低发电机温度。

（5）轴承加润滑脂过多或过少，应按规定加润滑脂，通常为轴承室的 1/2～1/3（转速低的取上限，转速高的取下限），并以不超过轴承室的 70%为宜。

（6）轴承磨损。若磨损不严重，使轴承局部过热；若磨损严重，有可能使定子和转子摩擦，造成定子和转子局部过热。应检查轴承有无噪声，若发现定子和转子摩擦，应立即停机进行检修或更换轴承。

（7）定子铁心绝缘损坏引起片间短路，造成铁心局部的涡流损失增加而发热，严重时会使定子绕组损坏。应立即停机进行检修。

（8）定子绕组的并联导线断裂，使其他导线的电流增大而发热，应立即停机进行检修。

2. 发电机中性线对地有异常电压

（1）正常情况下，由于高次谐波影响或制造工艺等原因造成各磁极下的气隙不均、磁势不等而出现的很低电压，若电压在一至数伏，不会有危险，不必处理。

（2）发电机绕组有短路或对地绝缘不良，导致电设备及发电机性能变坏，容易发热，应及时检修，以免事故扩大。

（3）空载时中性线对地无电压，而有负荷时出现电压，是由于三相不平衡引起的，应调整三相负荷使其基本平衡。

3. 发电机电流过大

（1）负荷过大，应减轻负荷。

（2）输电线路发生相间短路或接地故障，应对线路进行检修，故障排除后即可恢复正常。

4. 发电机端电压过高

（1）与电网并列的发电机电网电压过高，应降低并列的发电机的电压。

（2）励磁装置的故障引起过励磁，应及时检修励磁装置。

5. 功率不足

由于励磁装置电压源复励补偿不足，不能提供电枢反应所需的励磁电流，使发电机端电压低于电网电压，送不出额定无功功率，应采取下列措施。

（1）在发电机与励磁电抗器之间接入一台三相调压器，以提高发电机端电压，使励磁装置的磁势逐渐增大。

（2）改变励磁装置电压磁通势与发电机端电压的相位，使合成总磁通势增大，可在电抗器每相绕组两端并联数千欧、10 W 的电阻。

（3）减小变阻器的阻值，使发电机的励磁电流增大。

6. 定子绕组绝缘击穿、短路

（1）定子绕组受潮。对于长期停用或经较长时间检修的发电机，投入运行前应测量绝缘电阻，不合格者不准投入运行。受潮发电机要进行烘干处理。

（2）绕组本身缺陷或检修工艺不当，造成绕组绝缘击穿或机械损伤。应按规定的绝缘等级选择绝缘材料，嵌装绕组及浸漆干燥等要严格按工艺要求进行。

（3）绕组过热。绝缘过热后会使绝缘性能降低，有时在高温下会很快造成绝缘击穿。应加强日常的巡视检查，防止发电机各部分发生过热而损坏绕组绝缘。

（4）绝缘老化。一般发电机运行 15 ~ 20 年以上，其绕组绝缘老化，电气性能变差，甚至使绝缘击穿。要做好发电机的检修及预防性试验，若发现绝缘不合格，应及时更换有缺陷的绕组绝缘或更换绕组，以延长发电机的使用寿命。

（5）发电机内部进入金属异物，在检修发电机后切勿将金属物件、零件或工具遗落到定子膛中；绑紧转子的绑扎线、紧固端部零件，以不致发生由于离心力作用而松脱。

（6）过大电压击穿。

① 线路遭受雷击，而防雷保护不完善。应完善防雷保护设施。

② 误操作，如在空载时，将发电机电压升得过高。应严格按操作规程对发电机进行升压，防止误操作。

③ 发电机内部过电压，包括操作过电压、弧光接地过电压和谐振过电压等，应加强绕组绝缘预防性试验，及时发现和消除定子绕组绝缘中存在的缺陷。

（7）定子铁心松弛。

由于制造装配不当，铁心没有紧固好。如果是整个铁心松弛，对于小型发电机，可用两块小于定子绕组端部内径的铁板，穿上双头螺栓，收紧铁心。待恢复原形后，再将铁心原来夹紧螺栓紧固。如果局部性铁心松弛，可先在松弛片间涂刷硅钢片漆，再在松弛部分打入硬质绝缘材料即可。

7. 铁心片间短路

（1）铁心叠片松弛，当发电机运转时铁心产生振动而损坏绝缘；铁心片个别地方绝缘受损伤或铁心局部过热，使绝缘老化，就按原计划条中的方法进行处理。

（2）铁心片边缘有毛刺或检修时受机械损伤。应用细锉刀除去毛刺，修整损伤处，清洁表面，再涂上一层硅钢片漆。

（3）有焊锡或铜粒短接铁心，应刮除或凿除金属熔接焊点，处理好表面。

（4）绕组发生弧光短路，也可能造成铁心短路，应将烧损部分用凿子清除后，处理好表面。

8. 发电机失去剩磁，启动时不能发电

（1）停机后经常失去剩磁，是由于励磁机磁极所用的材料接近软钢，剩磁较少。当停机后励磁绕组没有电流时磁场就消失，应备有蓄电池，在发电前先进行充磁。

（2）发电机的磁极失去磁性，应在绕组中通入比额定电流大的直流电流（时间很短）进行充磁，即能恢复足够的剩磁。

9. 自动励磁装置的励磁电抗器温度过高

（1）电抗器线圈局部短路，应检修电抗器。

（2）电抗器磁路的气隙过大，应调整磁路气隙。

10. 发电机起动后，电压升不起来

（1）励磁回路断线，使电压升不起来。应检查励磁回路有无断线，接触是否良好。

（2）剩磁消失，如果励磁机电压表无指示说明剩磁消失，应对励磁机充磁。

（3）励磁机的磁场线圈极性接反，应将它的正负连接线对换。

（4）在发电机检修中做某些试验时误把磁场线圈通以反向直流电，导致剩磁消失或反向，应重新进行充磁。

任务四　光感大灯原理电路认知及检测

任务目标

知识目标

1. 能够了解光传感器的定义。
2. 能够掌握光传感器的分类。
3. 能够掌握光感自动大灯的定义。

技能目标

1. 能够正确使用数字万用表。
2. 能够独立完成自动大灯控制模块测量。

素养目标

1. 遵守职业道德，树立正确的价值观。
2. 培养崇尚劳动的精神，逐步提升服务社会的意识。
3. 弘扬工匠精神，塑造精益求精的品质。
4. 培养协同合作的团队精神，自觉遵守组织纪律。

任务导入

小陈最近想购买一辆新能源汽车，他通过各个渠道了解到，有些车型具有自动大灯的功能，他认为这个功能非常实用。但是小陈不清楚这个光感自动大灯的原理，他想了解这是不是一个很复杂的技术，如果以后出问题了会不会很难进行维修。如果你作为一名4S店的工作人员，请问你该如何跟小陈介绍光感大灯呢?

任务分组

学生任务分配如表3-4-1所示。

获取信息

一、光传感器

(一) 定　义

光传感器是利用光敏元件将光信号转换为电信号的传感器，它的敏感波长在可见光波长附近，包括红外线波长和紫外线波长。光传感器不只局限于对光的探测，它还可以作为探测元件组成其他传感器，对许多非电量进行检测，只要将这些非电量转换为光信号的变化即可。光传感器是目前产量最多、应用最广的传感器之一。

光传感器可分为环境光传感器、红外光传感器、紫外光传感器、太阳光传感器四类，主要应用在车身电子系统和智能照明系统等领域。

表 3-4-1　学生任务分配

<table>
<tr><td>班级</td><td colspan="2"></td><td>组号</td><td colspan="2"></td><td>指导老师</td><td></td></tr>
<tr><td>组长</td><td colspan="2"></td><td>学号</td><td colspan="4"></td></tr>
<tr><td rowspan="4">组员</td><td>姓名：</td><td></td><td>学号：</td><td></td><td>姓名：</td><td></td><td>学号：</td></tr>
<tr><td>姓名：</td><td></td><td>学号：</td><td></td><td>姓名：</td><td></td><td>学号：</td></tr>
<tr><td>姓名：</td><td></td><td>学号：</td><td></td><td>姓名：</td><td></td><td>学号：</td></tr>
<tr><td>姓名：</td><td></td><td>学号：</td><td></td><td>姓名：</td><td></td><td>学号：</td></tr>
<tr><td colspan="8">任务分工</td></tr>
<tr><td colspan="8"></td></tr>
</table>

（二）类　型

1. 环境光传感器

环境光传感器是一种通过感知周围光照强度，实时输出电信号的一种传感器，如图 3-4-1 所示。环境光传感器在消费类电子、汽车电子和工业控制等领域均有使用，如智能手机、平板计算机的顶部，都会配置环境光传感器，通过环境光传感器感应光照强度，实现屏幕亮度实时控制，起到降低设备功耗、延长设备使用寿命、保护眼睛的作用。

图 3-4-1　环境光传感器

2. 红外光传感器

红外光传感器是利用红外线的物理性质来进行测量的传感器。它具有反射、折射、散射、干涉、吸收等性质。任何物质，只要它本身具有一定的温度（高于绝对零度），都能辐射红外线。红外光传感器测量时不与被测物体直接接触，因而不存在摩擦，并且有灵敏度高、反应快等优点。

3. 紫外光传感器

紫外线传感器又叫作紫外光敏管（简称紫外管），是一种利用光电子发射效应的光电管。其特点是只响应 300 nm 以下紫外辐射，具有高灵敏度、高输出、高响应速度等特性，并且抗干扰能力强、稳定可靠、寿命长、耗电少，因而在目前的安全防护、自动化控制方面有着比较广泛的使用价值。

4. 太阳光传感器

太阳光传感器可用于航天器、地面气象站和太阳跟踪系统，以及包括气球和无人机在内的空中飞行器等。

在汽车领域中，太阳光传感器可以通过检测在传感器上的太阳光照强度，将光信号转换为电压或电流值送给空调控制器，用来修正混合门的位置与鼓风机的转速。它一般安装在容易检测日照变化的仪表板上面，靠近前风窗玻璃的底部。阳光传感器中的光敏二极管可检测出日光辐射变化，并将其变为电流信号传至空调控制器。

此外，太阳光传感器也可感知车外阳光照射量，给车辆自动大灯提供开启和关闭的控制信息。

（三）工作原理

光传感器主要利用半导体材料制成的光敏电阻、光敏二极管等光敏半导体元件，可用于光控电路，如光控路灯电路，如图 3-4-2 所示。

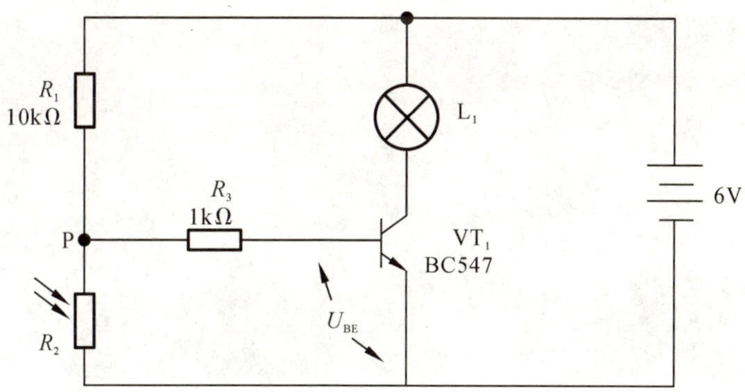

图 3-4-2　三极管开关：光控路灯

二、光感自动大灯

（一）定　义

自动感应大灯，又叫作感应式自动大灯（见图 3-4-3），是中央智能控制盒根据位于内后视镜后方的光线传感器来判断光线亮度变化，来控制自动点亮或熄灭示宽灯和近光灯。自动大灯只有在灯光控制调到自动挡即“AUTO”挡时才有效。当汽车行驶中光线变暗时，前大灯会自动亮起，当光线变亮时会自动熄灭。

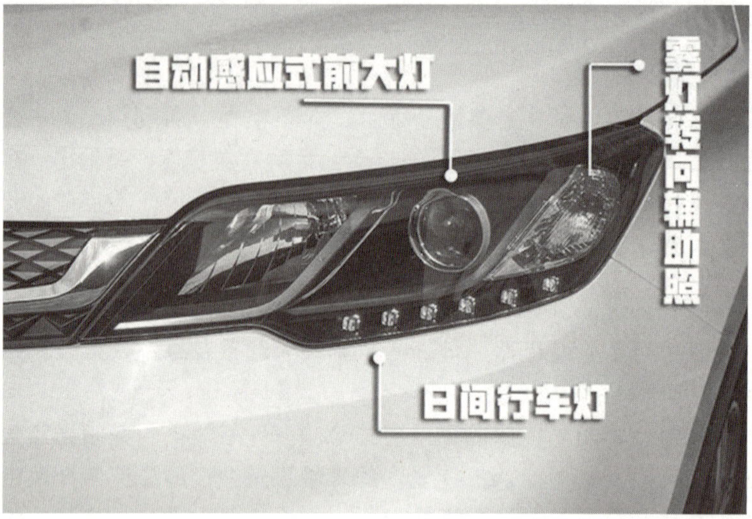

图 3-4-3　汽车自动感应大灯

自动感应大灯对于行车安全十分必要，比如在日常生活中，当行至隧道时，自动感应大灯系统会感知光线的变化，自动调节灯光的亮度，照亮前行的道路(见图 3-4-4)，这样就可省去驾驶员在黑暗中去寻找灯光开关的麻烦，进而提高行车的安全性。自动大灯通常是在环境光线不足时自动开启，在环境光线充足时自动关闭，同时，自动大灯系统通知控制车前大灯的开关和亮暗，达到提醒行人或车辆注意到车辆的存在及位置的目的。

图 3-4-4　开启“AUTO”汽车自动大灯在较暗隧道中自动亮起

（二）原　理

自动大灯的原理其实很简单，就是在原有大灯开关的基础上，增加一个“AUTO”挡开关（见图 3-4-5）。这个开关不仅是和手控制的开关相连，还和一个光敏感应器串联在一起，当有足够光线照射的时候，就会处于一种断路的状态，这个时候大灯是关闭的，如果光线暗到一定的程度，里面的光敏材料发出电信号，就会让开关处于闭合状态，大灯开启。

图 3-4-5　汽车自动大灯“AUTO”位置标示

简单地说，以光敏电阻等电子元件组成的光感应器传感器（装在车内后视镜的背面等位置），向行车微机发出感应电子信号，行车微机根据预设数据实时分析处理这些信号。如果信号符合条件，就会发出指令给大灯控制开关，开启或关闭前大灯、变远近光等。这样在开车时遇到光线变暗或变亮，大灯就会自动开启或关闭，还能在夜晚会车时有的还会自动改变远近灯等。

工作计划

进行光感自动灯电路的搭建与测量（光感电阻），并填写表 3-4-2。

表 3-4-2　工作计划方案

步骤	作业内容	负责人
1		
2		
3		
4		
5		
6		
7		
8		

进行决策

1. 各组派代表阐述资料查询结果。
2. 各组就各自的查询结果进行交流，并分享技巧。
3. 教师结合各组完成情况进行点评，选出最佳方案。

实训任务

自动大灯控制模块检测

一、任务准备

（一）设备及工具准备

按表 3-4-3 准备设备及工具。

表 3-4-3　设备及工具准备

序号	设备及工具名称	数量
1	比亚迪秦汽车	1 辆
2	比亚迪秦维修手册	1 本
3	万用表	1 台

（二）场地设备准备

任务实施前需要做好场地防护，检查实训场地和设备设施是否存在安全隐患，如不正常需进行处理方可实施任务。

（三）安全防护准备

（1）车辆做好防护措施。

（2）正确使用万用表。

二、实施步骤

（1）关闭点火开关，断开组合开关连接器，如图 3-4-6 所示。

（2）取出数字万用表，使用电阻挡并对万用表进行校零，校零后选择电阻挡进行测量，如图 3-4-7 所示。

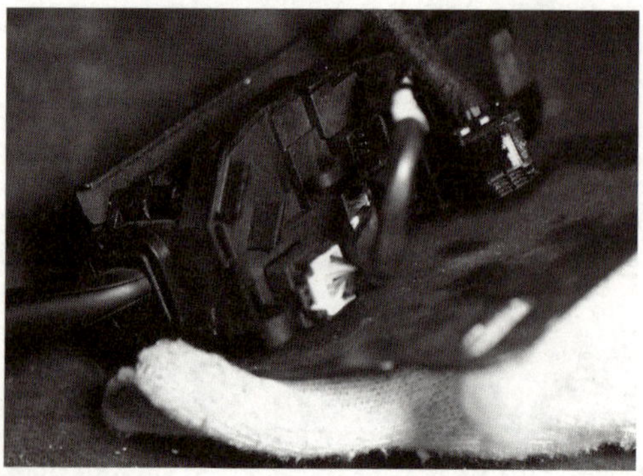

图 3-4-6　断开组合开关连接器

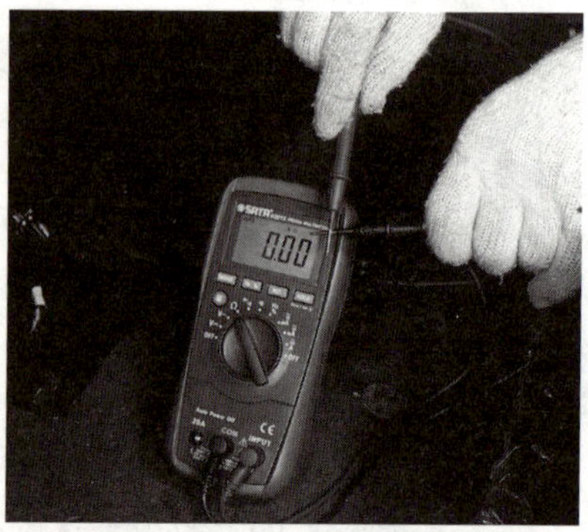

图 3-4-7　万用表校零

（3）将万用表红黑表笔对应插接件 G201 和 G202 号端子进行测量，如图 3-4-8 所示。

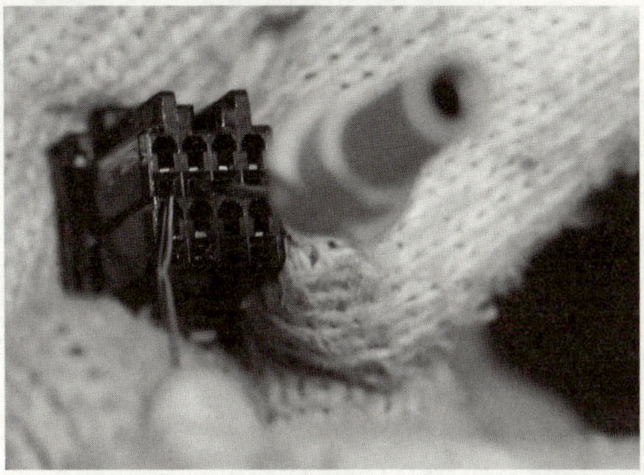

图 3-4-8　测量 G201 和 G202 号端子

（4）读取数值，将测量值与维修手册标准值比较，正常情况总线终端电阻约 60 Ω，如图 3-4-9 所示。

（5）取下红黑表笔，复位万用表，装回组合开关连接器，如图 3-4-10 所示。

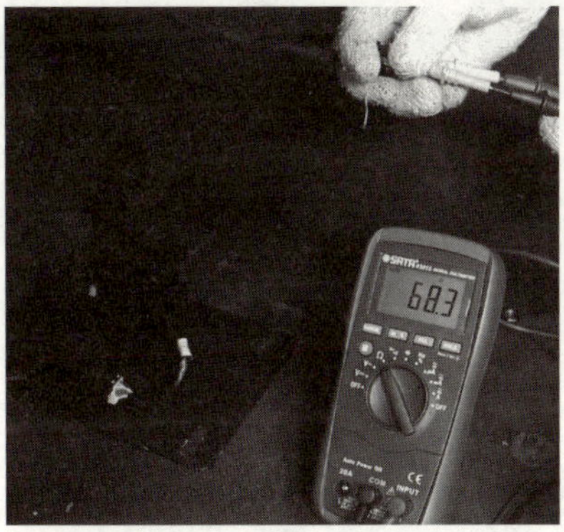

图 3-4-9　读取数值

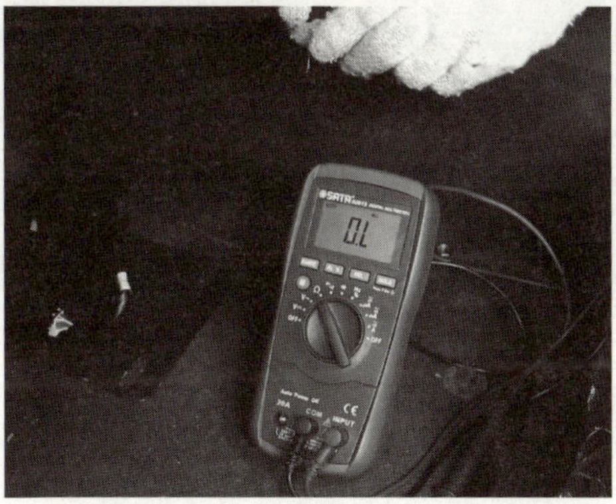

图 3-4-10　复位万用表

（6）整理工具，清洁场地，设备复位。

评价与反馈

一、学生自评与互评

学生以小组为单位，就实训操作过程与操作结果进行自评及组内互评，并将结果填入表 3-4-4 中。

表 3-4-4　学生评价表

<table>
<tr><td rowspan="3">自我评价</td><td>1. 实训任务关键技能及基本技能有没有掌握？
评价情况：</td></tr>
<tr><td>2. 实训任务的目标有没有实现？效果如何？
评价情况：</td></tr>
<tr><td>3. 100 分的任务，你给自己打多少分？
得分：</td></tr>
<tr><td rowspan="3">小组评价</td><td>1. 实训任务的关键技能及基本技能有没有掌握？
评价情况：

参评人员：</td></tr>
<tr><td>2. 实训任务的目标有没有实现？效果如何？
评价情况：

参评人员：</td></tr>
<tr><td>3. 100 分的任务，你给他（她）打多少分？
得分：</td></tr>
</table>

二、教师评价及综合评价

请教师给出综合评价，并将结果填入表 3-4-5 中。

表 3-4-5　综合评价表

<table>
<tr><td rowspan="2">综合评价</td><td>自我评价（10%）</td><td>小组评价（10%）</td><td>教师评价（80%）</td><td>综合得分</td></tr>
<tr><td></td><td></td><td></td><td></td></tr>
<tr><td>综合评语</td><td colspan="4">（作业过程中存在的问题及改进建议）</td></tr>
</table>

拓展知识

光传感器在汽车上的应用

光传感器在汽车上有以下一些应用：

1. 环境光检测

在车身电子应用中，环境光传感器用于调节仪表盘的背光强度，以及导航系统（GPS）、温度控制及 DVD 屏幕中的 LCD 背光强度。例如，当日光变得昏暗并且漆黑一片时，仪表盘背光将进行不同程度的调节，以达到最佳可见度，并降低可能对驾驶者造成的强光。使用这些传感器可消除在白天打开车大灯时烦人的显示屏自动亮度调节等程序，环境光传感器的关键功能是利用 380～780 nm 的敏感度可见波长，复制了人眼的敏感度。

2. 隧道检测

隧道检测需要两个传感器的输入。第一个传感器具有“向上看”的较宽视野，以及相对较长的平均移动时间段，长时间段可防止车灯打开和关闭。第二个传感器具有“向前看”的较窄视野，以及相对较短的平均移动时间段。这可使隧道传感器对突然的日光变化做出快速反应，并打开车大灯，以及在进入隧道时可调节显示屏的背光亮度。前向传感器消除了在进入桥下或遮天蔽日的大树下时打开及关闭车灯。在这些情况下，该传感器仍将“看到”前方的光线。

当进入隧道时，隧道传感器信号将下降，而宽视野传感器的信号将仍保持高强度，车大灯将打开。当出了隧道时，隧道传感器信号将加强，而宽视野传感器信号将下降，车大灯将关闭。凭借不同的平均移动时间段，控制器可做出明确的区别。

3. 智能照明系统

为了提高工作环境的舒适性，照明控制系统采用光传感器，根据当前环境的照度自动控制照明设备，从而使照度控制在舒适的范围内。在传统的照明控制系统中，往往采用普通光传感器结合 A/D 转换器（ADC）。由于光传感器检测到的光信号既包含可见光成分又有红外光成分，滤除红外光对光传感器检测结果。

4. 温度控制

通过确定日光的角度并连同热敏电阻调整风扇速度和温度，光电二极管在温度控制中发挥了重要作用。确定日光的角度是光电二极管上的照明功能，在光电二极管中，峰值照明可转变成处于最高点的日光。具有集成 NTC 热敏电阻的光电二极管最适合这种类型的应用。

5. 雨水检测

安装在挡风玻璃上的雨水传感器由红外线发射二极管与光电二极管组成，光电二极管用于检测玻璃反射的已发射光线量。红外线通过该传感器装置以精确角度发射出去，在挡风玻璃内部进行反射，然后返回到光电二极管。开始下雨时，雨滴落在挡风玻璃上，一些光线将发生折射，从而使反射回光电二极管的光线量减少。当降雨量增加时，反射回检测器表面的光线量将持续减少。最终，输出电流会降到定义的阈值以下，该传感器会指示“下雨”。通过这种到微控制器的输入，该传感器会打开刮水器，并调整刮水器的速度。

随着越来越多的智能驾驶和不同环境中的汽车应用需求，光传感器有着非常多样的检测作用。相信在未来，光传感器在汽车上的应用也将越来越广泛。

项目四 新能源汽车安全技术专业知识认知

任务一　新能源汽车高压安全断电

任务目标

知识目标

能够掌握高压安全断电操作流程。

技能目标

1. 能完成作业前准备工作。
2. 学生能熟知高压断电操作流程，按要求规范完成高压断电操作任务。

素养目标

1. 遵守职业道德，树立正确的价值观。
2. 引导崇尚劳动精神，逐步提升服务社会的意识。
3. 弘扬工匠精神，塑造精益求精的品质。
4. 培养协同合作的团队精神，自觉遵守组织纪律。

任务导入

如果有一辆电动汽车发生了事故，你被指派去现场处理事故车辆，在维修带有高电压的新能源汽车前，务必规范执行高压电的断电和检验操作，你能正确操作新能源汽车高压安全断电吗？

任务分组

学生任务分配如表 4-1-1 所示。

表 4-1-1 学生任务分配

班级		组号		指导老师	
组长		学号			
组员	姓名：______ 学号：______		姓名：______ 学号：______		
	姓名：______ 学号：______		姓名：______ 学号：______		
	姓名：______ 学号：______		姓名：______ 学号：______		
	姓名：______ 学号：______		姓名：______ 学号：______		
任务分工					

获取信息

高压断电流程

（一）设立监护人持证上岗

高压电气部件的维护和检修作业必须设立专职监护人。由监护人监督工、量具设备的检查，劳保用品等是否符合要求，也监督作业全过程，并对作业结果进行检查，指挥供电。

（二）检查现场环境，设置隔离栏、警示标识

检查现场操作环境，周边不得有易燃物品及与工作无关的金属物品，并在维修车辆周围设置隔离，无关人员不得进入现场。与工作无关的工具不得带入工作场地，必须使用的金属工具，手持部分要做绝缘处理。在地面或车辆附近明显位置放置“高压危险”警示牌。

（三）检查高压检测工具、高压防护工具

参照项目一任务三检查仪器仪表，确认绝缘电阻测试仪以及钳形电流表功能正常。选择正确耐压等级的绝缘鞋、绝缘帽、绝缘手套以及护目镜，并检查有无破损、漏气等现象。

（四）关闭车辆电源，将钥匙放在安全处

关闭车辆电源，确保点火开关背景灯处于熄灭状态，并将钥匙移出智能钥匙探测范围，可将车钥匙锁入维修柜或由实操人员保管，保证他人无法接触。

（五）断开辅助蓄电池负极连接

断开辅助蓄电池负极电缆，负极电缆接头用绝缘胶带包好，蓄电池负极桩头用盖子盖好或用绝缘胶带包好。

（六）断开维修开关，并妥善保存

一般来说，新能源汽车设置有维修开关，断开维修开关才可对新能源汽车进行维修。断开维修开关后，用盖子或绝缘胶布将维修开关接口封好。车辆放置 5 min（不同厂家有不同要求），对新能源汽车的高压电容器进行放电。

将维修开关锁入维修柜安全存放，并在拆除后的相应位置放置“有电危险”警示牌。

（七）断开动力蓄电池高、低压插件

穿戴好绝缘防护品，先断开动力蓄电池低压线束插件，再断开动力蓄电池高压线束插件。

（八）验电、放电

断开动力蓄电池高压插件后，需要对动力蓄电池的母线进行验电，测量动力母线正、负极电压应小于 1 V；如果母线有残余电荷，需用放电设备进行放电，确保动力蓄电池母线无电。

安全重于泰山，在维修新能源汽车之前一定要采取正确的安全防护措施。一般来说，完成了以上几个步骤才可以对新能源汽车高压电气系统进行维修。

当高压电气系统在维护或检修完成后，需由监护人检查确定能否上电。监护人要仔细检查电路是否符合要求，并且检查现场人员是否在安全距离外。

工作计划

进行高压安全断电操作的实训，并填写表 4-1-2。

表 4-1-2　工作计划

步骤	作业内容	负责人
1		
2		
3		
4		

续表

步骤	作业内容	负责人
5		
6		
7		
8		

进行决策

1. 各组派代表阐述资料查询结果。
2. 各组就各自的查询结果进行交流，并分享技巧。
3. 教师结合各组完成情况进行点评，选出最佳方案。

实训任务

高压安全断电操作

一、任务准备

（一）设备及工具准备

按表 4-1-3 准备设备及工具。

表 4-1-3 设备及工具准备

序号	设备及工具名称	数量
1	比亚迪秦 EV 整车	1 辆
2	数字万用表	1 台
3	车内外 3 件套	1 套
4	绝缘内阻测试仪	1 台
5	护目镜	1 副
6	个人防护套装	1 套
7	标识牌和隔离栏	1 套

（二）场地设备准备

任务实施前需要做好场地防护，以及检查实训场地和设备设施是否存在安全隐患。

（三）安全防护准备

（1）维修人员必须佩戴必要的安全防护用品。

（2）使用前必须检查绝缘防护手套是否有破损、破洞或裂纹等，应完好无损，确保安全。

（3）使用前必须检查绝缘防护手套、绝缘胶鞋等防护用品，不能带水进行操作，保证内外表面洁净、干燥，确保安全。绝缘垫和防护眼镜等，其耐压等级必须大于需要测量的最高电压的 1.5 倍。

二、实施步骤

（1）以比亚迪秦 EV 2019 出行版为例，根据高压安全断电步骤进行动力电池高压断电操作。

（2）关闭车辆点火开关（“OFF”挡，呼吸灯灭），智能钥匙交给专人妥善保管，严禁置于他人可触及处（见图 4-1-1）。

图 4-1-1　钥匙置“OFF”挡

（3）所有充电口应用绝缘胶带封住，防止车辆作业时被误充电。

（4）测量绝缘地垫的绝缘电阻，断开低压蓄电池负极。

（5）等待 3 min，做车辆举升前的准备工作、检查举升机，车辆外观检查工作、车身防护工作。

（6）举升车辆，车辆举升至合适位置后（大约 1.7 m 高）断开动力电池低压接插件，穿戴好绝缘防护手套断开高压接插件（见图 4-1-2）。

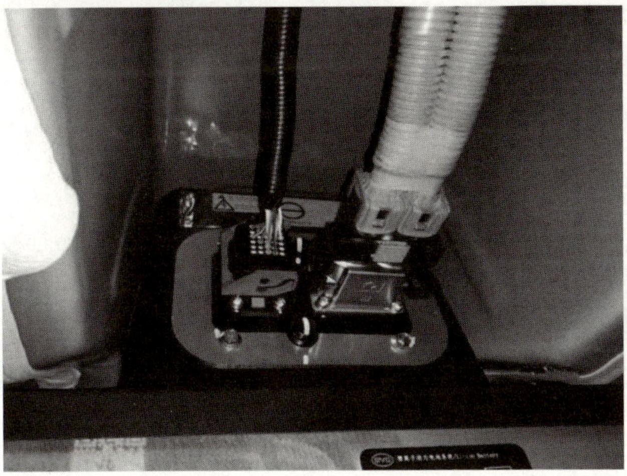

图 4-1-2　断开低压、高压接插件

（7）高压断电后使用万用表测量动力电池高压母线端的电压，如图 4-1-3 所示。

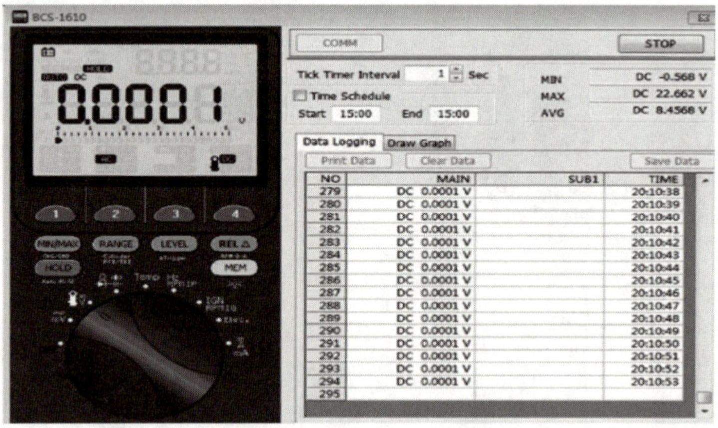

图 4-1-3　测量高压母线端的电压

（8）若测量动力电池高压母线端的电压有 418 V，说明电池包内的接触器烧结，对高压接插件做绝缘处理。拆卸动力电池需要全程戴绝缘防护手套。

评价与反馈

一、学生自评与互评

学生以小组为单位，就实训操作过程与操作结果进行自评及组内互评，并将结果填入表 4-1-4 中。

表 4-1-4　学生评价表

自我评价	1. 实训任务关键技能及基本技能有没有掌握？ 评价情况： 2. 实训任务的目标有没有实现？效果如何？ 评价情况： 3. 100 分的任务，你给自己打多少分？ 得分：
小组评价	1. 实训任务的关键技能及基本技能有没有掌握？ 评价情况： 参评人员： 2. 实训任务的目标有没有实现？效果如何？ 评价情况： 参评人员： 3. 100 分的任务，你给他（她）打多少分？ 得分：

二、教师评价及综合评价

请教师给出综合评价，并将结果填入表 4-1-5 中。

表 4-1-5　综合评价表

综合评价	自我评价（10%）	小组评价（10%）	教师评价（80%）	综合得分
综合评语	（作业过程中存在的问题及改进建议）			

任务二　新能源汽车高压部件认知

任务目标

知识目标

1. 能够描述新能源汽车高压系统的组成。
2. 能够描述新能源汽车高压部件警告标识和高压警告颜色。
3. 认识电动汽车高压部件的名称和作用。

技能目标

1. 能够识别纯电动汽车高电压部件位置。
2. 能够正确识别纯电动汽车高压警告标识。

素养目标

1. 遵守职业道德，树立正确的价值观。
2. 引导崇尚劳动精神，逐步提升服务社会的意识。
3. 弘扬工匠精神，塑造精益求精的品质。
4. 培养协同合作的团队精神，自觉遵守组织纪律。

任务导入

维修带有高电压的新能源汽车之前，必须正确认识车辆上哪些部件具有高压。如果你的主管让你去维修一辆新能源汽车，但和你一起维修的另一名技师并不了解车辆上哪些部件是危险的，你能在维修前给他正确的引导和说明吗?

任务分组

学生任务分配如表 4-2-1 所示。

获取信息

一、新能源汽车高压系统组成

（一）新能源汽车高压系统组成

新能源汽车高压用电系统主要由动力电池、驱动电机、驱动电机控制器 MCU、高压配电箱 PDU、电动压缩机、DC/DC、OBC、PTC 以及高压线束等组成。其中，充电系统、电源系统、动力系统为纯电动汽车核心部件，如图 4-2-1 所示。

表 4-2-1　学生任务分配

<table>
<tr><td>班级</td><td></td><td>组号</td><td></td><td>指导老师</td><td></td></tr>
<tr><td>组长</td><td></td><td>学号</td><td colspan="3"></td></tr>
<tr><td rowspan="4">组员</td><td colspan="2">姓名：________ 学号：________</td><td colspan="3">姓名：________ 学号：________</td></tr>
<tr><td colspan="2">姓名：________ 学号：________</td><td colspan="3">姓名：________ 学号：________</td></tr>
<tr><td colspan="2">姓名：________ 学号：________</td><td colspan="3">姓名：________ 学号：________</td></tr>
<tr><td colspan="2">姓名：________ 学号：________</td><td colspan="3">姓名：________ 学号：________</td></tr>
<tr><td colspan="6">任务分工</td></tr>
<tr><td colspan="6"></td></tr>
</table>

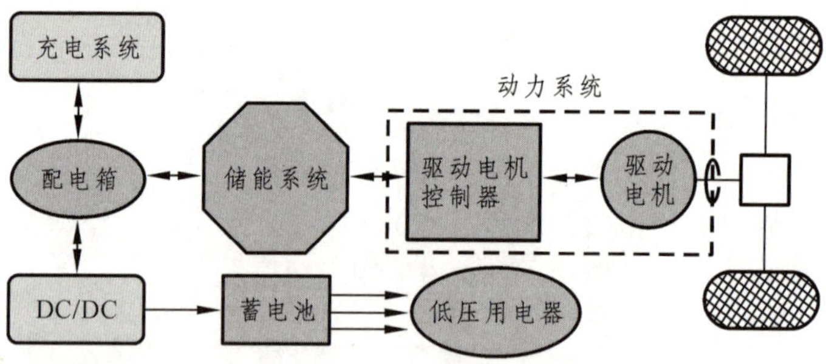

图 4-2-1　高压系统核心部件

（二）高压部件认知

1. 动力电池

电动汽车的整车动力来源是动力电池，如图 4-2-2 所示。动力电池的电压一般为 100 ~ 600 V，其输出电流能达到 300 A。动力电池的容量大小直接影响整车续航里程，同时也直接影响充电时间与充电效率。当前绝大多数汽车均采用锂离子动力电池。

图 4-2-2　动力电池

2. 驱动电机

驱动电机以车载电源作为动力，将电能转换为机械能，通过传动装置或直接驱动汽车车轮行驶。与传统燃油汽车的发动机将燃料燃烧的化学能转化为机械能不同，其工作效率更高，能够达到 85%以上，故相比传统汽车，其能量利用率更高，能够减少资源的浪费。图 4-2-3 所示为某款新能源汽车驱动电机。

图 4-2-3　驱动电机

3. 驱动电机控制器

驱动电机控制器（Moter Control Unit，MCU）是电动汽车的关键零部件之一，其功能是根据挡位、油门、刹车等指令，将动力电池所存储的电能转换为驱动电机所需的电能，控制电动汽车的启动运行、进退速度、爬坡力度等行驶状态，或者帮助电动车辆刹车，并将部分刹车能量存储到动力电池之中。总的来讲，驱动电机控制器将高压直流电转为交流电，并与整车其他模块进行信号交互，实现对驱动电机的有效控制。图 4-2-4 所示为某款新能源汽车驱动电机控制器。

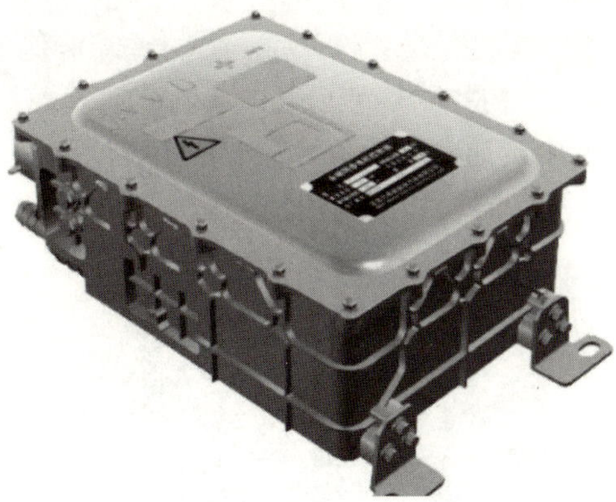

图 4-2-4　驱动电机控制器

4. 高压配电箱

高压配电箱（Power Distribution Unit，PDU）是整车高压电的一个电源分配装置，类似于低压电路系统中的电器保险盒。它由很多高压继电器、高压保险丝组成，内部还有相关的芯片，以便同相关模块实现信号通信，确保整车高压用电安全。图 4-2-5 所示为某款新能源汽车高压配电箱。

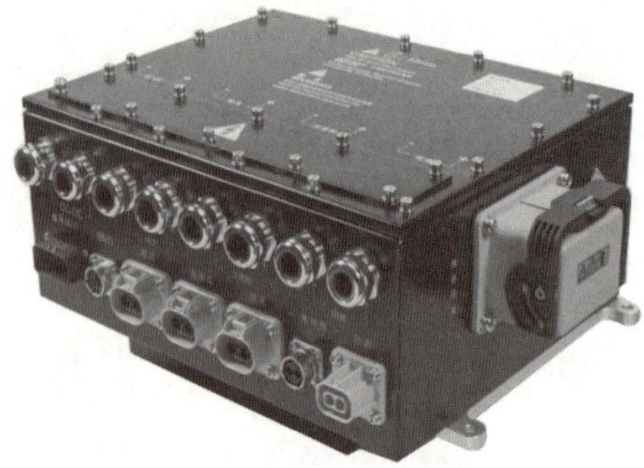

图 4-2-5　高压配电箱

5. 电动压缩机

传统汽车的压缩机是通过压缩机电磁离合器的吸合，促使发动机带动压缩机运转。电动汽车没有发动机，它的压缩机是通过高压电源直接驱动的，这种压缩机称为电动压缩机，如图 4-2-6 所示。

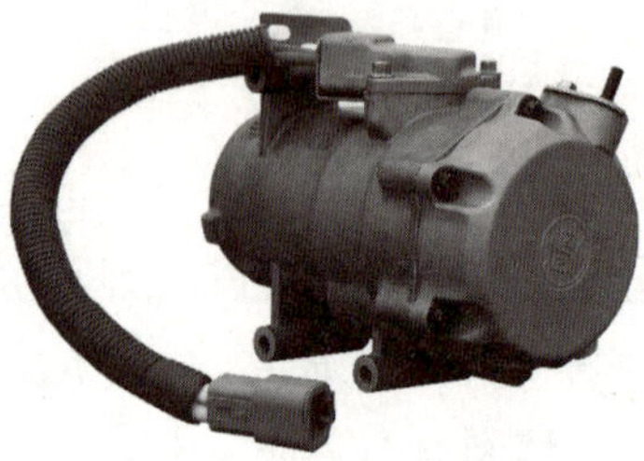

图 4-2-6　电动压缩机

6. PTC

传统汽车的空调暖风系统是引入发动机冷却后的冷却液作为热源，而新能源汽车上不存在发动机。因此需要专门的制热装置，即空调 PTC。PTC（Positive Temperature Coefficient）的作用就是制热。动力电池需要在一定的温度范围内才能正常工作，低温时需要 PTC 给动力电池进行预热。图 4-2-7 所示为某款新能源汽车 PTC。

图 4-2-7　PTC

7. 车载充电机

车载充电机（On Board Charge，OBC）是将交流电转换为直流电的装置。因为动力电池是一个高压直流电源，当使用交流电进行充电的时候，交流电不能直接被动力电池储存，所以需要 OBC 装置，将高压交流电转换为高压直流电，从而给动力电池充电。图 4-2-8 所示为某款新能源汽车车载充电机。

图 4-2-8　车载充电机

8. DC/DC 转换器

DC/DC 转换器是将高压直流电转为低压直流电的装置。纯电动汽车上没有发动机，整车用电来源也不再是发电机和蓄电池，而是动力电池和蓄电池。由于整车用电器的额定电压是低压，因此需要用 DC/DC 转换器将高压直流电转换为低压直流电，这样才能保持整车用电平衡。图 4-2-9 所示为某款新能源汽车 DC/DC 转换器。

图 4-2-9　DC/DC 转换器

9. 充电接口

充电接口是指用于连接活动电缆和电动汽车的充电部件，由充电插座和充电插头两部分构成。充电插头与充电插座的结构耦合，并与活动电缆装配连接。充电插座是安装在电动汽车上用于耦合充电插头的部件，如图 4-2-10 所示。

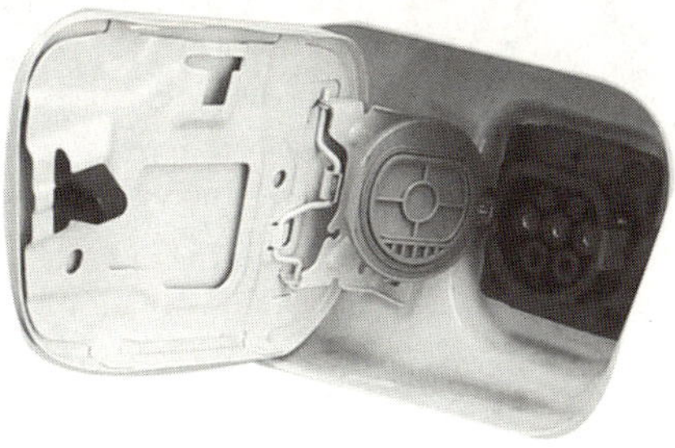

图 4-2-10　充电接口

10. 高压线束

高压线束是高压电源传输的媒介，可以将高压系统上各个部件相连。高压线束与低压线束的区别是带有高压电，它的输电能力对整车的高压系统的稳定性影响很大。图 4-2-11 所示为某款新能源车高压线束。

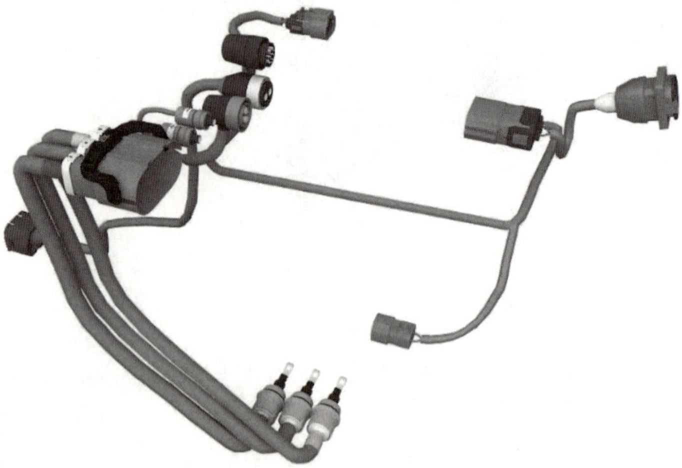

图 4-2-11　高压线束

二、新能源汽车高压警告标识

（一）高压警告标识

为防止意外触及高压系统，新能源汽车的高压部件上均应标有国际标准危险电压警告标识，如图 4-2-12 所示黄色（警告）或红色（禁止）底色的高压触电警告图标。新能源汽车售后服务人员或车主均可通过高电压组件壳体上的安全警示标志直观看出高压可能带来的危险，从而使用户、维修和服务站人员以及技术救援和医疗救援人员尽可能远离高压设备可能带来的危险。

图 4-2-12　高压警示标识

（二）高压警告颜色

由于高压导线可能有几米长，因此在一处或两处通过警告牌标识意义不大，维修人员可能会忽视这些标牌。因此，通常使用橙色警示色标识所有高压导线，高电压导线的某些插头以及高电压插头也采用橙色设计，如图 4-2-13 所示。整车当中通常共分为以下几段高压线束，通常使用橙色：动力电池高压母线、驱动电机控制器线束、直流充电线束、交流充电线束、高压附件线束（高压线束总成）等。

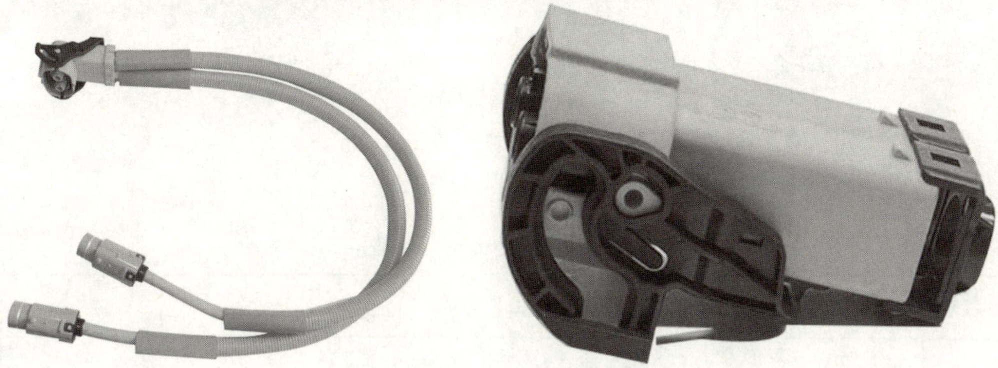

图 4-2-13　橙色高压线束与连接器

工作计划

进行比亚迪秦 EV 高压部件的认知的实训，并填写表 4-2-2。

表 4-2-2　工作计划方案

步骤	作业内容	负责人
1		
2		
3		
4		
5		
6		
7		
8		

进行决策

1. 各组派代表阐述资料查询结果。
2. 各组就各自的查询结果进行交流，并分享技巧。
3. 教师结合各组完成情况进行点评，选出最佳方案。

实训任务

比亚迪秦 EV 高压部件的认知

一、任务准备

（一）设备及工具准备

按表 4-2-3 准备设备及工具。

表 4-2-3　设备及工具准备

序号	设备及工具名称	数量
1	比亚迪秦 EV 2019 出行版	1 辆
2	举升架	1 台
3	个人防护套装	1 套
4	工位防护套装	1 套

（二）场地设备准备

任务实施前须做好场地防护，并且检查实训场地和设备设施是否存在安全隐患。

（三）安全防护准备

（1）对车辆进行维修时，无关人员不允许随意接触车辆。

（2）不可随意触摸贴有高压警示标识的部件。

（3）如果需要拆解相关高压部件，拆卸人员必须参加高压电安全培训，熟悉高压电系统以及熟练操作高压下电。

（4）操作人员还需参加高压电事故急救培训。

（5）对高压部件进行操作时，操作人员需要穿戴好劳保用品，同时还必须使用绝缘防护手套。

二、实施步骤

（一）认识新能源汽车高压部件

（1）找到比亚迪秦 EV 的交、直流充电口位置并打开观察充电接口结构，如图 4-2-14 所示。

图 4-2-14　比亚迪秦 EV 交、直流充电口

（2）举升车辆，拆下前部、底板护板，可以找到以下部件（见图 4-2-15）：① 动力电池；② 高压电缆。

图 4-2-15　动力电池及高压电缆

（3）打开前机舱盖，从机舱盖内可以找到以下部件（见图 4-2-16）：① 充配电总成，即 DC/DC 转换器、充电器和高压配电盒的三合一，简称“高压三合一”。② 前电驱动总成，即电机、减速器和电机控制器的集成，简称“驱动三合一”。

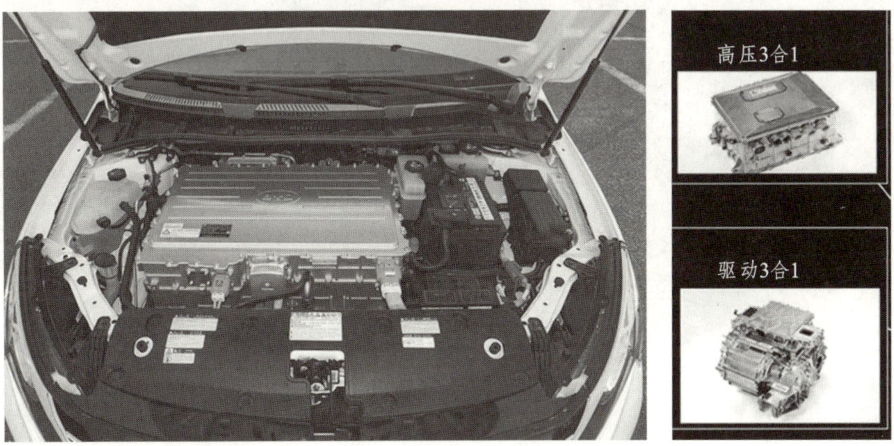

图 4-2-16　机舱内部件

（4）根据知识讲解，并在教师指导下，完成实车中高低压系统主要部件的认识，并将主要部件在实车中的布置位置填入表 4-2-4 中。

表 4-2-4　主要部件的布置位置

部件名称	布置位置
动力电池	
充配电总成	
驱动电机	
车载充电器	
电机控制器	
DC/DC 转换器	
PTC 加热器	

（二）认识新能源汽车上的可视安全警示标识

（1）打开实训中心新能源车辆前机舱盖，识别图 4-2-17 中标识的位置并说明其含义。

图 4-2-17　高压警示标识

标识位置：____________　　　　含义：______________

（2）识别导线及插接器的位置，并根据实际情况写出连接部件名称。

① 动力电池高压电缆：____________。

② 电机控制器输入高压电缆：____________。

③ 直流充电线束：____________。

④ 交流充电线束：____________。

⑤ 高压附件线束（高压线束总成）：____________。

评价与反馈

一、学生自评与互评

学生以小组为单位，就实训操作过程与操作结构进行自评及组内互评，并将结果填入表 4-2-5 中。

表 4-2-5 学生评价表

自我评价	1. 实训任务关键技能及基本技能有没有掌握? 评价情况: 2. 实训任务的目标有没有实现? 效果如何? 评价情况: 3. 100 分的任务，你给自己打多少分? 得分:
小组评价	1. 实训任务的关键技能及基本技能有没有掌握? 评价情况: 参评人员: 2. 实训任务的目标有没有实现? 效果如何? 评价情况: 参评人员: 3. 100 分的任务，你给他（她）打多少分? 得分:

二、教师评价及综合评价

请教师给出综合评价，并将结果填入表 4-2-6 中。

表 4-2-6　综合评价表

<table>
<tr><td rowspan="2">综合评价</td><td>自我评价（10%）</td><td>小组评价（10%）</td><td>教师评价（80%）</td><td>综合得分</td></tr>
<tr><td></td><td></td><td></td><td></td></tr>
<tr><td>综合评语</td><td colspan="4">（作业过程中存在的问题及改进建议）</td></tr>
</table>

任务三　新能源汽车高压绝缘检测

任务目标

知识目标

1. 掌握电动汽车高压部件绝缘检测的意义。
2. 掌握电动汽车高压部件绝缘检测的方法。

技能目标

1. 能正确使用绝缘电阻测试仪。
2. 能正确进行电动汽车高压部件绝缘检测。

素养目标

1. 遵守职业道德，树立正确的价值观。
2. 引导崇尚劳动精神，逐步提升服务社会的意识。
3. 弘扬工匠精神，塑造精益求精的品质。
4. 培养协同合作的团队精神，自觉遵守组织纪律。

任务导入

新能源汽车越来越受人们的关注，相信大多数新能源从业者都遇到过整车报绝缘故障导致整车上高压失败而无法行驶，或整车报一般绝缘故障导致车辆限功率，车辆无法充电等问题。对于新能源汽车绝缘检测的工作原理我们是否有了全面的了解呢?

任务分组

学生任务分配如表 4-3-1 所示。

获取信息

一、绝缘检测的意义

正常运行情况下，电动汽车动力系统是一个独立的系统，对车辆壳体是完全绝缘的，但是不排除由于长时间车辆运行后高压线老化或受潮导致的绝缘降低而使车身带电。并且车辆工况复杂，振动、温度和湿度的急剧变化，酸碱气体的腐蚀等都会引起绝缘层的损坏，使得绝缘性能下降。实时检测绝缘性能对保证人员人身安全和车辆安全运行具有重要意义。

表 4-3-1　学生任务分配

班级		组号		指导老师	
组长		学号			
组员	姓名：______ 学号：______ 姓名：______ 学号：______ 姓名：______ 学号：______ 姓名：______ 学号：______		姓名：______ 学号：______ 姓名：______ 学号：______ 姓名：______ 学号：______ 姓名：______ 学号：______		
任务分工					

二、绝缘检测的方法

下面以 FLUKE-1587 绝缘电阻表为例来讲解绝缘检测方法。

（1）将测试探头插入绝缘电阻表的“+”和“-”输入端子。

（2）将旋钮转至“INSULATION”（绝缘）位置。当开关调至该位置时，仪表将启动电池负载检查。如果电池未通过测试，显示屏下部将出现电池图标和“BAT”符号，提醒必须更换绝缘电阻表电池。

（3）按下“RANGE”键选择电压。

（4）将探头与待测电路连接。绝缘电阻表仪表会自动检测电路是否通电。

（5）按住探头上“TEST”键开始测试。显示屏的下端出现“TEST”图标，显示屏上会显示被测电路上所施加的测试电压，主显示位置上显示高压符号并以“MΩ”或“GΩ”为单位显示绝缘电阻值。

三、绝缘检测的注意事项

电动汽车绝缘检测操作过程中，为确保检测人员安全，必须做好以下安全防护工作：

（1）设置安全操作区域隔离装置和警示标志。

（2）检测过程中必须有安全员在现场监督。

（3）检查安全防护手套、安全鞋、眼镜设备仪器等符合安全等级要求。

（4）关闭车辆电源，拔下电动车辆钥匙并由检测人员自行随身保管，断开低压蓄电池负极，有高压检测开关的必须拔下检测开关并妥善保管。

工作计划

进行比亚迪秦 EV 整车高压部件的绝缘检测操作，并填写表 4-3-2。

表 4-3-2　工作计划方案

步骤	作业内容	负责人
1		
2		
3		
4		
5		
6		
7		
8		

进行决策

1. 各组派代表阐述资料查询结果。
2. 各组就各自的查询结果进行交流，并分享技巧。
3. 教师结合各组完成情况进行点评，选出最佳方案。

实训任务

比亚迪秦 EV 整车高压部件的绝缘检测操作

一、任务准备

（一）设备及工具准备

按表 4-3-3 准备设备及工具。

表 4-3-3　设备及工具准备

序号	设备及工具名称	数量
1	比亚迪秦 EV 2019 出行版	1 辆
2	数字万用表	1 台
3	电子式绝缘电阻万用表	1 台
4	拆卸工具	若干
5	个人防护套装	1 套
6	绝缘垫	1 张

（二）场地设备准备

任务实施前需要做好场地防护，以及检查实训场地和设备设施是否存在安全隐患。

（三）安全防护准备

（1）设置安全操作区域隔离装置和警示标志。

（2）检测过程中必须有安全员在现场监督。

（3）检查绝缘防护手套、安全鞋、眼镜设备仪器等符合安全等级要求。

（4）关闭车辆电源，智能钥匙由检测人员自行随身保管，断开低压蓄电池负极，断开维修开关 MSD（装有时）并妥善保管。

二、实施步骤

（1）进行场地安全警示，并进行个人基本防护，智能钥匙交给专人保管，做好车辆防护等准备工作。

（2）绝缘垫绝缘性检测（见图 4-3-1）。

（3）断开低压蓄电池负极并做好防护（见图 4-3-2）。

图 4-3-1　检测绝缘垫绝缘性

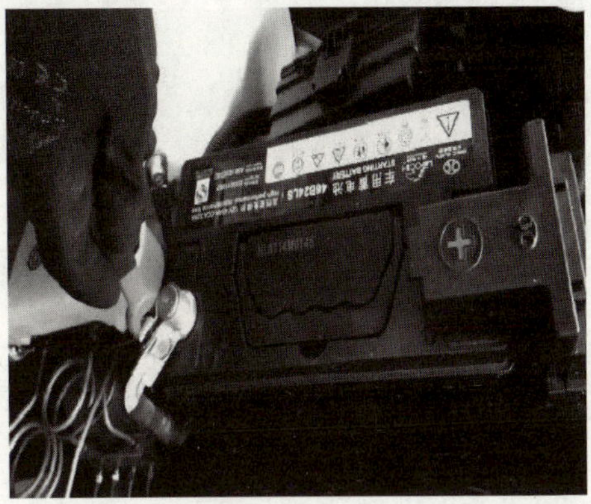

图 4-3-2　断开低压蓄电池负极

（4）蓄电池负极用绝缘胶带包裹保护。

（5）穿戴好绝缘防护手套拆卸动力电池高压电缆接插件。

（6）使用万用表分别测量动力电池正、负极与车身的电压值，万用表正常显示 0 V。将兆欧表黑表笔接于车身，红表笔逐个测量动力电池正、负极母线端子，测量值应大于 550 MΩ。

（7）断开电机控制器输入电缆，测量驱动电机的三相绕组与壳体之间的电阻值。正常值应大于 550 MΩ。

（8）测量动力电池高压电缆绝缘情况（>550 MΩ 正常），如图 4-3-3 所示。

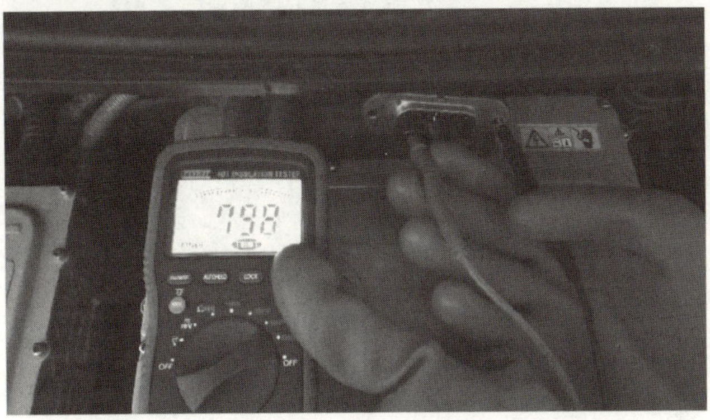

图 4-3-3　测量动力电池高压电缆绝缘情况

（9）检测完毕，恢复所有部件，整理场地工具，进行 6S 管理。

评价与反馈

一、学生自评与互评

学生以小组为单位，就实训操作过程与操作结果进行自评及组内互评，并将结果填入表 4-3-4 中。

表 4-3-4 学生评价表

自我评价	1. 实训任务关键技能及基本技能有没有掌握? 评价情况: 2. 实训任务的目标有没有实现? 效果如何? 评价情况: 3. 100 分的任务，你给自己打多少分? 得分:
小组评价	1. 实训任务的关键技能及基本技能有没有掌握? 评价情况: 参评人员: 2. 实训任务的目标有没有实现? 效果如何? 评价情况: 参评人员: 3. 100 分的任务，你给他（她）打多少分? 得分:

二、教师评价及综合评价

请教师给出综合评价，并将结果填入表 4-3-5 中。

表 4-3-5　综合评价表

<table>
<tr><td rowspan="2">综合评价</td><td>自我评价（10%）</td><td>小组评价（10%）</td><td>教师评价（80%）</td><td>综合得分</td></tr>
<tr><td></td><td></td><td></td><td></td></tr>
<tr><td>综合评语</td><td colspan="4">（作业过程中存在的问题及改进建议）</td></tr>
</table>

任务四　新能源汽车高压插接件锁止结构认知及操作

任务目标

知识目标

1. 能够描述新能源汽车高压接插件锁止结构。
2. 能够描述高压系统高压互锁的原理。

技能目标

1. 能够正确执行高压接插件锁止操作。
2. 能够读懂高压互锁电路图。

素养目标

1. 遵守职业道德，树立正确的价值观。
2. 引导崇尚劳动精神，逐步提升服务社会的意识。
3. 弘扬工匠精神，塑造精益求精的品质。
4. 培养协同合作的团队精神，自觉遵守组织纪律。

任务导入

一辆比亚迪秦 EV 纯电动汽车，客户反映车辆打开点火开关“OK”灯不亮，仪表显示“请检查动力系统”，经维修技师仔细检查发现电机控制器高压互锁存在故障，需对电机控制器高压接插器进行处理。作为汽车维修技师，请结合所学知识，安全规范地完成高压接插件锁止操作任务。

任务分组

学生任务分配如表 4-4-1 所示。

获取信息

一、高压接插件锁止结构

高压部件的绝缘接插件既可防止维修人员直接接触到高压电，还可防水、防尘，减小高压系统绝缘出现问题的可能。在电动汽车高压回路中，要求具备高压互锁（High Voltage Interlock Loop，HVIL）功能的电气元件，主要是高压接插件、手动维修开关（MSD）等这类要求人力操作，去实现电路接通还是断开的电气接口元件。目前，市面上的高压互锁设计大多是集成于高压线束接插件。即在高压线束接插件上，额外多一组低压回路用于检测 HVIL 的回路完整性，互锁线束应从各高压零部件低压接口引出且与高压线束分开布置。具备高压互锁功能的高压接插件由壳体、高压导电件、低压信号导电件和监测器及监测线路共同组成。一般高压接插件的构造是对插的一对公头、母头上，分别固定着一对高压接插件和一对低压接插件，如图 4-4-1 所示。

表 4-4-1　学生任务分配

<table>
<tr><td>班级</td><td colspan="2"></td><td>组号</td><td colspan="2"></td><td>指导老师</td><td></td></tr>
<tr><td>组长</td><td colspan="2"></td><td>学号</td><td colspan="4"></td></tr>
<tr><td rowspan="4">组员</td><td colspan="2">姓名：________</td><td colspan="2">学号：________</td><td colspan="2">姓名：________</td><td>学号：________</td></tr>
<tr><td colspan="2">姓名：________</td><td colspan="2">学号：________</td><td colspan="2">姓名：________</td><td>学号：________</td></tr>
<tr><td colspan="2">姓名：________</td><td colspan="2">学号：________</td><td colspan="2">姓名：________</td><td>学号：________</td></tr>
<tr><td colspan="2">姓名：________</td><td colspan="2">学号：________</td><td colspan="2">姓名：________</td><td>学号：________</td></tr>
<tr><td colspan="8">任务分工</td></tr>
<tr><td colspan="8"></td></tr>
</table>

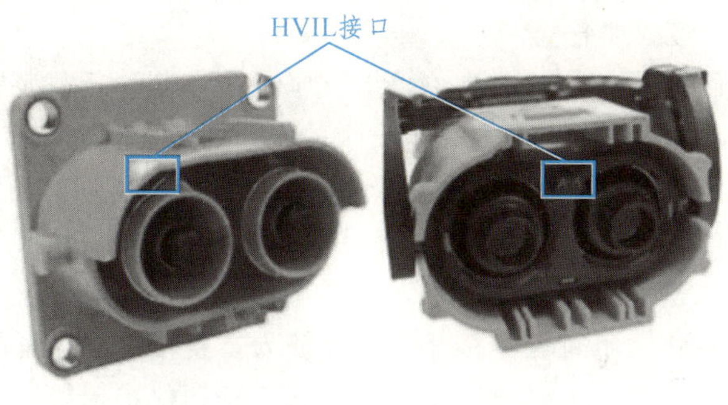

图 4-4-1　高压接插件锁止结构

二、高压互锁

（一）高压互锁的定义

根据《电动汽车安全技术规范第 3 部分　人员电气伤害防护》（ISO 6469-3：2001）规定，电动汽车（包括 BEV、PHEV 等车型）的高压部件（及其接插件）都应具有高压互锁装置。高压互锁是利用 12 V 低压小电流信号来确认整个高压电气系统的完整性，即包括整个电池系统、导线、连接器、DC/DC、电机控制器、高压配电箱及保护盖等系统回路的电气连接完整性。

（二）高压互锁的作用

高压互锁主要是用来保证高压系统安全，主要有以下三个作用：

一是用来检测高压回路松动（会导致高压断电，整车失去动力，影响乘车安全）并在高压断电之前给整车控制器提供报警信息，预留整车系统采取应对措施的时间。

二是在车辆上电行车之前发挥作用，检测到电路不完整，则系统无法上电，避免因为虚接等问题造成事故。

三是防止人为误操作引发的安全事故。在高压系统工作过程中，如果没有高压互锁设计存在，手动断开高压连接点，在断开的瞬间，整个回路电压加在断点两端，电压击穿空气在两个器件之间拉弧，时间虽短，但能量很高，可能对断点周围的人员和设备造成伤害。

（三）高压互锁的分类

依据互锁防护设计角度的不同，将电动汽车的互锁分为两大类：环路互锁和功能互锁。环路互锁主要是从电气回路连续性（完整性）的角度而设计，通常主要针对高压系统，用来监测高压电气回路上是否存在断路的情况；功能互锁主要是从系统功能的角度来进行防护，如充电时电动汽车就不能意外地起动等。

1. 环路互锁

在打开高压电气设备防护罩或断开高压回路的插接器时，人员可能会接触到高电压，因此，有必要对高压回路的连续性（完整性）进行监测。危险电压互锁回路即环路互锁可以很好地完成这个任务。

危险电压互锁回路是一种互锁系统，指首尾连接在自动断开装置上，通过在一个存在危险电压的回路中发送一个微弱的（安全的）电流信号以对电气回路的连续性（完整性）进行检查的电路。一旦出现电气回路的不连续（不完整），如由于开启某个插接器，自动断开装置就会启动，切断电源，以清除该处的危险电压。在充电操作中，为了保证充电接口、充电线束及电动汽车之间的可靠连接，也需要在充电系统高压回路中设计互锁回路。另外，所有在被移开后就会使人体直接暴露在危险电压中的盖子，如高压电气设备的防护盖，也必须进行互锁或采取其他保护措施。可以将防护盖的互锁设计成 HVIL 的一部分。一般来说，当 HVIL 出现不连续（不完整）的情况（如断路或打开设备防护盖等）时，就应该启动自动断开装置。环路互锁原理如图 4-4-2 所示。

2. 功能互锁

当高压电路与电池包断开后（如自动断开装置或手动断开装置启动时），由于有容性储能元件及线束上本身存在的容性，高压母线仍会残留有对人体造成电击伤害的危险电压，因此有必要将高压母线的电压释放到安全范围内。根据电压和能量的情况以及电压衰减所需要的时间，不同的制造商可能有不同的方案和设计。某些电动汽车高压系统断电后采用电阻放电就是其中的一种方案。

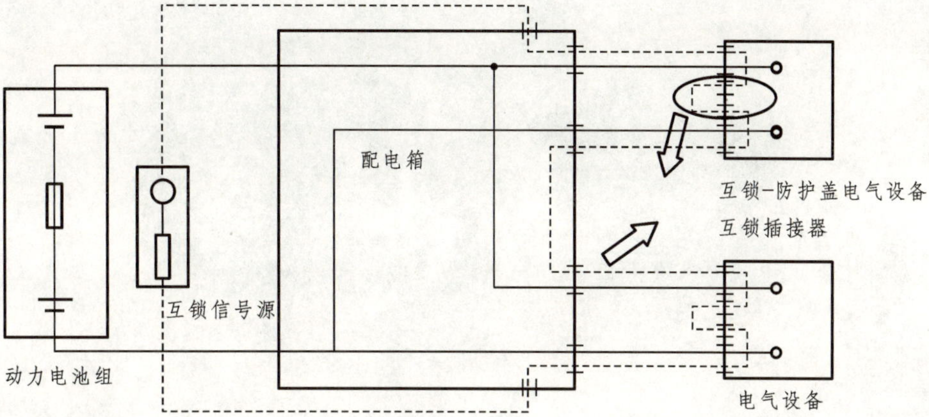

图 4-4-2　环路互锁原理

（四）高压互锁的结构原理

高压互锁是利用低压回路的检测信号来判断高压回路每个高压接插件各自是否连接完整与紧固，确保高压回路电气的连通性与完整性。这相当于它是与高压回路并行的低压回路，每个检测节点与高压接插件一一对应。高压接插件连接器分为 2 部分：一个是高压端子，用于高压连接供电；一个是低压端子，即互锁端子，用于判断高压连接端子是否接到位。所以，真互锁就是代表高压接插件真的锁止好，不会有松动。

高压互锁结构包含在接插件内部，通过低压互锁端子和主回路（高压）端子的长度和位置差异，实现连接时，先连接高压端子，再连接低压端子，低压回路的断点被短接，形成完整回路。断开时，先断开低压端子，再断开高压端子。监测器负责采集低压信号回路的通断状态，发送给控制器。这样在高压回路真正实现通断以前，控制器已经掌握了这个连接器的状态。这样能提前有效地判断高压端子断开或松动。如果出现松动，电池管理器 BMC 会检测出高压互锁回路断开，BMC 控制电池包内部接触器断开，车辆下电。高压互锁端子断开过程如图 4-4-3 所示。

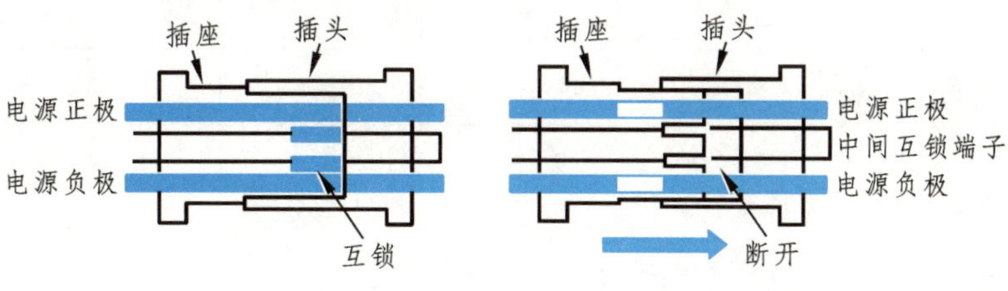

图 4-4-3　高压互锁端子断开过程示意

常用的做法是，低压插针短（或者位置落后），高压端子刚刚接触的状态，低压插针还有一段距离，高压端子已经对接大半，低压插针才刚接触，高压端子插接到位，低压端子也插接到位，从而控制高压回路的通断，如图 4-4-4 所示。

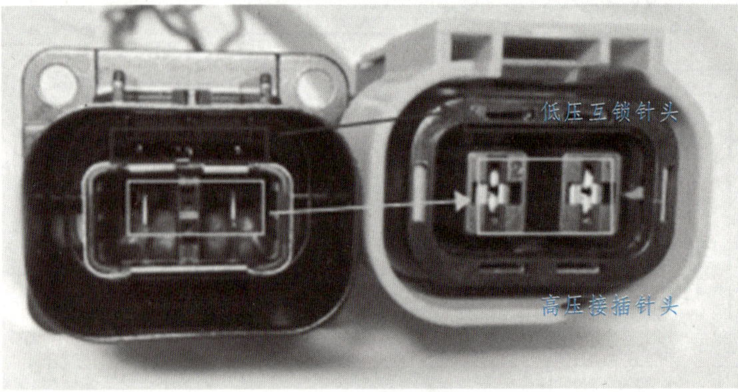

图 4-4-4　高压互锁端子的针头设计

工作计划

进行比亚迪秦 EV 高压接插件锁止操作实训，并填写表 4-4-2。

表 4-4-2　工作计划方案

步骤	作业内容	负责人
1		
2		
3		
4		
5		
6		
7		
8		

进行决策

1. 各组派代表阐述资料查询结果。
2. 各组就各自的查询结果进行交流，并分享技巧。
3. 教师结合各组完成情况进行点评，选出最佳方案。

实训任务

比亚迪秦 EV 高压接插件锁止操作

一、任务准备

（一）设备及工具准备

按表 4-4-3 准备设备及工具。

表 4-4-3　设备及工具准备

序号	设备及工具名称	数量
1	比亚迪秦 EV 2019 出行版	1 辆
2	放电工具	1 套
3	绝缘胶带	1 个
4	工位防护套装	1 套
5	数字万用表	1 台
6	个人防护套装	1 套

（二）场地设备准备

任务实施前需要做好场地防护，以及检查实训场地和设备设施是否存在安全隐患。

（三）安全防护准备

（1）在维修作业时对高压部件母端应使用绝缘胶带缠绕，防止高压触电或短路。

（2）维修作业前必须戴高压绝缘手套。

（3）禁止带电作业。

二、实施步骤

（1）穿戴好个人防护套装，断开动力电池高压接插件，认识接插件内部集成的锁止结构。

（2）断开充配电总成高压线束插口，识别接插件内部集成的锁止结构。

（3）使用专用万用表对接插件正负极进行电压测量，如果所测量值大于 0 V 时应使用专用放电棒对该部位进行放电。当电压完全消失后方可断电。

（4）将断开的高压接插件进行互锁操作，使车辆上电。

（5）打开点火开关，仪表盘显示灯亮，表明上电成功。

评价与反馈

一、学生自评与互评

学生以小组为单位，就实训操作过程与操作结果进行自评及组内互评，并将结果填入表 4-4-4 中。

表 4-4-4　学生评价表

自我评价	1. 实训任务关键技能及基本技能有没有掌握？ 评价情况： 2. 实训任务的目标有没有实现？效果如何？ 评价情况： 3. 100 分的任务，你给自己打多少分？ 得分：
小组评价	1. 实训任务的关键技能及基本技能有没有掌握？ 评价情况： 参评人员： 2. 实训任务的目标有没有实现？效果如何？ 评价情况： 参评人员： 3. 100 分的任务，你给他（她）打多少分？ 得分：

二、教师评价及综合评价

请教师给出综合评价，并将结果填入表 4-4-5 中。

表 4-4-5　综合评价表

<table>
<tr><td rowspan="2">综合评价</td><td>自我评价（10%）</td><td>小组评价（10%）</td><td>教师评价（80%）</td><td>综合得分</td></tr>
<tr><td></td><td></td><td></td><td></td></tr>
<tr><td>综合评语</td><td colspan="4">（作业过程中存在的问题及改进建议）</td></tr>
</table>

任务五 新能源汽车动力电池包拆检防护

任务目标

知识目标

1. 掌握动力电池的结构原理。
2. 掌握动力电池的拆装方法。
3. 掌握动力电池的维护知识。

技能目标

1. 能够正确使用相关维修工具、设备。
2. 能够完成动力电池拆装更换。
3. 能够正确进行动力电池检测。

素养目标

1. 遵守职业道德，树立正确的价值观。
2. 引导崇尚劳动精神，逐步提升服务社会的意识。
3. 弘扬工匠精神，塑造精益求精的品质。
4. 培养协同合作的团队精神，自觉遵守组织纪律。

任务导入

一辆比亚迪秦 EV 纯电动汽车，早晨起动车辆时，发现仪表“REDAY”指示灯无法点亮，并且动力电池故障指示灯常亮。经过维修技师使用汽车故障诊断仪检查发现动力电池内部单体电芯电压、温度过大。为了确定具体故障原因，需对动力电池进行拆卸、分解检查作业。作为汽车维修技师，请结合所学知识，安全规范完成动力电池拆检任务。

任务分组

学生任务分配如表 4-5-1 所示。

表 4-5-1　学生任务分配

<table>
<tr><td>班级</td><td></td><td>组号</td><td></td><td>指导老师</td><td></td></tr>
<tr><td>组长</td><td></td><td>学号</td><td colspan="3"></td></tr>
<tr><td rowspan="4">组员</td><td colspan="2">姓名：______ 学号：______</td><td colspan="3">姓名：______ 学号：______</td></tr>
<tr><td colspan="2">姓名：______ 学号：______</td><td colspan="3">姓名：______ 学号：______</td></tr>
<tr><td colspan="2">姓名：______ 学号：______</td><td colspan="3">姓名：______ 学号：______</td></tr>
<tr><td colspan="2">姓名：______ 学号：______</td><td colspan="3">姓名：______ 学号：______</td></tr>
<tr><td colspan="6">任务分工</td></tr>
<tr><td colspan="6"></td></tr>
</table>

获取信息

一、动力电池系统的结构原理

（一）动力电池的结构原理

动力电池按正极材料的不同可分为镍酸锂电池、锰酸锂电池、钴酸锂电池、磷酸铁锂电池、三元锂电池（镍钴锰酸锂电池和镍钴铝酸锂电池）。目前，新能源汽车大多采用磷酸铁锂电池和三元锂电池。

1. 磷酸铁锂电池的结构

磷酸铁锂电池主要由正极、负极、电解质、隔膜、正极引线、负极引线、中心端子、绝缘材料、安全阀、密封圈、正温度控制端子、电池外壳等组成。其中正极、负极、电解质以及隔膜所用材料或工艺不同，电池的性能和价格也不相同。磷酸铁锂（LiFePO4）电池简称 LFP，其内部结构如图 4-5-1 所示。

电池充电时，正极中的锂离子脱出来，经过电解质，穿过隔膜进入负极材料中；电池放电时，锂离子又从负极中脱离出来，经过电解质，穿过隔膜回到正极材料中。

从磷酸铁锂电池的工作原理可知，磷酸铁锂电池的充放电过程需要锂离子和电子的共同参与，而且锂离子的迁移速度与电子的迁移速度要平衡，这就要求锂离子电池的正负电极必须是离子和电子的混合导体，而且其离子导电能力和电子导电能力必须一致。但是磷酸铁锂的导电性能很差，而石墨负极的导电性虽然要好一些，但是要实现大倍率放电，仍然需要改善负极的导电性，使其电子导电能力与锂离子从石墨中脱嵌的能力平衡。

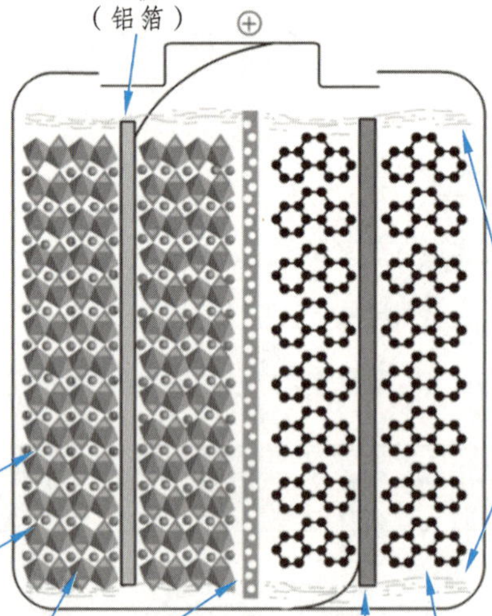

图 4-5-1　磷酸铁锂电池内部结构

2. 三元锂电池的结构

“三元锂电池”全称是“三元聚合物锂电池”，常指正极材料使用镍钴锰酸锂三元正极材料的锂电池，里面镍钴锰的比例可以根据实际需要调整，镍钴锰做正极的电池相对于钴酸锂做正极的电池安全性要高。

三元锂电池的阳极为石墨晶体，阴极通常为二氧化锂。放电时，锂变成锂离子，脱离电池阳极，到达锂电池阴极。锂离子在阳极和阴极之间移动，电极本身不发生变化。这是三元锂电池与金属锂电池本质上的差别。充电时，阴极中锂原子电离成锂离子和电子，并且锂离子向阳极运动与电子合成锂原子。放电时，锂原子从石墨晶体内阳极表面电离成锂离子和电子，并在阴极处合成锂原子。所以，在该电池中锂永远以锂离子的形态出现，不会以金属锂的形态出现。

三元锂电池循环性能好于钴酸锂电池，前期由于技术原因其标称电压只有 3.5 ~ 3.6 V，在使用范围方面有所限制，但随着配方的不断改进和结构完善，该电池的标称电压已达到 3.7 V，在容量上已经达到或超过钴酸锂电池水平。

（二）BMS 电池管理单元的结构原理

动力电池管理系统（BMS）是动力电池系统的核心，也是电动汽车中非常重要的一个电气控制子系统，负责对动力电池进行监测、安全保护和运行管理，确保电动汽车的安全行驶，提高动力电池的性能与寿命。

如图 4-5-2 所示，BMS 主要的传感器包括电池温度传感器、冷却液温度传感器、电流传感器、电压检测模块、高压互锁监测模块（部分车型与 VCU 集成）、绝缘监测模块等，主要的执行元件包括高压继电器、均衡控制电路、热管理系统的电子水泵和温控阀等。

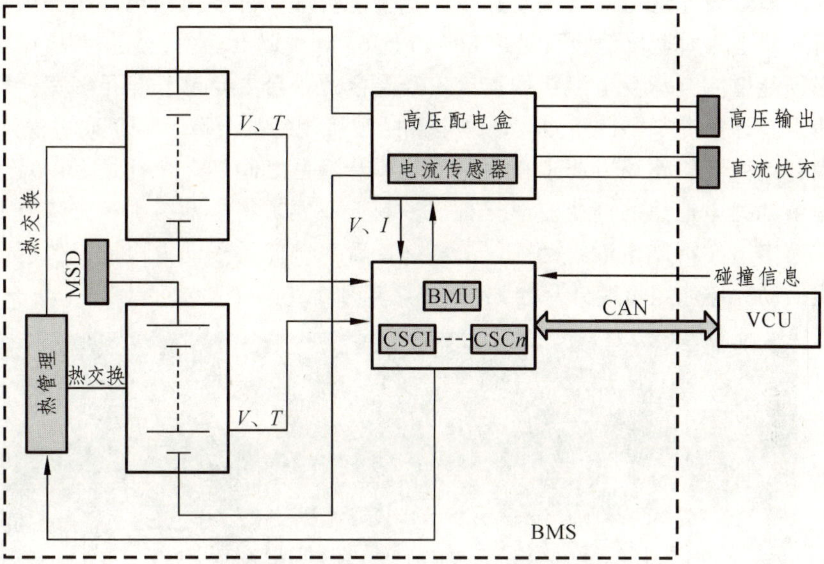

图 4-5-2　BMS 的组成

动力电池管理系统通过传感器及监测模块对动力电池状态进行监测、运算分析，按一定的控制策略对动力电池进行能量控制、均衡控制、故障自诊断等，并与整车控制器（VCU）、车载充电机（OBC）、仪表等进行交互。

二、动力电池的拆装

（一）提前准备工作

1. 信息收集

必须满足一些前提才允许对动力电池进行有针对性的修理工作。这些前提条件既涉及经销商也涉及维修人员。拆卸动力电池之前，技术人员应该查看汽车厂家维修信息里有关该部件的拆卸和更换内容。有些维修信息数据库单独列出了拆卸更换程序中的具体部件和注意事项。技术人员还应当查看已发布的车辆技术服务公告，并查看是否有任何车辆技术服务公告相关的最新问题可能会影响到拆卸更换程序。

只允许在具有动力电池组维修资质的经销商处对动力电池组进行修理。在具有“基本服务”服务形式的经销商处可拆卸和安装动力电池组，但不能在动力电池组上或内部进行修理。如果根据诊断系统内的检测计划需要进行修理，必须将车辆或动力电池组运送至具有“扩展型蓄电池服务”或“全方位服务”服务形式的经销商处。

2. 工具准备

在部件拆卸或更换时可能需要使用专用维修工具。许多动力电池组，包括一些小型电池组，必须弯下身去才能顺利取下。有些电池组则必须使用起重机或专用带吊钩的电池组举升装置才能拆下来。

拆卸大型动力电池组必须使用起重设备才能拆卸。许多大型电池组必须从汽车下方进行拆卸，因为大型电池组可重达 800 lb（363 kg）以上。用于支撑和降落电池组的升降台必须能够完全承受电池组的重量。升降台的平台要足够长、足够宽，能够完全支撑电池组。许多汽车制造商对其动力电池组适用规格的升降台做了明确的介绍。

车辆制造商可能建议或要求在动力电池和升降台之间加一个托盘，以减少拆卸和安装过程中动力电池组的挠曲变形。有很多制造商要求将电池组绑在升降台上，然后才能将其落下。在拆卸电池组之前，请务必查看生产商关于动力电池组的拆卸和存储操作步骤。动力电池组拆装升降台如图 4-5-3 所示。

图 4-5-3　动力电池组拆装升降台

拆装动力电池的专用工具：

（1）可移动总成升降台以及用于拆卸和安装动力电池组的适配接头套件。

（2）动力电池组电池模组充电器。

（3）用于修理动力电池组后进行试运行的性能测试仪。

（4）用于拆卸和安装电池模组的起重工具。

（5）用于松开动力电池组内部卡子的塑料专用装配工具。

（6）用于整个动力电池组的起重横梁。

（7）隔离带。

（8）建议使用带发光条的黄色警示锥筒。

3. 工作区准备

拆卸动力电池组时，该技术人员必须准备一个绝缘的台面用于放置拆下来的动力电池组。如果不使用绝缘的台面，发生电解质泄漏的动力电池组就会通过工作台短接到地面造成安全隐患。

如果动力电池组的冷却系统为水冷式，在拆卸动力电池组之前必须小心确保将其冷却回路内的冷却液尽可能完全排干。技术人员应将汽车的膨胀水箱出口盖住，使水箱中的冷却液无泄漏；并在排干动力电池组的冷却液后将其冷却回路的入口和出口盖住，以确保没有异物进入或沾染该高压系统的任何暴露区域。

动力电池组修理工位必须洁净（无油脂、无污物、无碎屑）、干燥（无溢出液体）且无飞溅火花（不靠近车身维修区域）。因此必须避免紧靠车辆清洗场所（清洗车间）或车身修理工位。为了防止旁人未经授权进入工位以及无法确保高电压本质安全或出现不明状态，工作时应使用隔离带，如图 4-5-4 所示。离开工作区域时建议竖立发光黄色警告提示。

图 4-5-4　维修工位隔离

4. 准备车辆

技术人员在准备车辆时通常应做好以下工作：

（1）拉上车辆的驻车制动器。

（2）关闭车辆的驱动系统。

（3）等待维修手册中规定的时间长度，然后断开车辆的 12 V 辅助电池。

（4）留出足够的时间让变频器电容充分放电。

（5）拆下车辆的维修开关。

（二）动力电池的拆卸注意事项

（1）只允许具备动力电池组修理资质的维修人员进行这项工作。包括进行过“高电压本车型车辆作业专业人员”培训、高电压系统培训，特别是动力电池组修理培训的维修人员。

（2）有些汽车制造商要求锂离子电池组在拆卸之前必须放电到规定的荷电量（SOC）以下。有些制造商要求技术人员在电池组拆卸之前必须检查电池组温度传感器的温度，确保电池组温度降至规定以下。

（3）进行故障查询时应在拆卸和打开动力电池组前使用诊断系统。只有符合检测计划且满足外部没有机械损伤前提条件时，才能进行动力电池拆卸。

（4）必须严格遵守维修说明中规定的工作步骤，并使用维修说明中规定的专用工具。

（三）动力电池的拆装

1. 动力蓄电池位置

一般情况下，动力蓄电池布置在整车地板下面，如图 4-5-5 所示。

图 4-5-5　动力蓄电池位置示意

2. 动力电池总成拆装步骤

1）动力电池包的拆卸

（1）高压安全断电。关闭点火开关，断开低压蓄电池负极电缆，并使用绝缘胶带包裹负极电缆。戴好绝缘手套，断开动力电池高压维修开关。

（2）举升车辆，断开动力电池低压、高压接插件；检查动力电池托盘外观是否有磕碰、裂纹等。动力电池与高压系统验电检查，确保安全断电，然后使用绝缘胶带对高压插件绝缘防护。

（3）拆卸动力电池。拆卸后护板、将左侧剪力板固定到副框架的螺母、将电池固定到车身的中心螺栓，在电池下面正确放置电池工作台。确保该工作台保持水平并且可以支撑电池的全部重量。拆卸将电池固定到车身的其余螺栓。使用辅助设备小心地降低电池总成，拆下电池总成。

2）将动力电池组安装在车上

安装动力电池以拆卸相反的步骤进行。戴好绝缘手套，用万用表测试更新的动力电池组母线是否有电压输出，没有电压输出就更换装车。在他人的帮助下使用总成升降台小心使动力电池组移回车辆下方。抬起动力电池组时必须注意锁止件和中间位置，不允许将总成升降台抬得过远。将电池抬升入位并确保电池线束连接器和定位销连接到电池，使用高压速接头安装工具，确保高压速接头正确就位。确保电池组平整、密封，如图 4-5-6 所示。安装托盘的紧固件。

如果是通过动力电池组托底和底盘之间进行电位补偿的，最后还需拧入电位补偿螺栓（线），如图 4-5-7 所示。

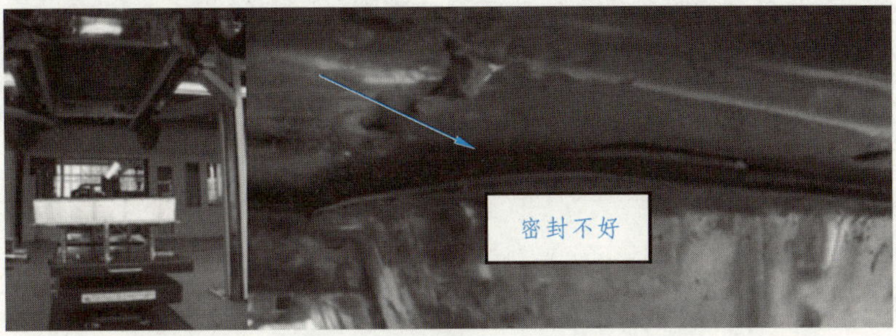

图 4-5-6　动力电池组安装上车

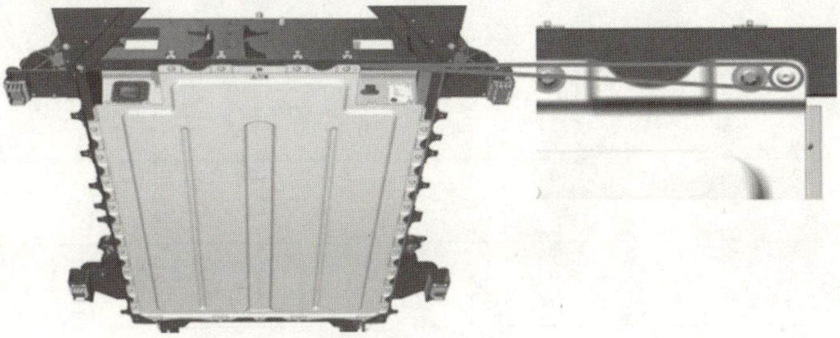

图 4-5-7　安装电位补偿螺栓（线）

3）电气诊断与试运行

戴好绝缘手套，接动力电池组直流母线接插件，然后接电池管理系统或电池信息采样通信线接插件，装上低压电池负极，整车上电，在诊断系统内进行动力电池组检测诊断[写入该电池包的实际容量及电池荷电状态（SOC）、删除故障码等]，最后对整车进行试运行，确保无故障，如图 4-5-8 所示。

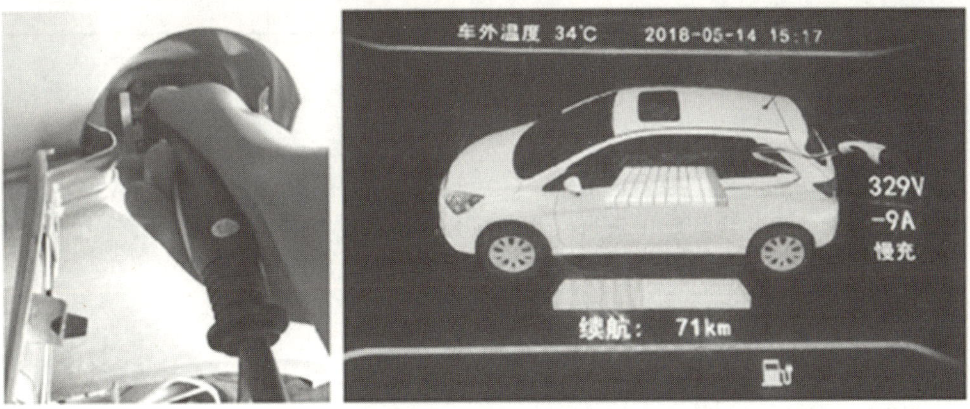

图 4-5-8　检查车辆充电是否正常

三、动力电池包的检查防护

动力电池包的检查防护要点如下：

（1）清洁动力电池包外观。检查动力电池托盘是否有磕碰、裂纹，若有则更换电动力电池托盘。

（2）检查动力电池密封盖板上的铆钉及玻璃胶是否有脱落。

（3）检查高、低压接插件是否有腐蚀。

（4）检查动力电池接地线是否连接正常。

（5）检查动力电池包的绝缘性（正常值大于 20 MΩ）。

工作计划

进行比亚迪秦 EV 动力电池的拆卸实训，并填写表 4-5-2。

表 4-5-2　工作计划方案

步骤	作业内容	负责人
1		
2		
3		
4		
5		
6		
7		
8		

进行决策

1. 各组派代表阐述资料查询结果。
2. 各组就各自的查询结果进行交流，并分享技巧。
3. 教师结合各组完成情况进行点评，选出最佳方案。

实训任务

比亚迪秦 EV 动力电池的拆卸

一、任务准备

（一）设备及工具准备

按表 4-5-3 准备设备及工具。

表 4-5-3　设备及工具准备

序号	设备及工具名称	数量
1	比亚迪秦 EV 2019 出行版	1 台
2	一体化工量具	1 套
3	工位防护套装	1 套
4	数字万用表	1 台
5	个人防护套装	2 套
6	举升设备	1 台
7	绝缘电阻检测仪	1 台

（二）场地设备准备

任务实施前需要做好场地防护，以及检查实训场地和设备设施是否存在安全隐患。

（三）安全防护准备

（1）禁止在车辆上电高压情况下检查与更换电池模组。

（2）禁止在带电状态下触碰任何带安全警示标识的部件。

（3）禁止徒手触摸所有橙色的线束。

二、实施步骤

（一）动力电池包拆卸步骤

动力电池包的拆卸步骤如表 4-5-4 所示。

表 4-5-4 动力电池包拆卸步骤

序号	拆卸操作步骤	拆卸操作图片
1	拆卸前准备工作了，打开引擎盖，先铺设车外 3 件套，然后打开车门，铺设车内 3 件套	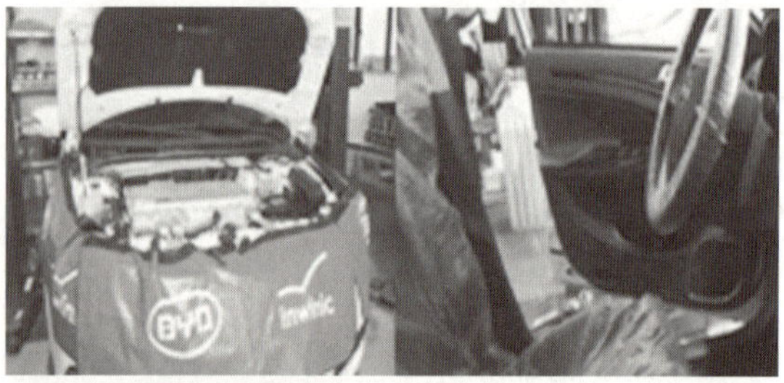
2	读取故障码，记录车辆信息，连接解码仪，打开点火开关，读取故障码并进行记录	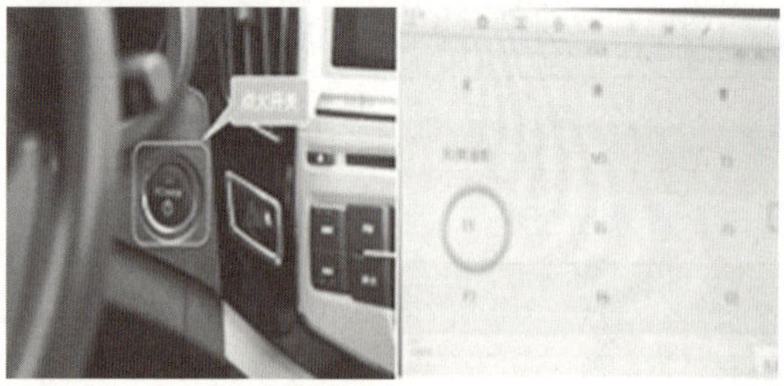
3	对整车进行下电操作	整车下电操作流程
4	排放电池包冷却液，用手拧下防冻液盖子，并在配件收纳盒里放置好	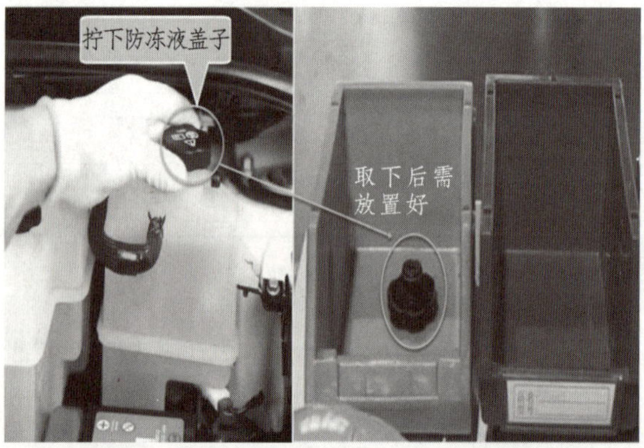
5	拆卸动力电池下护板	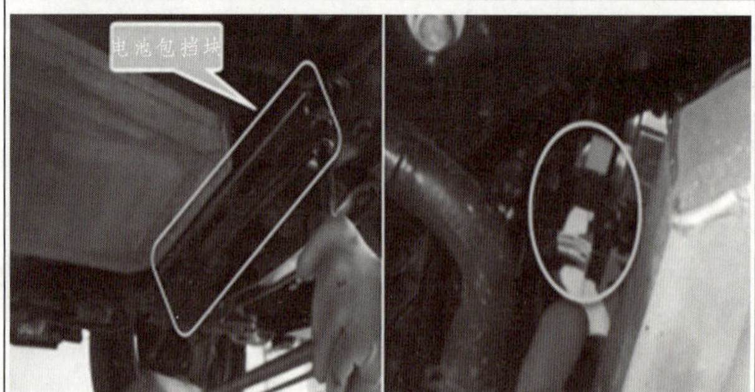

（二）动力电池包安装步骤

动力电池包的安装步骤如表 4-5-5 所示。

表 4-5-5　动力电池包安装步骤

序号	安装操作步骤	安装操作图片
1	用绝缘电阻测试仪测量电池包高压母线绝缘性和电池包绝缘性，红表笔分别搭极柱和插接件极柱，黑表笔均搭外壳	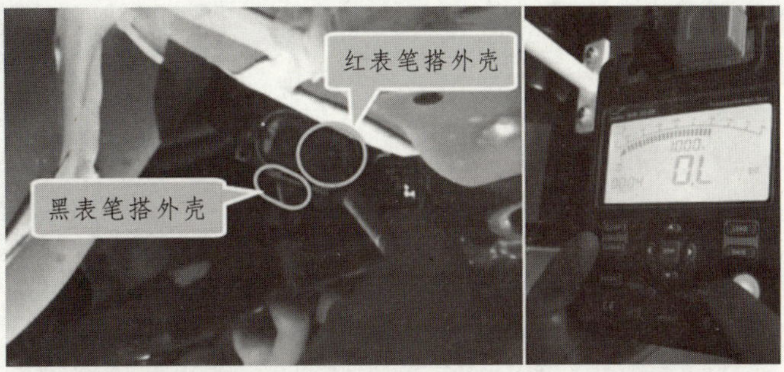 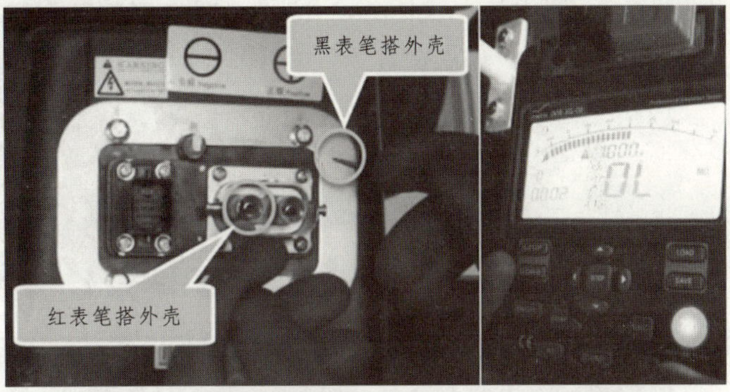
2	用升降平台协助将需要更换的电池包放置到车身合适位置	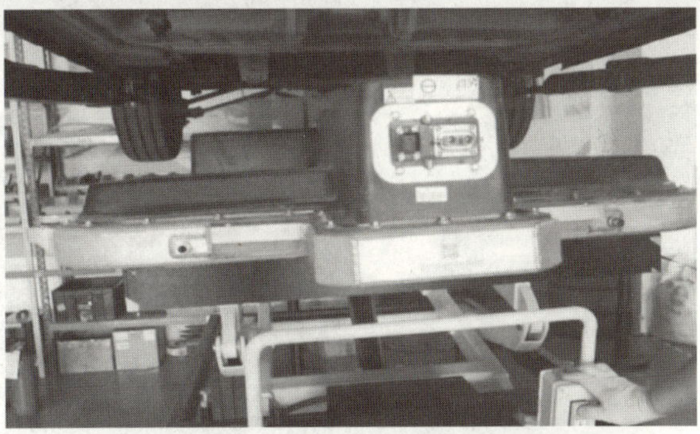
3	安装电池包水管	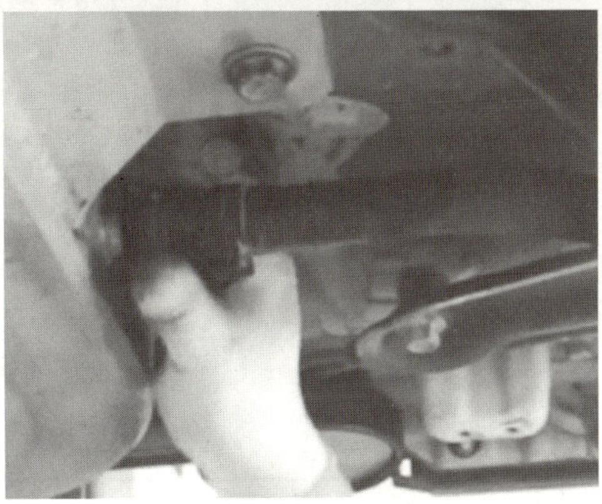

续表

序号	安装操作步骤	安装操作图片
4	安装电池包高低压插接件	
5	安装电池包挡块，并加注防冻液至合适位置	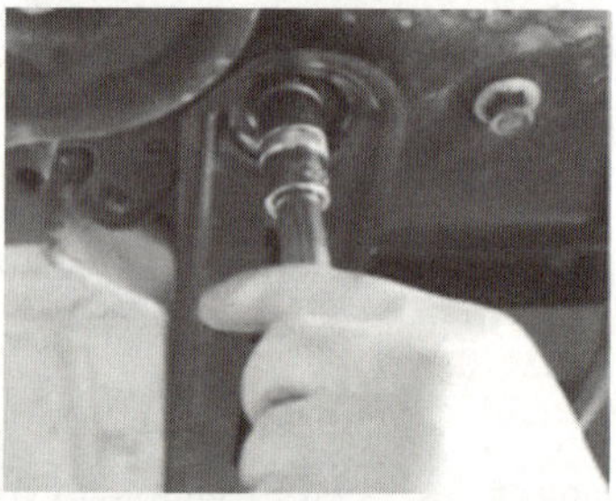
6	安装动力电池母线和维修开关，使用十字螺丝刀安装储物盒（装有时）	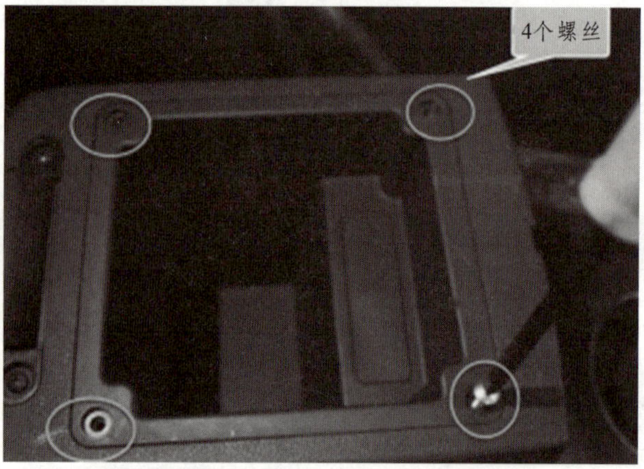
7	安装蓄电池负极，然后清除故障码，根据之前记录在工单的数据标定电池包	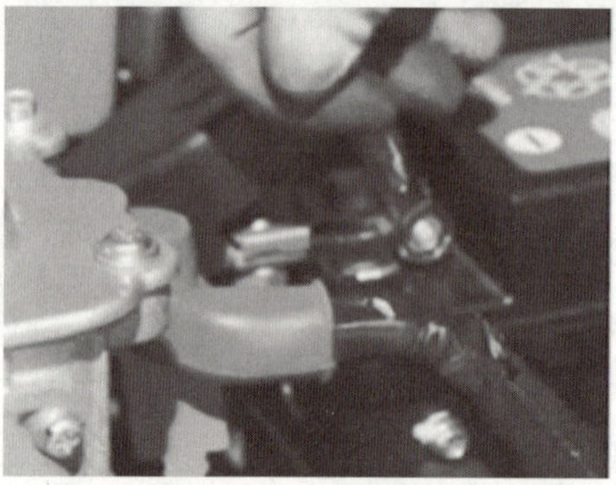

评价与反馈

一、学生自评与互评

学生以小组为单位，就实训操作过程与操作结果进行自评及组内互评，并将结果填入表 4-5-6 中。

表 4-5-6　学生评价表

自我评价	1. 实训任务关键技能及基本技能有没有掌握? 评价情况： 2. 实训任务的目标有没有实现？效果如何? 评价情况： 3. 100 分的任务，你给自己打多少分? 得分：
小组评价	1. 实训任务的关键技能及基本技能有没有掌握? 评价情况： 参评人员： 2. 实训任务的目标有没有实现？效果如何? 评价情况： 参评人员： 3. 100 分的任务，你给他（她）打多少分? 得分：

二、教师评价及综合评价

请教师给出综合评价，并将结果填入表 4-5-7 中。

表 4-5-7　综合评价表

<table>
<tr><td rowspan="2">综合评价</td><td>自我评价（10%）</td><td>小组评价（10%）</td><td>教师评价（80%）</td><td>综合得分</td></tr>
<tr><td></td><td></td><td></td><td></td></tr>
<tr><td>综合评语</td><td colspan="4">（作业过程中存在的问题及改进建议）</td></tr>
</table>

任务六　新能源汽车安全充电操作

任务目标

知识目标

1. 掌握新能源汽车充电注意事项。
2. 掌握新能源汽车充电流程。
3. 熟知典型新能源汽车充电安全要求。

技能目标

能够完成新能源汽车的充电操作。

素养目标

1. 遵守职业道德，树立正确的价值观。
2. 引导崇尚劳动精神，逐步提升服务社会的意识。
3. 弘扬工匠精神，塑造精益求精的品质。
4. 培养协同合作的团队精神，自觉遵守组织纪律。

任务导入

比亚迪 e5 纯电动汽车，高速行驶时，仪表显示动力电池电量不足，需尽快前往就近充电桩进行充电，请学习相关知识对车辆进行正确充电操作。

任务分组

学生任务分配如表 4-6-1 所示。

获取信息

一、新能源汽车充电系统结构原理认知

（一）交流充电系统结构原理

交流充电主要通过交流充电桩、壁挂式充电盒以及家用便携式充电宝将外部交流电引入车辆的交流充电接口，然后通过高压电控总成的车载充电机将 220 V 交流电转换为 650 V 高压直流电最后给动力电池充电。由于这种充电方式时间长，所以也称为交流慢充充电系统。

表 4-6-1　学生任务分配

<table>
<tr><td>班级</td><td></td><td>组号</td><td></td><td>指导老师</td><td></td></tr>
<tr><td>组长</td><td></td><td>学号</td><td colspan="3"></td></tr>
<tr><td rowspan="4">组员</td><td>姓名：________</td><td>学号：________</td><td>姓名：________</td><td colspan="2">学号：________</td></tr>
<tr><td>姓名：________</td><td>学号：________</td><td>姓名：________</td><td colspan="2">学号：________</td></tr>
<tr><td>姓名：________</td><td>学号：________</td><td>姓名：________</td><td colspan="2">学号：________</td></tr>
<tr><td>姓名：________</td><td>学号：________</td><td>姓名：________</td><td colspan="2">学号：________</td></tr>
<tr><td colspan="6">任务分工</td></tr>
<tr><td colspan="6"></td></tr>
</table>

1. 交流慢充充电系统组成

交流慢充充电系统主要由交流充电接口、动力电池、高压电控总成、电池管理器 BMS、车身控制模块、连接线束等组成，如图 4-6-1 所示。

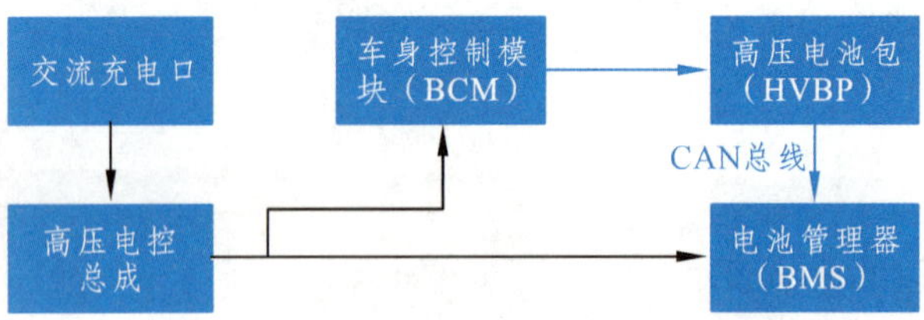

图 4-6-1　交流充电系统基本组成

交流充电接口端子定义如图 4-6-2 所示。该交流充电接口共有 7 个端子，分别为 CC、CP、PE、N、L、NC1、NC2。

（1）L：交流电源相线，其额定电流为 16 A 或 32 A。

（2）N：交流电源中性线，其额定电流为 16 A 或 32 A。

（3）PE：设备搭铁保护脚，用于连接车辆底盘搭铁线和供电设备搭铁线。

（4）CC：连接确认端子，用于确认充电线路是否与车辆插座已充分连接，通过测量内部检测点电压予以确认。当检测点电压为 9 V 时，L、N 的额定电流为 16 A；当检测点电压为 6 V 时，L、N 的额定电流为 32 A；若检测点电压为 12 V 则为断开连接。

（5）CP：控制确认端子，车辆控制装置通过判断 CP 端子输入 PWM 占空比信号的占空比，确认供电设备当前能提供的最大充电电流值。

（6）NC1、NC2：预留端子。

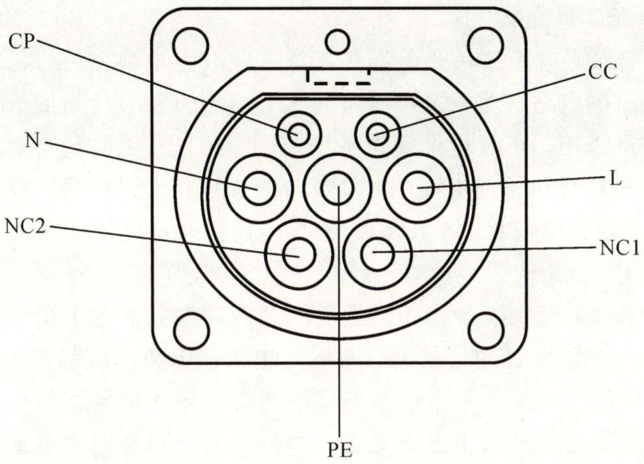

图 4-6-2　交流充电接口端子定义

2. 交流慢充充电系统工作过程

比亚迪 e5 交流慢充充电控制电路原理如图 4-6-3 所示，从左至右分别是供电设备、供电接口、车辆接口和电动汽车 4 部分。交流充电与直流充电相比，单相交流电通过车辆接口先进入车载充电机，然后进行升压处理后给动力电池充电。其充电过程大致分为以下步骤。

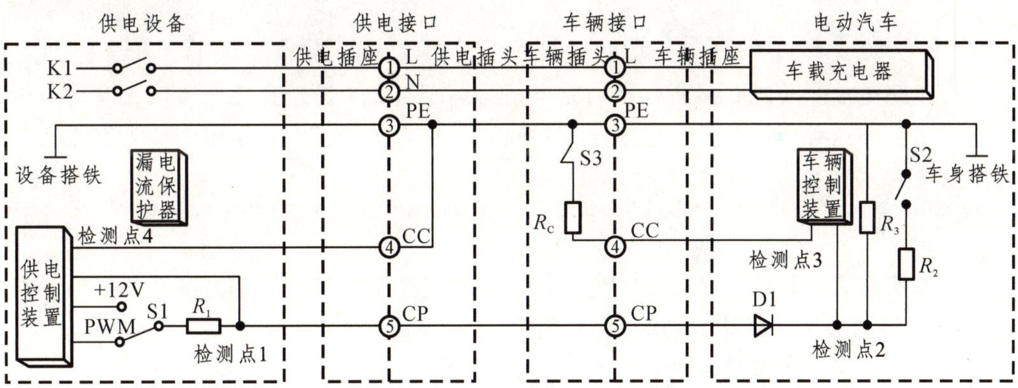

图 4-6-3　交流慢充充电控制电路原理

1）充电连接确认

充电枪插入车辆接口后，供电设备端子 CC 由供电控制装置监测点 4 检测到充电连接信号，然后供电控制装置控制 S1 开关由 12 V 切换至 PWM 脉宽调制信号端子。PWM 信号经充电枪接口和车辆接口 CP 端子送至检测点 2，车辆控制装置检测到脉冲信号后，车辆控制装置确认供电设备供电能力并完成充电连接确认。

2）充电唤醒

车辆控制装置通过测定检测点 3 的 CC 与 PE 之间的电阻 R_c，其中开关 S3 为车辆插头内部开关，为常闭型开关，与机械锁止装置关联，当按下充电枪机械锁止开关，S3 会断开。通过检测 R_c 电阻，正常值为 680 Ω，确认正常后完成充电唤醒过程。

3）供电设备给车辆充电

充电枪完好插入充电接口，充电连接正常并完成充电唤醒后，供电控制装置通过检测点 1 脉冲电压确定充电功率，接通电源 K1、K2 开关，传导线分别与车辆充电接口 L 端子和 N 端子连接，BMS 电池管理系统控制车辆低压 IG3 继电器吸合给相关部件提供电源。BMS 得电后执行充电程序并拉低仪表充电指示灯信号，绿色充电指示灯点亮，并在显示屏显示充电信息（SOC 值、充电电压、充电电流、剩余充电时间等）。

4）充电过程中

在充电过程中供电控制装置和车辆控制装置周期性监测各个检测点信号。车辆控制装置通过监测检测点 2 脉冲信号调节车载充电机输出功率。在充电过程中为了节省充电时间和保护电池，一般先采用恒流充电。当动力电池电压达到一定值或者达到单体电压额定值和限定温度时采用恒压充电，以较小电流对电池充电直至充满。在充电过程中 BMS 电池管理器周期性监测 13 个电池模组中单体电池电压、电流、温度，防止电池过充、温度过高，单体电池电压不高于 3.7 V，电池最高温度不超过 65 °C，否则限制供电功率，甚至停止充电。

5）充电结束

当 BMS 电池管理器检测到充电完成，或者达到预约充电时间以及驾驶员停止充电操作，车辆控制装置断开 S2 开关，同时开关 S1 切换至 12 V，S2 开关断开使供电控制断开 K1、K2，结束充电。

（二）直流充电系统结构原理

直流充电主要通过专用充电站的充电柜将高压直流电通过直流充电接口向动力电池充电。由于这种充电方式充电电压相对较高，充电时间较快，所以也称为直流快充充电系统。

1. 直流快充充电系统组成

直流快充充电系统主要由直流充电接口、直流充电继电器、动力电池、电池管理器 BMS、连接线束等组成，如图 4-6-4 所示。

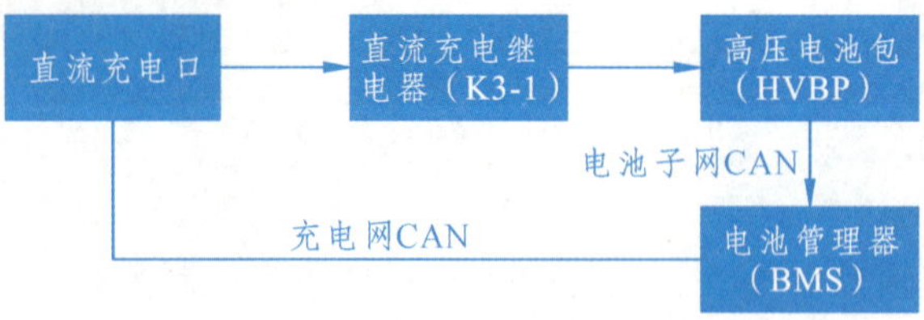

图 4-6-4　直流充电系统基本组成

直流充电接口端子定义如图 4-6-5 所示。该直流充电接口共有 9 个端子，分别为 DC+、DC-、A+、A-、CC1、CC2、S+、S−、PE。

（1）DC+：直流充电正极。

（2）DC−：直流充电负极。

（3）A+：低压辅助电流正极。

（4）A−：低压辅助电流负极。

（5）CC1：连接确认端子，车身接地（1 kΩ±30 Ω）。

（6）CC2：连接确认端子，直流充电感应信号。

（7）S+：通信线，CAN-H。

（8）S-：通信线，CAN-L。

（9）PE：搭铁线。

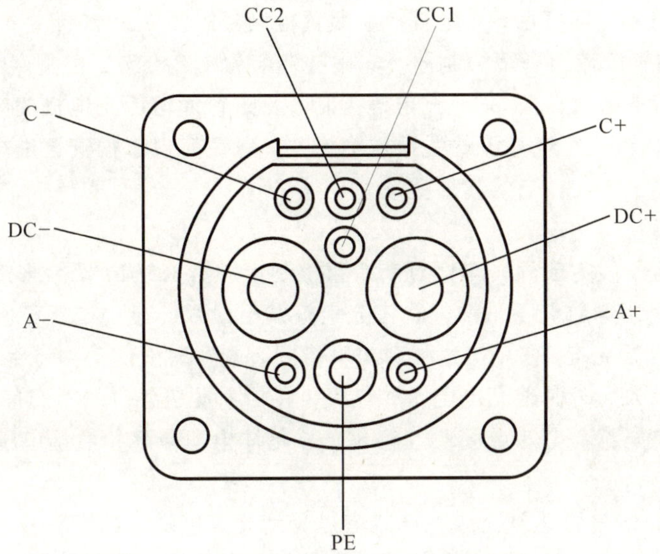

图 4-6-5　直流充电接口端子定义

2. 直流快充充电系统工作过程

比亚迪 e5 直流快充充电控制电路原理如图 4-6-6 所示，从左至右分别是非车载充电机、车辆接口和电动汽车 3 部分。其充电过程大致分为准备阶段、自检阶段、充电阶段、充电结束 4 个过程。

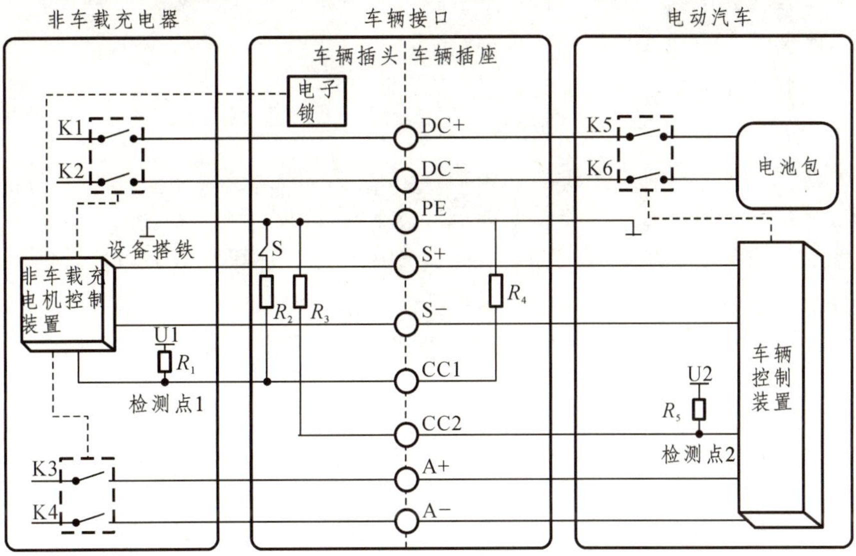

图 4-6-6　直流快充充电控制电路原理

1）准备阶段

将直流充电枪插入车辆充电接口，充电桩中 U 与电阻 R_1、机械锁止开关、CC1、R_4 和车身搭铁形成工作回路，车辆控制装置中 U_2 与电阻 R_5、CC2、R_3 和车身搭铁形成电路回路，当充电桩控制装置检测到检测点 1 电压为 4 V，则确认充电线路完全连接。

2）自检阶段

充电枪线路完全连接后，充电桩控制装置控制接触器 K3/K4 闭合，将 12 V 低压电通过 A+、A−端子传输给车辆控制器。车辆控制装置 U2 检测到检测点 2 电压为 6 V，然后车辆控制装置通过 S+、S−与充电桩控制装置进行通信，充电桩控制装置控制接触器 K1/K2 闭合，检测充电直流母线搭铁绝缘性，保证充电过程安全进行。绝缘测试完成后断开接触器 K1/K2，自检阶段完成。

3）充电阶段

充电桩自检阶段完成后，车辆控制装置控制接触器 K5/K6 闭合形成充电回路，充电桩检测到车辆端电池电压正常，且在充电桩输出最大、最小电压范围内，控制接触器 K1/K2 闭合开始充电。在充电过程中车辆控制装置实时发送动力电池充电需求参数，充电桩根据该参数实时调整充电电压和电流，并相互发送各自的状态信息（充电模式、充电电压、充电电流、电池温度、当前 SOC、单体电池最高和最低电压等）。

4）充电结束

车辆根据BMS是否达到充满状态或者是受到充电桩发来的“充电桩中止充电报文”来判断是否结束充电。满足以上条件车辆会发出“车辆中止充电报文”，在确认充电电流小于 5 A 后断开 K5/K6 接触器，充电桩控制器接收到“车辆中止充电报文”，在确认充电电流小于 5 A 后，断开 K1/K2 接触器，然后断开接触器 K3/K4，结束充电。

二、新能源汽车安全充电注意事项

（1）不要在充电插座塑料口盖打开的状态下关闭充电口盖板。

（2）不要用力拉拽或扭转充电电缆。

（3）不要让充电设备承受撞击。

（4）不要把充电设备放在靠近热源的地方。

（5）充电时，不建议人员停留在车辆内。

（6）充电时，建议将车辆停放在通风处。

（7）交流充电桩充电停止充电时，应先刷卡或扫码后再断开充电枪。便携式充电枪充电停止充电时，应先断开充电枪后再断开充电插头。

（8）交流充电设备用电功率不能超过家庭电网的负载上限，避免引起电网损坏或烧毁。

三、新能源汽车安全充电流程

新能源汽车充电桩按照接口的数量不同可分为单桩单枪和单桩多枪，一般单桩多枪的都是双枪。

（一）单枪充电操作

单枪（见图 4-6-7）充电操作步骤：

（1）关闭车辆电源开关。

（2）连接充电枪至车辆充电接口。

（3）充电参数配置。

（4）操作台上查看对应终端状态（正常情况下，插枪 25 s 后自动启动充电）。

（5）操作台上显示充电中，在操作台上点击对应终端的“结束充电”按钮结束充电。

（6）操作台上显示充电已完成，拔枪结束充电。

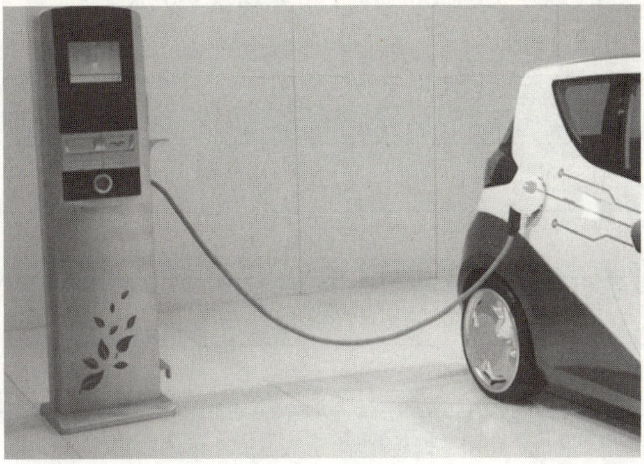

图 4-6-7　单枪充电桩

（二）双枪充电操作

双枪（见图 4-6-8）充电操作步骤：

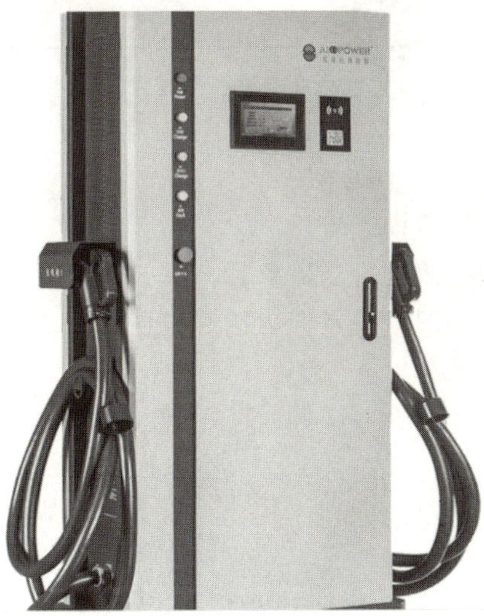

图 4-6-8　双枪充电桩

（1）关闭车辆电源开关。

（2）分别连接两把充电枪至两辆车辆充电接口（双枪插枪间隔在 20 s 内）。

（3）充电参数配置。

（4）操作台上查看对应终端状态（正常情况下，插枪 25 s 后自动启动充电）。

（5）操作台上显示充电中，在操作台上点击对应终端的“结束充电”按钮结束充电。

（6）操作台上显示已完成，拔枪结束充电。

工作计划

进行比亚迪秦 EV 安全充电操作实训，并填写表 4-6-2。

表 4-6-2　工作计划方案

步骤	作业内容	负责人
1		
2		
3		
4		
5		
6		
7		
8		

进行决策

1. 各组派代表阐述资料查询结果。
2. 各组就各自的查询结果进行交流，并分享技巧。
3. 教师结合各组完成情况进行点评，选出最佳方案。

实训任务

比亚迪秦 EV 安全充电操作

一、任务准备

（一）设备及工具准备

按表 4-6-3 准备设备及工具。

表 4-6-3 设备及工具准备

序号	设备及工具名称	数量
1	比亚迪秦 EV 2019 出行版	1 辆
2	交直流充电桩	1 台
3	各种充电插头	若干
4	个人防护套装	2 套

（二）场地设备准备

任务实施前需要做好场地防护，检查实训场地和设备设施是否存在安全隐患。

（三）安全防护准备

（1）做好车辆高压安全防护与隔离。

（2）穿戴好必要的个人防护套装，如绝缘手套、绝缘鞋、绝缘胶垫和防护眼镜等，其电压等级必须大于需要测量的最高电压。

（3）合理使用防护用品及专业工具，并严格按示范动作操作，做到安全、正确。

二、实施步骤

（一）常规 220 V 家用设备充电

采用随车配备的便携式充电电缆及充电插头进行充电，可使用家用电源，如图 4-6-9 所示。充电电流一般为 8 ~ 16 A，电源可分为单相交流电或两相交流电。

新能源汽车多采用 16 A 插头的电源线，配合合适的插座和车载充电器，即可在家中为纯电动汽车与插电式混合动力汽车充电。值得注意的是，一般家用插座为 10 A，16 A 插头并不适用，16 A 插头如图 4-6-10 所示。

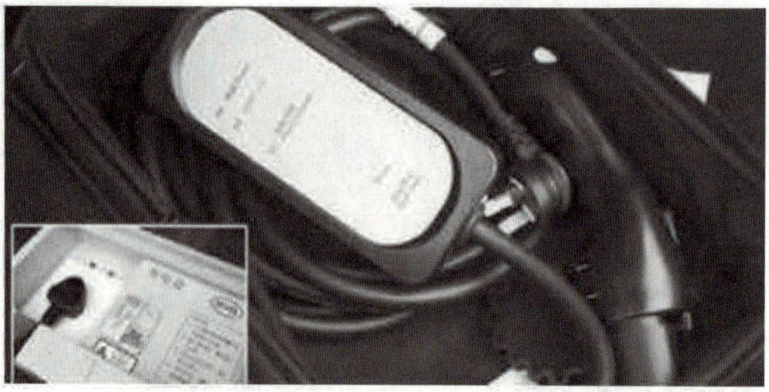

图 4-6-9　常规 220 V 家用充电设备

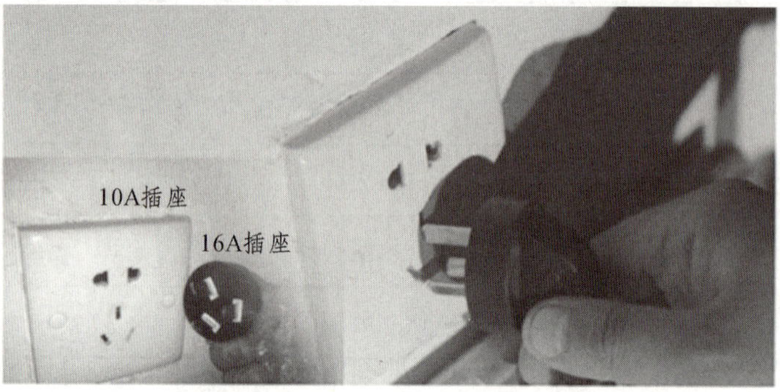

图 4-6-10　16 A 插座的电源线

（二）公共充电桩充电

在充电站还没有全面普及的情况下，公共充电桩很大程度上解决了纯电动汽车和插电式混合动力汽车在公共场合充电难的问题。

公共充电桩用于加油站、住宅小区电动汽车充电状态的人机对话，分为交流充电桩和直流充电桩两种。根据用户需求提供触摸液晶屏或数码管显示的高端及简易型智能充电桩，可采用计时充电和计电度量充电两种方式。系统通常包括 3 个功能模块：充电流程、异常处理流程和系统管理模块。

1. 交流充电桩充电

通用型交流充电桩是一种为电动汽车充电的设备，该设备为电动汽车提供交流充电电源，且基本具有电能计量和计费功能，通过扫码的方式对充电用户收取费用，操作极其简便。以某充电桩平台操作界面为例，它可通过多种通信模式与监控主站交互信息，实现远程管理。壁挂式充电桩适用于对电动汽车充电速度要求不高、占地面积要求较小、成本较低、操作简单与安全的基本充电应用场合，如公共停车场、生活小区和商场停车场等。具体使用步骤如下：

（1）默认界面：为充电站分布显示界面，如图 4-6-11 所示，如果用户想充电，则直接插入充电枪。

图 4-6-11　充电站分布

（2）搜索界面：具有搜索方式和排序方式，显示屏界面如图 4-6-12 所示。在此界面，用户可根据自己的需要进行选择。

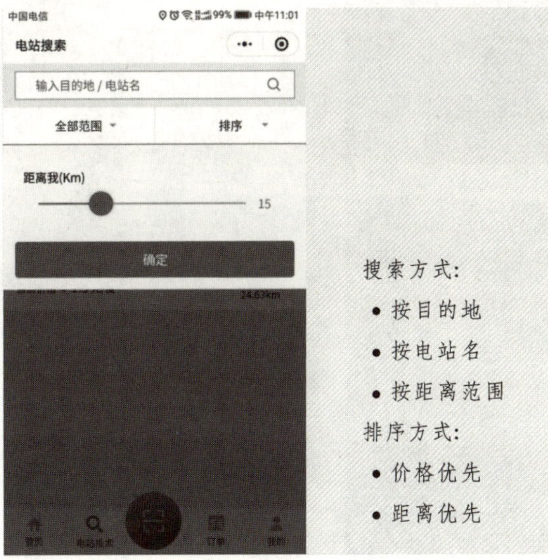

图 4-6-12　搜索界面

（3）充电站详情界面：此时可以查看充电站的距离、详细地址、营业时间、停车收费、充电单价等相关充电信息，如图 4-6-13 所示。

（4）扫码充电和充电状态监控界面：如图 4-6-14 所示，扫码进行充电后，可以通过手机随时监测充电状态。

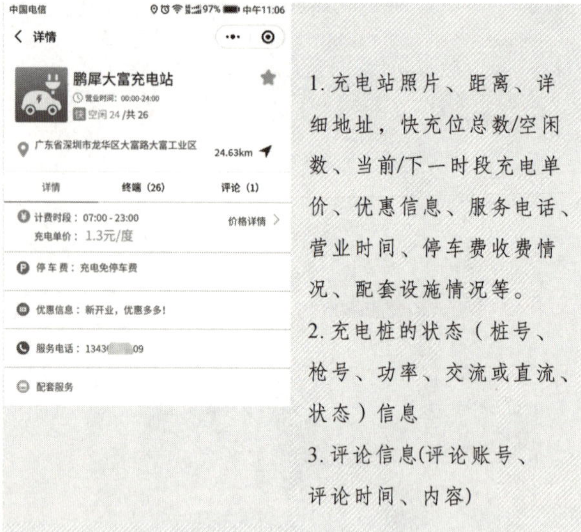

图 4-6-13　充电站详情界面

（a）扫码充电　　　　（b）充电状态监控

图 4-6-14　扫码充电界面和充电状态监控界面

（5）个人信息管理界面：此界面可以编辑个人的相关信息，如账号、昵称、真实姓名、身份证等，如图 4-6-15 所示。

（6）车辆信息界面：此界面可以显示车辆信息，包括车牌号、品牌、型号、颜色、照片等信息，如图 4-6-16 所示。

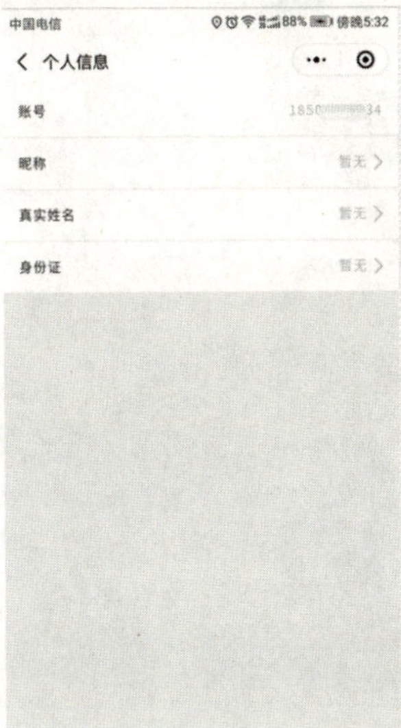

图 4-6-15　个人信息管理界面

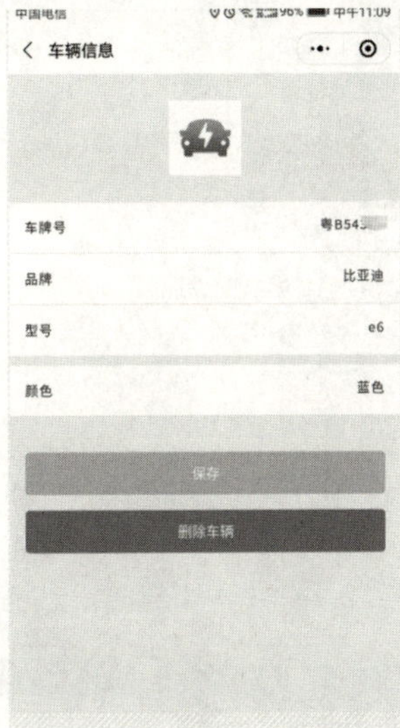

图 4-6-16　车辆信息界面

（7）充值退款界面：此界面可以进行充值等操作，如图 4-6-17 所示。

（8）“我的开票”界面：此界面可以进行发票开具操作，如图 4-6-18 所示。

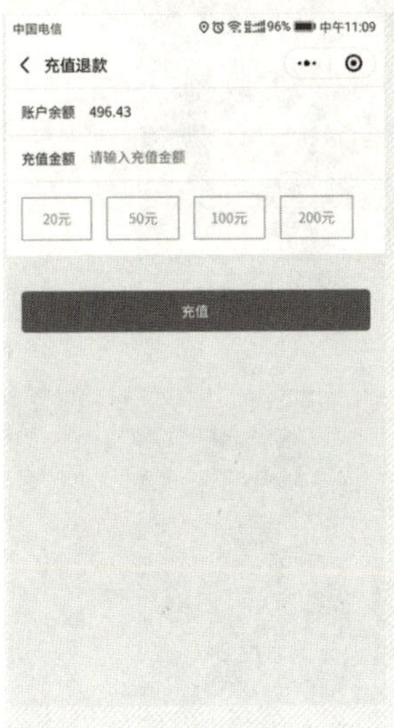

图 4-6-17　充值退款界面

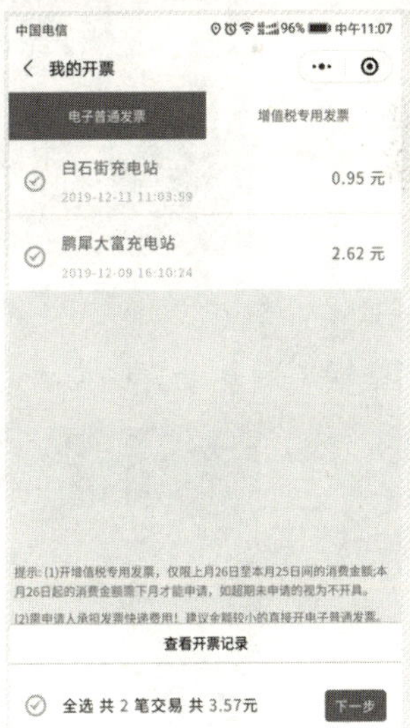

图 4-6-18　“我的开票”界面

（9）充电记录查询页面：此界面可以查询过往订单情况，如图 4-6-19 所示。

（10）交易管理界面：可以查询充电交易等信息，如图 4-6-20 所示。

图 4-6-19　充电记录查询页面

图 4-6-20　交易管理界面

2. 比亚迪秦 EV 安全充电操作

（1）确保车辆处于下电状态。进行车辆下电操作，如图 4-6-21 所示。

图 4-6-21　车辆下电

（2）找到车辆右后轮上方的交流充电口，如图 4-6-22 所示。

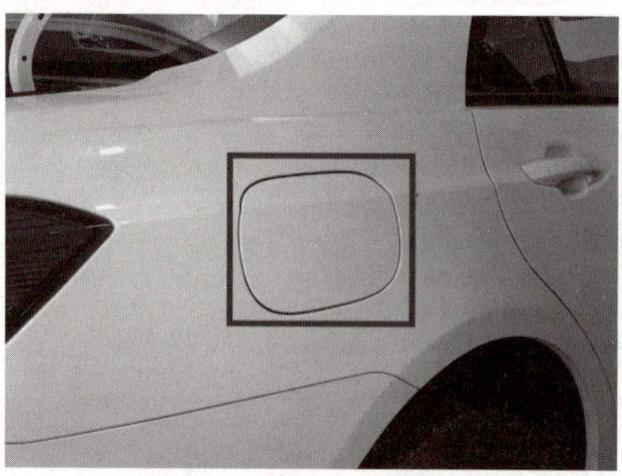

图 4-6-22　车辆交流充电口

（3）打开保护盖，插上充电枪，观察仪表可以看到车辆正在充电，如图 4-6-23 和图 4-6-24 所示。

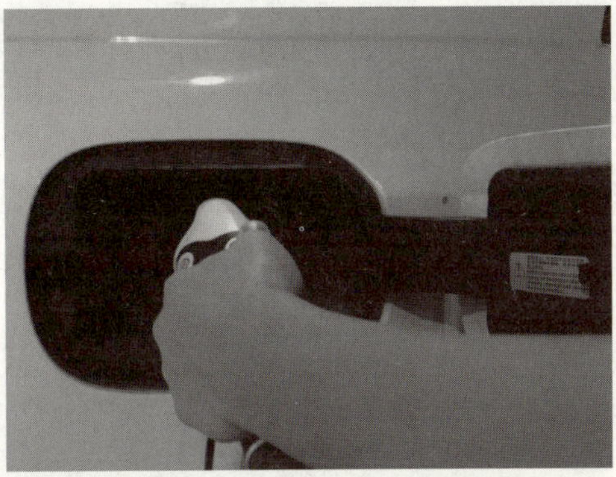

图 4-6-23　插充电枪插头

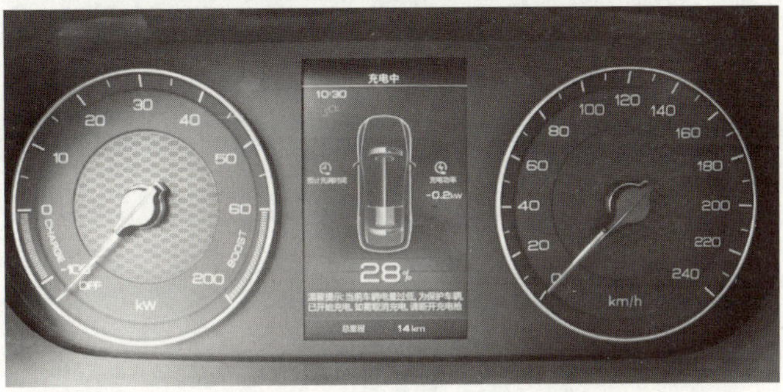

图 4-6-24　车辆充电仪表显示

（4）充电结束后，须按下钥匙上的解锁键，再按下充电枪上的按键才能拔出充电枪，如图 4-6-25 所示。（注意：强行拔下充电枪会造成锁止损坏。）

图 4-6-25　拔充电枪

3. 直流充电桩充电的充电操作

（1）把充电枪与车端连接好，打开微信扫一扫，扫充电桩上显示的二维码。新用户首次使用充电需要微信认证，如图 4-6-26 所示。

（2）认证成功后，会要求预充值金额（充电结束后会返还），充值成功后启动充电，如图 4-6-27 所示。

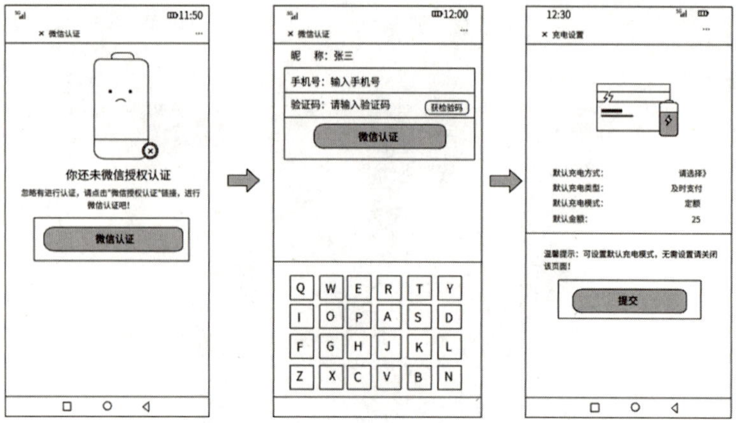

图 4-6-26　微信认证

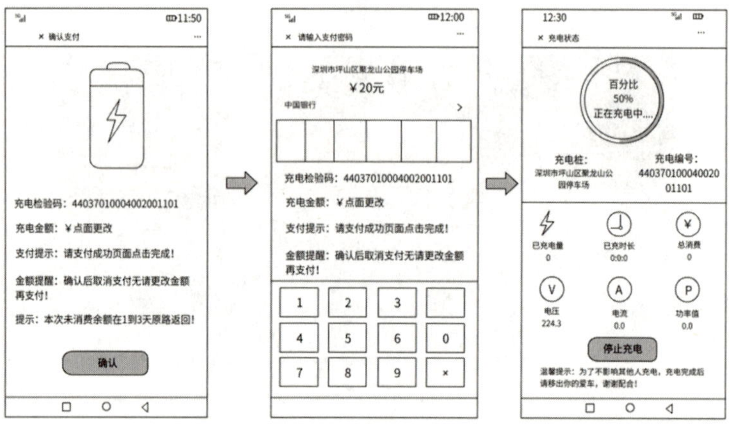

图 4-6-27　预充值金额

（3）需要进行充电进度查询或者停止充电时，可以通过手机端或者充电桩进行停止，如图 4-6-28 所示。

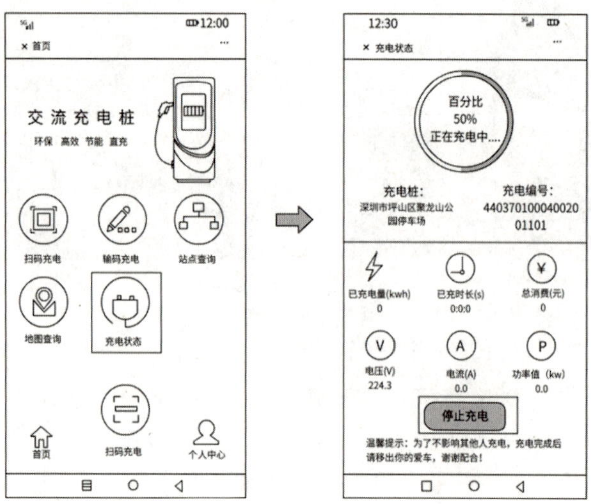

图 4-6-28　停止手机端或者充电桩

评价与反馈

一、学生自评与互评

学生以小组为单位，就实训操作过程与操作结果进行自评及组内互评，并将结果填入表 4-6-4 中。

表 4-6-4　学生评价表

自我评价	1. 实训任务关键技能及基本技能有没有掌握? 评价情况: 2. 实训任务的目标有没有实现? 效果如何? 评价情况: 3. 100 分的任务，你给自己打多少分? 得分:
小组评价	1. 实训任务的关键技能及基本技能有没有掌握? 评价情况: 参评人员: 2. 实训任务的目标有没有实现? 效果如何? 评价情况: 参评人员: 3. 100 分的任务，你给他（她）打多少分? 得分:

二、教师评价及综合评价

请教师给出综合评价，并将结果填入表 4-6-5 中。

表 4-6-5　综合评价表

<table>
<tr><td rowspan="2">综合评价</td><td>自我评价（10%）</td><td>小组评价（10%）</td><td>教师评价（80%）</td><td>综合得分</td></tr>
<tr><td></td><td></td><td></td><td></td></tr>
<tr><td>综合评语</td><td colspan="4">（作业过程中存在的问题及改进建议）</td></tr>
</table>

参考文献

[1] 吴荣辉，金朝昆. 新能源汽车高压安全与防护[M]. 北京：机械工业出版社，2022.
[2] 孙建俊，谭逸萍. 新能源汽车高压安全防护与应急处理[M]. 北京：机械工业出版社，2022.
[3] 吴书龙，何宇漾. 新能源汽车电气技术[M]. 北京：机械工业出版社，2023.
[4] 张杨. 新能源汽车高压防护与安全操作[M]. 北京：机械工业出版社，2023.

附　录

数字资源列表

序号	项目	名称	类型	二维码
1	项目一 电气安全认知	个人防护的方法和注意事项认知	动画	
2		安全防护套装的认知和使用检查	微课	
3		工位防护的方法和注意事项认知	动画	
4		绝缘电阻测试仪的使用	动画	
5		高压绝缘检测	动画	
6	项目二 电路元器件 认知及测量	电流产生磁场原理 3D	动画	
7		IGBT 工作原理	动画	
8		电控元件继电器的测量	微课	
9	项目三 典型电路 认知及检测	转子与定子的结构展示	动画	
10		交流异步电机工作原理	动画	
11		电机正反转电路搭建与测量	微课	
12		电池包高压互锁组成	动画	
13	项目四 新能源汽车 安全技术 专业知识认知	比亚迪秦 EV 高压部件的认知	微课	
14		新能源汽车高压控制原理	动画	
15		新能源汽车电机的工作原理	动画	
16		比亚迪秦 EV 动力电池的拆卸	微课	
17		比亚迪秦 EV 动力电池的安装	微课	
18		比亚迪秦 EV 高压接插件锁止操作	微课	
19		比亚迪秦 EV 整车高压部件的 绝缘检测操作	微课	
20		比亚迪秦 EV 整车高压安全断电操作	微课	
21		比亚迪秦 EV 安全充电操作	微课	